中国企业管理创新年度报告
（2020）

中国企业联合会　编著

企业管理出版社
EMPH
ENTERPRISE MANAGEMENT PUBLISHING HOUSE

图书在版编目（CIP）数据

中国企业管理创新年度报告．2020 / 中国企业联合会编著．-- 北京：企业管理出版社，2020.11

ISBN 978-7-5164-2262-5

Ⅰ．①中… Ⅱ．①中… Ⅲ．①企业管理—研究报告—中国— 2020 Ⅳ．① F279.23

中国版本图书馆 CIP 数据核字（2020）第 196771 号

书　　名：中国企业管理创新年度报告（2020）
作　　者：中国企业联合会
责任编辑：郑　亮　徐金凤
书　　号：ISBN 978-7-5164-2262-5
出版发行：企业管理出版社
地　　址：北京市海淀区紫竹院南路17号　　邮编：100048
网　　址：http://www.emph.cn
电　　话：编辑部（010）68701638　发行部（010）68701816
电子信箱：qyglcbs@emph.cn
印　　刷：河北宝昌佳彩印刷有限公司
经　　销：新华书店
规　　格：185毫米×260毫米　16开本　15.75印张　240千字
版　　次：2020年11月第1版　2020年11月第1次印刷
定　　价：98.00元

《中国企业管理创新年度报告（2020）》编委会

序

2020 年 7 月 21 日，习近平总书记在企业家座谈会上的讲话中强调，创新是引领发展的第一动力。改革开放以来，我国经济发展取得举世瞩目的成就，这与广大企业家大力弘扬创新精神是分不开的。企业家要做创新发展的探索者、组织者、引领者，勇于推动生产组织创新、技术创新、市场创新，重视技术研发和人力资本投入，有效调动员工创造力，努力把企业打造成为强大的创新主体，在困境中实现凤凰涅槃、浴火重生。

为贯彻落实习近平总书记的重要讲话精神，贯彻落实党中央、国务院的部署和要求，中国企业联合会受工业和信息化部产业政策和法规司委托，编辑出版《中国企业管理创新年度报告（2020）》，依托第 26 届全国企业管理现代化创新成果，组织权威专家团队对企业管理实践进行理论研究和实证分析，甄选优秀案例进行深度挖掘，真实反映当前我国企业管理创新的趋势特征与路径，为企业高质量发展提供可资借鉴的成功案例，为相关政策的制定提供依据。

第 26 届全国企业管理现代化创新成果共受理全国 29 个省、区、市及 5 个计划单列市，18 个行业协会，63 家中央企业、中国 500 强企业和两化融合管理体系认定企业推荐或直接申报的管理创新成果 556 项。经组织国资委机械工业经济管理研究院、中央党校（国家行政学院）、北京大学、清华大学、中国人民大学、中央财经大学、北京交通大学、北方工业大学、首都经贸大学、北京师范大学、中国社会科学院、南京农业大学等高等院校、科研机构知名管理专家进行初审和预审并经公示和审委会终审，最终审定出一等成果 30 项、二等成果 221 项。本届成果集中体现了各类企业认真学习贯彻习近平新时代中国特色社会主义思想和党的十九大精神，紧扣当前经济发展和企业管理中的重点、热点、难点问题，在加强基础管理和标准化建设、加快数字化应用和智能制造、推进核心技术国产化和知识产权管理、深化国企国资改革、发展服务型制造和重塑产业价值链、防范“一带一路”建设中的投资和运营风险等方面的最新实践，具有创新理念先进、创新元素突出、创新实践鲜活、创新效益显著的共同特点，既显现和折射出企业整体管理水平的提升，为其他企业提供了鲜活的管理成功经验，也为开展企业管理科学研究提供了实证性的生动案例。

《中国企业管理创新年度报告（2020）》，基于第26届全国企业管理现代化创新成果，深入分析了当前企业管理创新的形势和任务，全面概括了第26届全国企业管理创新成果的趋势和特征，重点介绍了企业在基础管理与标准化建设、数字化应用与智能制造、核心技术国产化、国企国资改革、产业链供应链整合、国际化投资与经营风险防范等领域的新思想、新方法、新工具。同时，详细展示了中国宝武钢铁集团有限公司联合重组后的深度整合管理、中国中铁股份有限公司基于四级责任矩阵的工程项目全要素成本管理、中石化天津液化天然气有限责任公司以国产化为主导的LNG接收站国家重点项目建设运营管理、江南造船（集团）有限责任公司基于模型的数字化造船体系构建与实施等10项优秀案例。

2020年是全面建成小康社会和“十三五”规划的收官之年。突如其来的新冠肺炎疫情和世界经济衰退对我国经济带来前所未有的影响。在以习近平同志为核心的党中央坚强领导下，经过全国上下共同努力，目前我国疫情防控取得重大成果，经济发展呈现稳定转好态势，在疫情防控和经济恢复上都走在世界前列。但国际环境不确定性仍在增加，形势仍然严峻，国内经济面临的困难挑战特别是就业压力仍十分突出。广大企业要坚持以习近平新时代中国特色社会主义思想为指导，按照党中央、国务院决策部署，做好疫情常态化防控，紧紧围绕“六稳”“六保”，积极适应扩大内需战略带来的深刻变化，深化供给侧结构性改革，助力繁荣国内经济、畅通国内大循环，推动企业在更高水平的对外开放中实现更好发展；着力优化和稳定产业链供应链，突出科技创新，积极发展战略性新兴产业，培育更多龙头企业、隐形冠军；防范化解重大风险，强化底线思维，坚持合规理念，进一步夯实高质量发展的基础。

借此报告出版发行之际，我代表中国企业联合会，诚挚感谢工业和信息化部产业政策和法规司对研究团队的搭建、报告框架的设计、典型企业调研与理论综述研究提出了宝贵的建议，感谢北京交通大学经济管理学院领导和师生对该报告的重要学术支持！

中国企业联合会常务副会长兼理事长

朱宏任

2020 年 8 月

CONTENTS

目 录

综合篇

专题篇

案例篇

综合篇

第一章　第 26 届全国企业管理现代化创新成果特点概述

第 26 届全国企业管理现代化创新成果，共受理 135 家推荐单位或直接申报的企业管理创新成果 556 项，经组织专家初审、预审，最终提名 251 项为第 26 届全国企业管理现代化创新成果，其中一等成果 30 项、二等成果 221 项。

本届成果推荐单位和申报企业分布广泛，涵盖全国 29 个省、区、市及 5 个计划单列市，18 个行业协会，63 家中央企业、中国 500 强企业和两化融合管理体系认定企业。在 556 个申报项目中，国有及国有控股 512 项，民营、外商企业 44 项。从企业规模上看，大型及特大型企业 488 家，中小企业、民营企业 68 家。

本届成果充分反映了各类企业认真学习贯彻习近平新时代中国特色社会主义思想和党的十九大精神，紧扣当前经济发展和企业管理中的重点、热点、难点问题，在加强基础管理和标准化建设、加快数字化应用和智能制造、推进核心技术国产化、知识产权管理、深化国企国资改革、发展服务型制造和重塑产业价值链、防范“一带一路”建设中的投资和运营风险等方面的最新实践，具有创新理念先进、创新元素突出、创新实践鲜活、创新效益显著的共同特点，既显现和折射出企业整体管理水平的提升，为其他企业提供了鲜活的、成功的管理经验，也为开展企业管理科学研究提供了实证性的生动案例。

从总体上看，第 26 届全国企业管理现代化创新成果反映出以下方面的鲜明特征。

一、采取系统化的思维，统筹推进管理体系贯穿业务全流程

当今，企业面临着空前激烈的市场竞争与日新月异的技术变革，从中美贸易摩擦到新冠肺炎疫情，“黑天鹅”事件层出不穷，我国产业链不稳定性风险增大，5G、大数据、人工智能等技术的发展不断重塑商业社会的市场竞争格局。新形势下，我国企业管理工作面临问题倒逼改革、危机倒逼改革、时局倒逼改革的大背景，外部的影响因素复杂多变。

企业的管理工作纷繁复杂，涉及企业经营管理的方方面面，牵一发而动全身，既涵盖各职能领域，又覆盖产品、服务全生命周期，涉及产业链、生态圈各合作方等，形成多主体参与、多领域协作、纵横交织的复杂管理网络，是一项系统工程。因而，企业必须采用系统化的思维与方法，着眼全局、面向世界、聚焦关键、带动整体，深刻认识当今世界正处于大发展、大变革、大调整时期的新特征，总体布局，开展统筹、协同管理，推进管理科学与系统工程的方法在企业内部应用落地，协同完善产业链生态体系构建，围绕产业链需求统筹部署创新链，紧紧抓住新一轮科技革命和产业变革带来的新机遇，迎接后疫情时代企业管理工作的诸多挑战。

一是推进系统管理体系在企业内部应用落地。企业积极引入先进的系统管理科学理念，根据总体协调的要求，面对不断变化的因素，对所有要素及要素之间的关系进行综合的、一体化的管理与分析，权衡各类风险，制订相应的风险控制对策，不断改善识别到的不利影响因素，进行统筹管理和精准科学决策。中石油管道公司是中国油气管道行业成立最早、管理管道最多、输送介质最齐全的专业化管道企业。当前，国内在役管道存在管道老龄化、新投管道处于运行初期事故高发阶段，同时打孔盗油、第三方施工损伤等风险日益凸显，以中俄东线天然气管道为代表的“高钢级、大口径、高压力”长输管道陆续开工建设，既体现技术进步，也带来前所未有的挑战。面对新形势，中石油管道公司积极借鉴国外先进管理理念和做法，率先

将完整性管理引入国内管道行业，确立“预防为主、防患于未然，将资源投入到最需要的关键点”的指导思想，通过“引进、消化、吸收、再创新”，系统清晰地建立覆盖建设、运行、废弃处置三个阶段的管道全生命周期完整性管理工作流程体系，攻克管道完整性管理系列关键支持技术，探索形成符合中国实际的管道完整性管理体系。从21世纪初开始直接转化或采标国外完整性管理标准，到2009年牵头发布我国首部自主编写的完整性企业标准，到2010年参与制定我国《石油天然气管道保护法》，再到2015年牵头发布我国完整性国家标准，以及2019年牵头发布完整性ISO国际标准。中石油管道公司实现了从追赶到引领的跨越式发展，以标准“走出去”带动技术、装备、服务“走出去”，用实际行动践行“一流企业做标准”的高质量发展理念，代表国内管道行业在国际舞台发出“中国声音”。

二是整合资源协同完善产业链体系构建。部分行业龙头企业统筹资源配置，开展产业链协同管理，对上、中、下游协同部署，规划实施协同推进，以“补链、强链、延链”为目标，形成“扭抱缠绕”的产业集群式发展，让资源整合利用更高效、产业发展更具竞争力。西南油气从产业链的视角进行系统思考，以充分适应地区产业特征和发展环境为原则，以信息化和技术创新为保障，从2013年起，以产、供、销产业链协同为核心，将勘探、开发、输送、储存、销售、利用等主要环节进行多要素的统筹组合与优化，以实现产业链整体价值最大化和功能最优化。通过战略规划、体制机制、生产运行、责任体系、企地协同等多环节、多元素的整合优化，强化上游勘探与开发、中游输送与储存、下游销售与利用的上下联动、动态调整，提高管理效率、降低交易成本、保障供需平衡，实现产业价值最大化、资源配置最优化、产业协调可持续，形成了“川气自用、外气补充、内外互供、战略储备”格局，为打造全国“一张网”天然气供应体系提供了重要支撑。

三是聚焦绿色发展系统推进生态供应链管理。面对日益严峻的资源环境挑战，企业需系统考虑与环境的关系，以绿色的发展理念，借助绿色供应链管理提升，通过整合全球绿色资源，保障绿色供应链全程协同，增强行业竞争力。徐工集团作为供应链条上的链主企业，除了自身坚持实施绿色可持续发展战略，还将生态环境保护要求融入供应链管理工作中，通过聚焦绿色发展战略，构建绿色生态供应链管理体系；加强研究开发绿色产品，狠抓工艺改进，实现绿色制造；发挥核心企业作用，实施绿色供应商管理；优化储运装备和物流线路，打造绿色物流；强化产品维修和再制造，推行绿色回收；构建供应链大数据平台，实现绿色信息共享监督；专群结合，推进绿色生态供应链管理等一系列措施，实现供应链企业集群的绿色发展，形成初具规模的绿色生态供应链体系，有效减少资源浪费，经济效益显著提升。基于绿色发展的生态供应链管理，不仅提升了徐工集团的行业竞争力，实现管理效益、经济效益和生态效益的平衡统一，更是让徐工集团走出一条具有产业特色的绿色可持续发展之路，带动供应链上、下游企业绿色发展，通过供应链绿色创新发展，推进产业向中、高端迈进，形成“绿色企业集群”。

二、树立新的成本管理理念，有效提升管理效率和效益

我国经济已由高速增长阶段转向高质量发展阶段。高质量发展的基本要义之一就是要从粗放扩张向质量效益转型升级；就是要更加关注资源消耗、关注投入、关注成本，努力以最小的成本获取最优的效益；就是要精准推动建立符合企业发展实际的科学管理体系，以成本控制、提质增效为重点和目标，夯实管理基础，把质量效益、把成本管理放在更加重要、更加核心的地位来抓；就是要围绕提高资源配置效率和管理效能，提升组织竞争力，减少内耗，杜绝管控真空，有效化解潜在风险，保证企业健康运行。

一是全面创新成本管理方法。中国中铁股份有限公司（以下简称中国中铁）提出了“微观成本管理很重要，宏观成本管理更重要”的理念。工程项目宏观成本管理，主要是指项目成本管理过程中，对不受或较少程度受到项目自身影响的成本管理行为，是相对于项目微观成本的企业综合成本管理，主要为公司层面的管理；工程项目微观成本管理，主要是指项目在一定的资源配置条件下，对项目成本进行有效控制的管理行为，主要为项目部层面的管理。中国中铁认为，只有提高企业层面

的宏观成本管理水平，才能带动项目层面的微观成本管理水平提升，实现项目成本管理的帕累托最优。为此，中国中铁全面创新成本管理方法，在深入分析企业成本数据的基础上，识别和确定影响工程项目成本的关键因素，明确股份公司、集团公司、工程公司和项目部四个层级的成本管理职能定位和管理责任，建立四级责任矩阵，采取有效措施，系统推进工程项目以“企业组织全层级、项目管理全过程、内外因素全方位”为主要特点的全要素成本管理，建立了全层级责任矩阵，优化了全过程管理流程，形成项目成本管理张弛有度、合理分工、分进合击的态势，有效扭转了项目现场管理人员“重干轻算”的思想观念，加强了项目现场微观因素管控，切实降低了项目现场成本，实现工程成本的最优，全面提高了企业工程项目成本管理水平，提升了项目效益。

二是构建精健化、精细化、精益化管理体系。南方水泥有限公司（以下简称南方水泥）为应对产能过剩传统制造业大规模重组企业面临的困难和挑战，推动企业高质量发展，实践并提炼形成了“组织精健化、管理精细化、经营精益化”的“三精管理”体系。通过建设精健化组织，提升组织竞争力；通过推行精细化管理，提升产品竞争力；通过实施精益化经营，提升持续盈利能力。三者从企业经营管理的三个方面入手构成有机的整体，共同实现提升企业综合竞争力的最终目的。其中，组织精健化是指瘦身健体、强基固本。持续推进组织优化、瘦身健体和机制创新，构筑符合企业特点和利于企业发展的高效组织体系，不断改革体制和创新机制来激发内生动力，夯实组织基础；管理精细化是指降低成本、提高质量，优化生产流程，全方位推行全面预算管理和行政、人力、采购、营销、财务、投资等专业体系的精细化管理，深挖内潜，开源节流；经营精益化是指优化经营发展理念、模式、环境，以“价本利”经营理念和“行业利益高于企业利益”的价值理念为指导，积极开展市场竞合与行业自律，带头维护行业供需平衡，在产业价值链上开展多元业务拓展，推动技术创新和产业升级，实现可持续高质量发展。南方水泥自2008年分步启动“三精管理”以来，收入、净利润长期保持增长态势，盈利能力显著提升，各项指标日益优化，每年在采购、销售、财务、行政等环节进一步节约的费用总额都在2亿元以上，还实现了存量资产与资源的整合、优化、提升。

三是自主设计、完善精细化管控工具。大型投资项目决策前的财务风险识别与评估，一般通过分析目标公司的各种文件和财务数据，第三方机构出具的审计报告、资产评估报告、尽职调查报告等鉴证及咨询报告，访谈并现场抽样核查部分业务流程等，分析评价其财务风险。这种方法难以深入到最底层业务及其现金流进行核查确认，容易浮在表面，甚至流于形式，不易发现重要的财务风险点；以财务报告、审计报告、资产评估报告、尽职调查报告的责任逐级传递和背书为基础而做出的分析和判断，只要其中一个环节出现问题，责任链条就会断裂并失效。航天投资控股有限公司开展了海外大型投资项目决策的“穿透式”财务风险识别，按照“实质重于形式”的原则，借鉴系统工程的故障模式、故障影响和危害性分析（Failure Mode, Effects and Criticality Analysis，简称 FMECA）方法，对严重度高而且不易探测度高的目标公司及出资者的合法性和规范性风险、运营与管控风险（包括投资管理流程和资金管控风险、现金流风险）、历史经营业绩真实性风险、涉及多国别和不同税务政策的海外投资项目的税务风险等风险点，从业务流和现金流的最底层操作入手，穿透层层嵌套的业务关系和多层级交易主体身份，穿透业务单位、项目、科目等正常使用的“身份”标签，按照其内部结构和流程，依次核查确认相关交易及资金流动的决策文件、现金流及相应银行流水记录等主要书证、配套书证及知情人员的访谈证据，分析确认相关经济行为和行为主体的真实意图和实质，全流程、全过程进行核查和确认，从而对其财务风险做出科学评估，保障项目投资决策的科学性和正确性。

三、升级知识管理模式，将知识积淀转化为业务规范和标准

伴随科学技术的进步，知识作为生产要素的作用越来越重要。区别于其他的生产要素，知识不会由于使用而损耗；相反，知识能够在反复的应用中不断增长，形

成新的知识，不断促进企业的发展，但这也对企业提出了区别于传统生产要素的管理挑战。知识管理将人和知识充分结合，通过知识的获得、创造、分享、整合、记录、存取、更新的过程，为持续构建核心能力奠定基础，最终实现提升创新能力的目标。推进知识管理是实施创新驱动战略、构建竞争优势的必然要求和有力手段。

一是将知识管理与业务活动高度融合。中国船舶重工集团有限公司以知识化、智能化为核心，聚焦与科研生产流程的深度融合，先后选取36家典型单位开展试点工作，以“试点示范、总结经验、全面推进”的原则，全面推进知识管理工程建设，并将其纳入对所属单位一把手的经营业绩考核范畴；系统整合显性知识，建设知识总库与各单位自有知识库，实现对所属68家成员单位知识的集中管控、有序组织和分级共享；深度挖掘隐性知识，实现经验诀窍的积累传承和有效应用；聚焦重大项目、重点产品，着力打造深入科研设计、仿真测试、生产工艺、全流程控制等典型业务系统、专业工作流程的知识管理智能化应用系统；建立知识流动通道和智能化共享的知识管理工程保障机制。这不仅有效解决了科研生产知识分散、共享难的问题，破除知识共享壁垒，更显著提升军民领域国家重点船舶与海洋工程装备和技术的研发效率、缩短设计周期，快速形成自主知识产权优势产品并实现系列化，达到国际先进水平；为推动我国船舶领域创新发展，全面提升经略海洋的综合能力，落实海洋强国战略，发挥重要作用。

二是将知识管理贯穿研发全过程。中国兵器工业第二〇三研究所以用户需求为导向，运用知识工程理论，将管理体系、知识管理方法、研发流程、集成评估方法、研发与试制协同等管理创新纳入武器装备电子产品集成研发管理链条，以“贯穿全过程的管理体系”为保障，以“模块化、标准化公共知识单元”为基础，以“数字化研发流程”为支撑，以“典型产品架构”为牵引，构建具有“串并结合、快速重构、高效迭代、共性支撑”特色的电子产品集成研发管理新模式，通过资源的灵活配置与重构，实现电子产品的集成研发和对用户需求的快速响应，满足用户对武器装备电子产品多样化、小批量、个性化的需求，在有效提升企业竞争力和效益的同时，加快电子信息技术创新发展，促进我国武器装备信息化转型。

三是将隐性知识转化为企业制度规范。航天产品的科研生产具有长周期、定制化、离散化、多型号、小批量特征，导致学习机会少、学习效应不易发挥，以往项目中取得的成功经验等隐性知识的传承、固化十分重要。传统的航天科研生产以“十年磨一剑”、精雕细琢为指导思想，以保成功、保交付、保增长为目标，采取科研型、单件式模式，隐性知识传承采取传、帮、带模式。随着航天科研生产进入科研与生产兼顾、全品系研制、组批化生产、高密度发射阶段，航天科研生产的质量保证面临严峻挑战。为此，中国航天科技集团变革知识管理模式，面向产品—过程—组织三个维度，将以岗位操作经验为代表的隐性知识显性化、系统化，固化在科研生产流程中，同步开展流程体系再造和生产模式优化，推进其在组织内的共同化，形成覆盖全部产品层级、过程环节、组织的流程清单和对应的岗位清单，构建与岗位高度耦合的精细化制度规范体系，大幅提升航天企业科研生产管理水平。

四、大力实施国产化战略，有效解决核心技术受制于人的局面

随着我国产业升级的持续开展，越来越多的优秀企业将面临从“跟跑”到“并跑”乃至“领跑”的抉择，这样的跨越虽然华丽，但却艰难，其中离不开自主技术的支持，需要企业突破技术壁垒、封锁，以我为主，开发具有自主知识产权的技术平台，掌握关键核心技术，提高设备、材料乃至产业链整体的国产化程度。

一是通过国产化战略突破核心技术。当今世界由技术驱动的创新增长是全球趋势，科技创新已经成为提高综合国力的关键支撑和助推高质量发展的第一动力。在当前新型国际关系背景下，我国部分企业呈现奋勇争先的气势，重视自主创新，加快产业核心技术的研发，实现关键核心技术的自主可控，打破技术上被“卡脖子”的局面，加速释放创新潜能，培育壮大新动能，改造提升传统产业。天津 LNG 公司，以打造“国内领先、国际一流”LNG 接收站为目标，明确以工艺技术、关键设备和超低温材料为核心的国产化战略，通过搭建产学研一体化平台，开发具有完

全自主知识产权的LNG接收站成套包工艺技术；通过组织联合团队进行技术攻关和研发，实现LNG关键设备和主要材料国产化；通过实行项目建设运营统一管理，优化设计施工方案，高标准建设一流LNG接收站；通过制订开车规划和开车方案，模拟操作演练，实现LNG接收站自主开车；通过优化细化生产操作、强化生产过程管理和应急管理，实现自主运营；通过开展全员综合技能普及培训和分阶段提升培训，为国内LNG行业培养储备专业人才。天津LNG接收站通过有效实施国产化战略，实现LNG接收站自主设计、自主建造、自主开车、自主运营，为国内LNG接收站的建设运营提供技术积累和管理经验。新疆罗布泊钾肥基地年产120万吨钾肥项目是我国大型工业建设项目，国投罗钾遵循自主创新和绿色可持续发展理念，在极端艰苦条件下以技术创新为引领，全面推行产学研相结合和多学科协作机制，自主研发工艺装备，发展拥有自主知识产权的先进实用技术，实现关键技术和关键设备国产化，并达到国际先进水平，在罗布泊建成世界上单体生产规模最大、技术水平最先进的“硫酸钾航母”，实现硫酸钾单厂生产规模全球最大、产品质量全球最好，使我国一举迈入了世界硫酸钾生产大国行列，形成“全球硫酸钾看中国、中国硫酸钾看罗钾”的局面。

二是产业链共享和推动技术创新及应用。在新产品研发方面，行业领军企业坚持产学研用结合，坚持自主创新和集成创新相结合，加快创新资源共享及技术成果的转移和转化，突破产业化技术瓶颈，通过打造应用设计平台、共享产业链数据、有效布局资本等方式推进产业化进程，助力上、下游企业共享资源、共建平台、共同创新，促进产业链协同发展。吉林碳谷碳纤维股份有限公司依托吉林化纤腈纶制造领军企业的技术、成本、资源优势，致力大丝束、高品质、通用化碳纤维原丝研发，通过产业链协同、终端拉动及产学研联合持续开发，研发国内首家湿法两步法生产大丝束工艺，升级相关装备，深入挖掘大丝束生产效率，形成大丝束碳纤维规模、效率、成本等诸多竞争优势，针对客户应用场景同步开展技术输出，支持产品应用，助力大丝束碳纤维产业化应用，打破了日、美等发达国家对大丝束碳纤维原丝及碳纤维的技术封锁，提高碳纤维产业整体水平，满足高端工业领域和民用市场的广阔需求，拉动了吉林地区碳纤维全产业链规模化、集群化发展。

三是通过数字化应用加快技术创新。当前，以云计算、大数据、物联网、人工智能等为代表的新一代信息技术正逐渐广泛融合渗透到传统产业之中，驱动企业数字化转型升级，成为推动经济发展和技术变革的重要力量。在数字经济时代，市场规则、价值创造、商业模式、组织模式和资源配置方式不断被颠覆和重塑，深刻影响着企业的传统经营管理理念、生产方式、组织形式。企业必须主动适应技术变革和产业变革，充分运用新一代信息技术，辅助技术的创新与国产化进程，构建起新的竞争优势。江南造船（集团）有限责任公司以造船业务为核心，以先进技术为支撑，以“三轴四面”（三轴：研发轴、设计轴和管理轴；四面：理念方法、业务流程、工程实践和技术体系）为总体实施策略，基于单一数字模型核心思想，对数字造船总体框架进行设计，从顶层指导基于模型的数字造船体系构建与实施。以船舶业务流程（合同设计、基本设计、详细设计、生产设计、工艺设计、建造、工程管理）为主线，对船舶总体、跨专业及船体、管系/风管、电气、外舾装、内装的各专业，全面运用基于单一数字模型、系统工程、轻量化设计、体验式设计、智能设计等新的理念方法，结合船舶行业业务实际进行流程再造，以工程应用为导向持续推进优化。一艘船舶在研发设计阶段呈现点、线、面模型状态，可满足计算机辅助工程分析；在生产设计阶段，呈现完整的实体模型和全息工艺模型；到制造阶段，转变成了工艺指令和数字化工作包指导制造。在整个过程中，以模型作为连接设计制造的桥梁，告别了传统的以“三维建模，二维图纸”的传递方式，设计人员、生产人员和管理人员以模型作为统一交流的语言，从而实现以二维图纸为中心的研制模式向以三维模型为核心的方式转变，逐步建立适用于船舶建造的数字化技术体系和方法论，从源头上提升设计质量、增强用户体验，通过数字化终端以三维模型直接指导生产建造与管理，通过以数字化为核心支撑技术的“壳、舾、涂一体化”和“设计、建造、管理一体化”的船舶集成建造技术进步，实现精益造船、均衡生产，推动了船舶设计、制造模式变革，为促进我国由造船大国向造船强国的发展做出积极贡献。

五、推进管理创新常态化，夯实企业创新能力和基础

创新是引领发展的第一动力，是建设现代化经济体系的战略支撑。在中国经济发展新的阶段上，通过自主创新实现产业升级是我们必须完成的历史使命，在这方面中国企业肩负着重大的责任。近几年，中国经济社会发展面临非常复杂的局面，这是一个充满不确定性的周期，其中唯一确定的因素是企业自身的能力和发展基础，这也是企业不被冲击所动摇的根基。中国企业要做的就是扎扎实实做好自身的经营和管理，不断创新管理模式，实现高质量发展，履行好一个经济发展主体对国家应尽的责任。

一是持之以恒完善和推进管理创新战略和体系。国家电网有限公司始终将管理创新作为企业保持活力、推动公司发展的重要根源，不断研究、持续推进、创新机制、夯实基础、激发活力，实现创新方向更加精准、路径选择更加科学、要素管理更加有效、资源配置更加合理、体制机制更加完善、环境氛围更加浓郁、创新能力显著增强，为服务建设"具有中国特色国际领先的能源互联网企业"战略目标发挥重要作用。加强顶层设计，按照公司战略目标和重点任务，坚持问题导向、目标导向、结果导向，加强管理创新的顶层设计，央企首发《国家电网有限公司管理创新工作指引》，明确总体目标、工作要求、重点领域、管理模式、体制机制，为确保管理创新工作与公司战略、重点工作高度契合，有效发挥管理创新对公司战略的支撑作用提供了基本遵循。明确重点领域，按照"统领全局、重点突破"的原则，围绕强根铸魂、企业治理、电网升级、科技强企、精益管理、卓越服务、国际拓展、企业生态等重点领域推进两大工程。建立战略主导、组织管理、计划制订、过程管控、评审推荐、推广应用、综合评价、培训宣贯、沟通交流、保障支撑等主要工作机制，探索干部职工参与管理创新的途径和方式，总结管理经验、方法工具，以《国家电网公司管理创新工作管理办法》固化发布，指导实践，保障管理创新工作的规范化、常态化运行。建设管理创新的管控平台，强化过程监督、全面沟通、任务协

同、信息传播、资源链接、知识共享的信息化支撑。应用大数据、人工智能技术，实现智能搜索、主动推送、多轮问答、执行评价、优化建议等功能，开展技术挖掘，探索新兴领域，推动智能化升级。

二是以技术创新为抓手带动管理全面创新。中国电子科技集团（以下简称中国电科）作为关系国家安全和国民经济命脉的中央重要骨干企业，是国内唯一覆盖电子信息技术全领域的大型科技产业集团。中国电科这些年坚持创新引领发展，提出“一二五四三”的发展总体思路和“一五五三”战略，立足“国防、科技、电子信息”使命责任，全面深化改革，瞄准国家战略急需和发展要求，聚焦主业，组织实施重大科技工程、突破关键核心技术，不断提高自主创新能力。中国电科强化自主创新，加大科研生产核心能力投入，着力基础和前沿技术的研究，强化核心关键技术自主可控，构建基础、整机、系统协同联动、以用促研的自主可控生态，积极打造全球范围内开放式的科技创新平台。坚持组织创新，努力打造平台型企业。中国电科落实国企改革重点任务，深入实施混合所有制改革，有序推进股份制改革，加快现代企业制度建设，基本建成以母子/分公司为主要管控模式的“三层架构、两级经营”组织体系。同时积极响应“大众创业、万众创新”的国家号召，运用互联网等前沿技术，整合内外优势资源，搭建央企首家基于创客理念的开放式创新组织——睿创空间，提升企业研发创新的多维度和开发原型的速度，实现与原有的军工企业的传统科研体制相辅相成，使企业边界可渗透、员工知识相融合。坚持人才管理机制创新，激活创新创业动力。中国电科始终将人才视作核心资产，实施人才强企战略，通过“一体系、双对标、总额单列和多要素激励”等方面的制度建设和具体实践，来破解人才的激励难题；突出干事创业导向，大力选拔任用取得实绩的干部；完善人才培养机制和职业发展路径，大力引进海外高层次人才；建立国际化人才培养交流平台，推动人才有序流动。坚持文化管理创新，塑造大国重器文化体系。中国电科扎实推进新时代电科文化建设，统一思想，凝聚力量，营造良好氛围。如电科十四所形成的“三敢三严”作风和“海之星精神”“预警机精神”，以及开放、活跃、务实、协同的创新氛围，宽容失败的探索文化、数据说话的评价文化、持续改进的提升文化，让员工在新领域中大胆地实验探索，极大地增强了企业的创新能力。

三是规范创新全流程管理推进创意孵化。北京汽车集团有限公司（以下简称北汽集团）以持续开展管理创新工作为抓手，助推管理能力的提升。在工作开展过程中，不断积累管理经验、对标学习先进创新经验，加强管理创新工作的“事前、事中、事后”的全流程管理，逐渐调整、完善工作管理流程，在开展管理创新相关工作的过程中，通过对标学习、调研总结、摸索经验，不断完善工作机制，形成较为成熟的成果立项、跟踪评估、总结归纳、组织申报、成果评审、定期考核、表彰奖励、宣传推广的闭环管理模式。为提高创新工作的计划性，保障管理创新的效率和质量，北汽集团根据管理创新立项是否是公司发展重点领域，分别划分为重点立项、一般立项，并对其进行差异化管理。通过集团公司与下属单位层层开展管理创新活动提高创新管理质量，实现“层层把关、层层筛选、层层审批”的管理模式，提高管理创新水平、创新意识，调动管理创新工作参与的主观能动性。为提高北汽集团创新学习能力，以战略转型为契机、战略研讨会为背景，将集团公司提出战略转型以来各大业务板块取得的优秀管理创新经验进行展示，在集团范围内学习、借鉴优秀的创新思路、管理措施，使全体职工加深认识，坚定信心，以全新的发展理念深刻把握发展趋势，坚持制造服务型和创新型企业转型方向不动摇，推动北汽集团持续健康发展。

专题篇

第二章　基础管理与标准化建设

老子《道德经》有言“高以下为基”，强调了高处的一切离不开低处作为基础支撑。现代企业管理是综合管理、专业管理与基础管理的全面体系。一般来说，基础管理是指为实现企业目标所必需的各项专业管理职能得以发挥而应具备的规则、程序、标准、机制和框架等。基础管理工作处于整个企业管理体系的基层，是企业生存和发展的基石，是企业不断改革创新、做强做大、持续发展的根基。[①]基础管理工作是“地基”，专业管理、综合管理是“楼层”，只有“地基”扎实，才能保证大厦稳固。基础管理工作是实现综合管理和专业管理的基础和前提，当然，基础管理工作也只有与综合管理、专业管理相结合才具有存在的意义。[②]毋庸置疑，基础管理作为企业管理的根基和基石，贯穿于企业日常经营活动的各个环节和阶段，看似简单而平凡，实则是企业得以健康有序发展的重要保障。

同时，企业标准化指为了在企业的生产经营管理范围内获得最佳秩序而对实际或潜在的问题制订共同的和重复使用的规则，其中包括建立和实施企业标准体系、发布企业标准和贯彻实施各级标准的过程。企业标准化管理是企业从标准制定到标准实施、监督评价、反馈整个过程进行的计划、组织、指挥、协调和监督工作。标准是经济活动和社会发展的技术支撑，标准化已成为国家治理体系和治理能力现代化的重要手段。

在第 26 届全国企业管理现代化创新成果中，涌现出一大批基础管理和标准化建设的优秀成果，如航天科技集团、济南公交、南方水泥、鞍山钢铁等，涉及全面

① 杨志明．探讨企业基础管理［J］．企业导报，2010（12）：69-70.
② 吴新文．创新基础管理，增强企业活力［J］．江汉石油职工大学学报，2010，23（1）：23-26.

质量管理、精益管理、全面标准化建设与生产运营管理等方面，表明企业基础管理和标准化建设作为现代化企业卓有成效的科学管理方法，对于提高企业经济效益，增强企业竞争力，促进企业健康持续发展发挥着重要作用。

一、全面质量管理

产品的质量是企业的灵魂，在市场经济快速发展的今天，伴随着消费水平的提升、商业竞争日趋激烈、消费者对产品质量的追求日益明显。企业只有不断提高产品质量，以科技创新为发展动力、以质量永恒为生存主线，持续提升综合质量管理水平，充分占据市场份额，才能获得长足、稳定的发展。[①] 质量管理是指确定质量方针、目标和职责，并通过质量体系中的质量策划、控制、保证和改进来使其实现的全部活动，质量管理是企业发展的基石，没有过硬的产品质量，就谈不上企业的健康发展。质量管理涉及产品质量和服务质量两大方面，同时还可以将服务质量细分为工作质量，产品质量就是企业生产出来让消费者使用的产品，它在为企业争夺市场中具有关键作用，服务质量是一个企业彰显素质的方面，良好的服务质量可以提高企业的外在形象，赢得消费者的企业信任。[②]

质量管理的发展大致经历三个阶段，从质量检验阶段到统计质量控制阶段再到全面质量管理阶段。目前，全面质量管理的理念已经深入人心，越来越多的企业推崇这一基础管理的实践活动。它是一门综合性、系统性的管理艺术，包含了诸如强调持续改进、关注顾客、员工参与、流程重组、供应商关系等一系列的实践活动，这些实践活动可以直接或间接改善企业竞争绩效。全面质量管理已经超越重建质量标准、技术和质量控制工具的层面，是组织行为和发展的系统性战略资源和工具。[③]

① 郭子亮. 质量管理体系在组织绩效模式中的作用［J］. 大众标准化，2019（12）：167–169.
② 管坤明. 企业质量管理存在的问题及应对措施［J］. 现代商业，2018（34）：126–127.
③ 张光明，徐飞. 全面质量管理与企业创新能力、竞争优势的关系——基于资源和动态能力视角［J］. 科技管理研究，2017（2）：39–45.

中国航天科技集团有限公司第五研究院（以下简称五院）是中国最主要的空间技术及产品研制基地，自 1984 年成立了中国最早的宇航元器件质量管理机构以来，一直致力于元器件质量保证技术和模式的创新，我国航天器提供高可靠元器件的质量保证服务。五院首次在宇航元器件领域提出了“五统一”管理要求，创建了“CASTA/B/C”采购规范体系和宇航元器件应用验证技术体系等一系列具有中国特色的宇航元器件质量管理方法和技术经验。宇航元器件过程控制体系（PCS）是满足未来航天器“高质量”发展需要的元器件质量管理新举措。围绕我国航天器研制主要历程和各阶段实际需求，保证航天器型号用元器件质量，五院宇航元器件质量管理模式主要经历了后端挑选、重点工序管控和全面生产过程控制三大阶段。

在新时代“航天强国”建设的征程中，一方面航天型号任务数量激增（2018 年发射已首次达到全球第一），另外航天器研制模式发生重大变化，质量要求精益求精，对元器件“零缺陷”提出了更高要求。2018 年，五院分析航天器用元器件质量问题深层次原因，编辑《五院航天器用元器件质量警示录》；在总结以往质量管理工程经验的基础上，面向未来航天器研制高强密度研制和发射的形势需要，制定发布《全面加强五院航天器用元器件生产阶段质量控制的若干要求》，提出元器件过程控制体系（PCS），从责任制落实、技术状态管控、生产过程控制、风险识别控制、质量问题处理五方面系统提出 30 项质量控制要求，全面加强宇航元器件生产阶段质量控制，如图 2-1 所示。

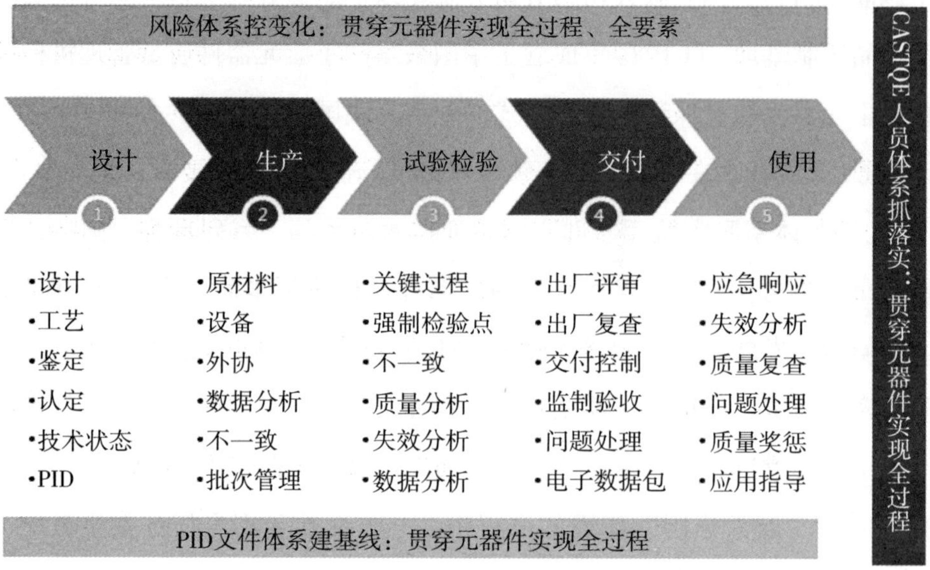

图 2-1　宇航元器件过程控制体系要素

通过在宇航元器件领域构建过程控制体系（PCS），实现了宇航元器件质量管理由事后检验向过程控制的理念转变，并在结果可信的基础上，更加关注生产过程的全程可控。从五院的宇航元件的质量管理模式的发展过程来看，企业质量管理的理念已经从事后检验、过程检验转变为全面质量管理。全面质量管理，即在产品质量形成过程中进行全过程、全企业和全员的管理，强调为了取得真正的经济效益，通过对顾客质量要求的识别，采用有效管理手段，最终获得顾客对产品的满意和认可。[①]

质量管理作为企业重要的管理理念和管理方法，与其他管理工作一样，都存在一定的风险，因此，质量管理中的风险管理也是企业必须要注重的问题。同时，质量风险管理不是独立的，而是一个系统化的过程，是对产品在整个生命周期过程中，对风险的识别、衡量、控制及评价的过程。质量风险管理是用来识别、评估和控制质量风险的一个系统程序。[②] 质量风险分析作为主动性、前瞻性的管理方式，可以

① 唐水平．企业全面质量管理探讨［J］．广西质量监督导报，2020（5）：192-193.
② 郭亮．基于质量管理体系的风险管理［J］．中国质量，2020（4）：20-22.

通过提前合理的策划、制订有效的措施应对来达到降低或消除风险的目的，对于控制产品风险、保障产品质量具有重要意义，基于风险的思维无论对质量管理体系有效运行还是产品实物质量的控制都是至关重要的。[①]

在质量管理的风险管理中，中国人民解放军第五七二〇工厂（以下简称5720厂）的做法值得借鉴。由于航空装备修理过程错综复杂，5720厂原有质量管理体系存在缺乏风险防控设计理念、修理作业标准化低、管理作业流程复杂冗余、全员聚焦协同不够、各类信息“孤岛”现象严重等问题，质量管控难度大等。为解决此问题，5720厂于2016年提出应用风险管理思维，构建以预防改进为核心的质量管理模式，通过推进各类组织落实措施，持续加大相关配套资源的投入，夯实质量基础，建立健全技术质量管理体系标准，基于流程梳理产品实现全过程，对维修方案的设计明确预防改进的运用，引入防差错设计、失效模式、后果及危害性分析（FMECA）等方法，厘清过程风险防控要点，积极推进各流程与业务的信息化建设，实现过程直观化和结果显性化，以期实现质量管理的预防改进本质。同时，为了有效将风险管控引入产品实现全过程，解决信息“孤岛”问题，5720厂按照基于风险的思维、持续改进的思路，着眼装备维修保障全过程、质量保证全要素，通过信息化手段整合现有质量管理要求与方式，加强产品质量的时效性管理，目前已全面策划了质量管理信息系统建设工作，通过质量管理信息系统建设，完成对质量管理体系全过程的覆盖，实现质量信息的实时性与准确性，如图2–2所示。

① 朱珍彪. 风险思维下的质量管理［J］. 中国质量，2020（4）：39–43.

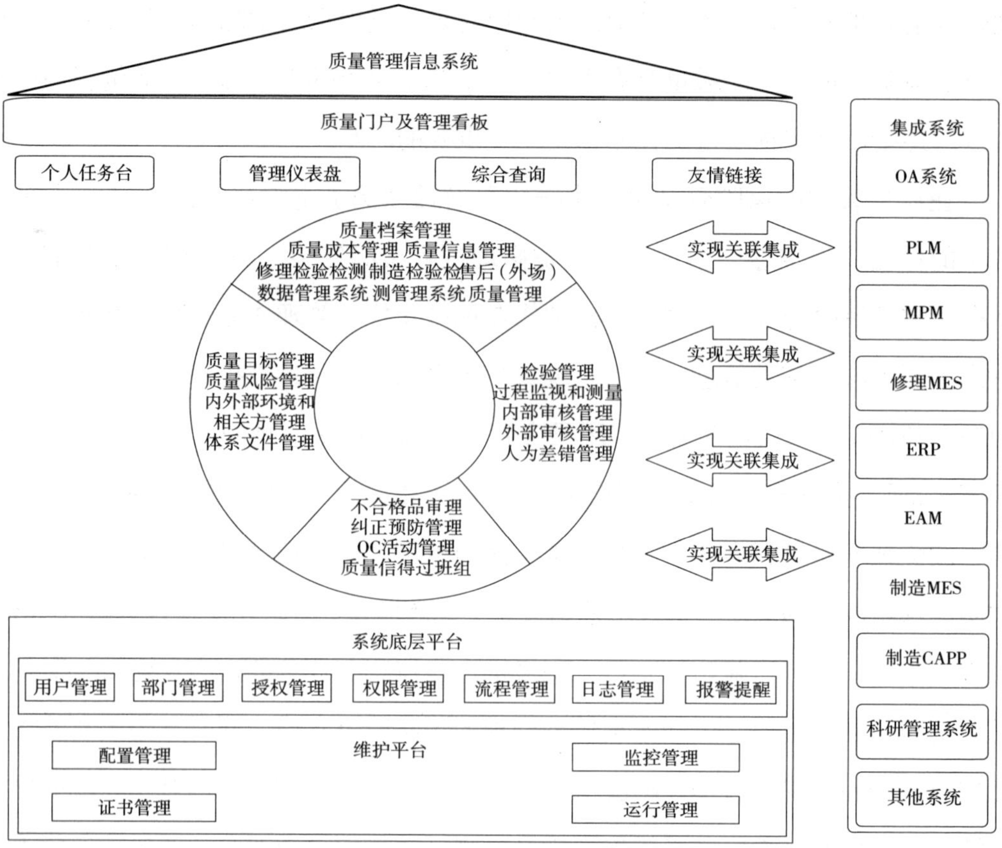

图 2–2　5720 工厂质量管理信息系统

二、精益管理

精益管理源自精益生产（Lean Production），是衍生自丰田生产方式的一种管理哲学。精益管理由最初在生产系统的管理实践成功，已经逐步延伸到企业的各项管理业务，也由最初的具体业务管理方法上升为战略管理理念。它能够通过提高顾客满意度、降低成本、提高质量、加快流程速度和改善资本投入，使组织社会性的价值实现最大化。精益管理要求企业的各项活动都必须运用“精益思维”（Lean Thinking）。“精益思维”的核心就是以最小资源投入，包括人力、设备、资金、材料、时间和空间，准时地（JIT）创造出尽可能多的价值，为顾客提供新产品和及时的服务。[①] 精益管理的目标可以概括为企业在为顾客提供满意的产品与服务的同时，把浪费降到最低程度。企业生产活动中的浪费现象很多，常见的有：错误——提供有缺陷的产品或不满意的服务；积压——因无需求造成的积压和多余的库存；过度加工——实际上不需要的加工和程序；多余搬运——不必要的物品移动；等候——因生产活动的上游不能按时交货或提供服务而等候；多余的运动——人员在工作中不必要的动作；提供顾客并不需要的服务和产品。努力消除这些浪费现象是精益管理最重要的内容。

在推进精益化管理工作中，需要对各阶段的目标进行明确，然后稳步推进和扩展，在企业各个环节和活动中都融入精益化理念。在精益化管理实施过程中，要求企业全体员工要团结一致，做好精益化管理制度的执行和落实，并在工作中不断进行改革和创新，以此来提升企业的核心竞争力。在精益化管理工作中，强调协作精神，需要以人为中心，营造良好的彼此尊重和互相协作的人文气氛，更好地调动员工工作的积极性，在整个精益生产过程中贯穿人的因素，更好激发人的潜能。同时还要强调“人以精益化为本”的思想，企业要形成一种实事求是、精益求精的氛围，尽最大努力来实现员工的自身价值。另外，在精益化管理工作中还要注重全面质量管理，通过强调生产中的质量管理，培养员工的质量意识，强化对每一道工序的质量检测和控制，可以全面地提高企业产品的质量，从而为顾客提供优质的产品和服务奠定良好的基础。[②]

南方水泥有限公司（以下简称南方水泥）为应对产能过剩的传统制造业大规模重组面临的困难和挑战，推动企业高质量发展，在中国建材的指导和带领下，实践并提炼形成了集“组织精健化、管理精细化、经营精益化”于一体的“三精管理”体系：通过建设精健化组织，提升组织竞争力；通过推行精细化管理，提升产品竞争力；通过实施精益化经营，提升持续盈利能力。[③] 三者从企业经营管理的三个方面入手构成有机整体，共同实现提升企业综合竞争力的最终目的，如图 2 –3 所示。

① 高帆．提升我国中小企业精益管理能力的对策研究［J］．知识经济，2020（16）：10–11.

② 李明海．关于企业生产经营精益管理的研究［J］．经贸实践，2018（7）：183.

③ 宋志平．“三精管理”模式［J］．企业管理，2020（6）：38–41.

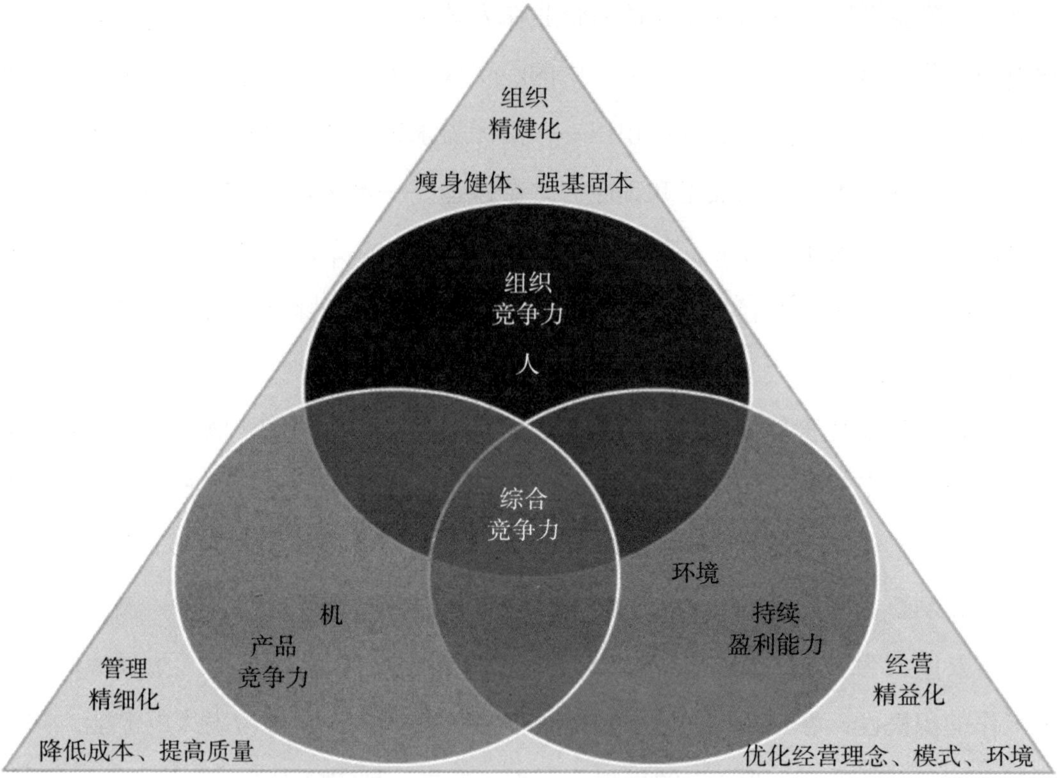

图2-3 南方水泥"三精管理"

"三精管理"的指导思想和管理理念体现在全员参与、持续改进、系统优化：全员参与，是指要最大限度发挥"人"的智慧和主观能动性；持续改进，是指要目标导向，紧盯细节、深入分析，不断发现问题，以持续创新的思维寻求突破、以精益求精的态度努力改进；系统优化，是指"三精管理"的着眼点必须是全要素，而不能割裂到每条业务线上来各自推动。供应、生产、营销、行政、人事、财务，所有的改进都是为了一个统一的目标"系统性提高效率和效益"，为此每个环节必须联动起来。三个环节的成功不是一蹴而就的，需要长时间的坚持改进才能取得明显效果。南方水泥的"三精管理"模式，源于精益管理而又超越了精益管理，是企业在管理模式上的巨大创新。

油气管道是国家能源输送的"命脉"，安全生产与油气保供责任重大。物资供应作为"粮草官"，如何以最低库存保障安全生产，如何不断提升管道企业现代化、精细化管理水平成为亟待解决的问题。西部管道公司根据油气长输管道点多线长、所需物资品种多专业性强、现有库存储备不尽合理的实际，紧紧围绕“优质保供、降本增效”中心任务，落实国资委“两金”存货压控部署，以实现资源高效利用为目标，推行“零库存”管理理念，减存量、遏增量、调结构，通过在管理体系、业务模式、决策模型、系统平台、标准规范等方面的管理创新，在管道里程资产大幅增加、管道设备服役时间越来越长、天然气保供和应急防恐复产压力越来越大的严峻挑战下，实现了总库存规模逐年降低，库存结构不断优化，物资保供水平显著提升，充分发挥了物资管理“企业第三利润源”重要作用，保证了安全、及时、经济供应。

三、全面标准化建设

当前，中国标准化发展正处于一个非常关键的时期。从外部看，随着国际贸易竞争的不断加剧，标准成为国际竞争中的重要利器，获取国际标准制订主导权，已成为获取国际竞争优势的重要手段；从内部看，中国经济社会的快速发展，标准化领域的不断拓展，对标准化提出了更高的要求。[①] 标准是企业组织生产的技术纲领、技术规范和依据，标准战略目前已经被世界上许多企业所接受，并成为企业间竞争的一种高级方式，加强标准化管理是企业保证产品质量、提高产品市场竞争力的根本保证，是提高企业管理水平、提高经济效益的重要手段。

标准化发展的实践证明，标准化对于生产经营、服务行为、政府社会管理公共服务、行政管理、城市管理的规范化具有重要技术支撑作用。[②] 无论是制造企业、服务行业还是党政机关，都需要一套完善的标准化管理模式和流程。以济南公交为例，该企业就是一个运用标准化建设，提升顾客服务质量的成功案例。济南公交以标准化建设为中心，以全员参与、全过程管控为基础，以提高服务质量为最终目标，以推动企业管理转型发展为重点，按照标准化的机制和原理，全面构建包含标准化

① 刘三江，刘辉．中国标准化体制改革思路及路径［J］．中国软科学，2015（7）：1-12.

② 李晓林．从公共服务标准化实践看精细化管理趋势——以北京市公共服务标准化建设实践为例［J］．中国标准化，2012（3）：108-111.

发展战略制订、组织机构与规章制度建设、标准体系构建、企业内部标准制订、标准化宣传教育、标准实施监督机制、国家行业标准化活动参与等内容的公交企业标准化体系，实现企业管理转型和标准化纵深发展，提高企业管理效率和服务质量。① 通过全面标准化建设，济南公交建立了全员、全过程的标准体系，通过了省级、国家级标准化试点验收，成为全国首家通过国家级社会管理和公共服务标准化试点验收的省会城市公交企业，如图 2-4 所示。

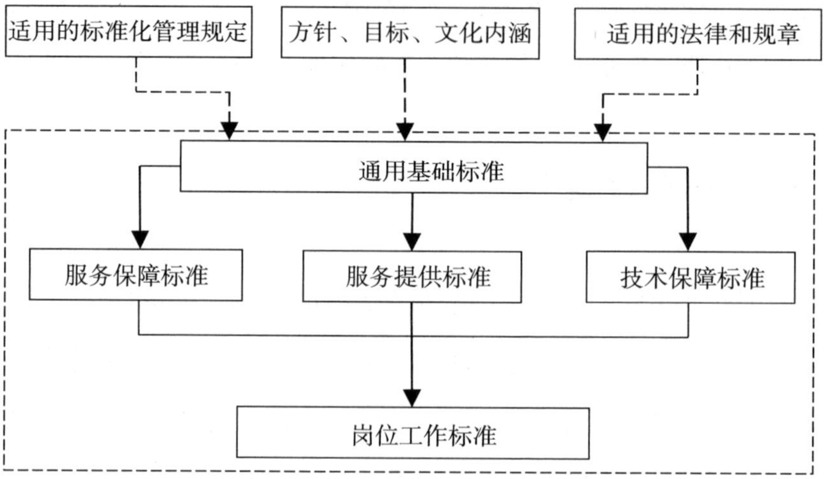

图 2-4　济南市城市公共交通服务标准体系总体框架

上海外高桥造船有限公司（以下简称公司）也是标准化建设的优秀企业，公司始终坚持把标准的变革和提升作为推动船舶设计和建造的主要动力之一，通过标准化能力的提升推动船舶技术升级和建造能力提升。公司以典型海洋工程装备为载体，深入实践综合标准化理念实践，为提升装备制造能力提供了强有力的支撑。综合标准化是从传统标准化的基础上发展起来的，是为了达到确定的目标，运用系统分析方法，建立标准综合体（指标协调优化、相互配合、整体效益最佳的成套标准），并贯彻实施的标准化活动，如图 2-5 所示。

通过综合标准化建设，上海外高桥造船有限公司的经济效益和盈利能力显著提高，提升了国内在海洋工程装备制造业的软实力，为国家海洋工程装备制造能力提

① 王逢宝. 济南公交打造公共交通服务标准化样板［J］. 企业管理，2020（5）：80-81.

升夯实基础，为综合标准化管理模式在大型装备制造业和船舶行业的推广提供了借鉴和示范，实现了标准化管理理念的重塑和标准认知升级再造。

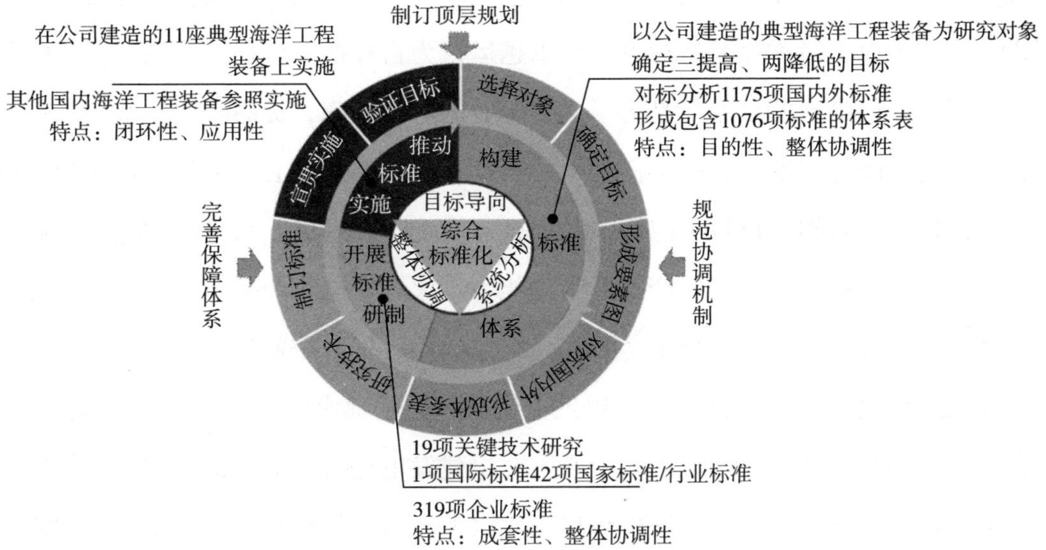

图 2-5　综合标准化理念在海洋工程装备制造业的实践模型和成果

四、生产运营管理

生产运营管理的概念有狭义和广义之分，狭义的生产运营管理仅局限于生产运营系统的运行管理，实际上是以生产运营系统中的生产运营过程为中心对象。而广义的生产运营管理不仅包括生产运营系统的运行管理，而且包括生产运营系统的定位与设计管理，可以认为是选择、设计、运行、控制和更新生产运作系统的管理活动的总和。广义生产运营管理以生产运作系统整体为对象，实际上是对生产运营系统的所有要素和投入、生产运营过程、产出和反馈等所有环节的全方位综合管理。[①] 企业任何管理活动的最终目的都是为了保障正常的生产运营流程，提高生产运营效率和企业的经济效益、社会效益。

① 刘洁宇，杜春莲，杜倩楠．现代企业生产运营管理中存在的问题及对策研究［J］．商，2015（24）：1.

在此次企业管理创新案例中，有许多优秀企业的做法值得借鉴，如宁夏京能宁东发电有限责任公司的“一部三中心”的生产运作管理优化、中国华电集团有限公司福建分公司基于多元辅助决策系统的水电调度管理，以及大亚湾核电运营管理有限责任公司（以下简称大亚湾核电）以卓越运营为目标的管理提升。虽然企业的具体做法不同，但最终的目的都是为了提升企业的运营效率，提高企业的绩效水平。其中，宁夏京能宁东发电有限责任公司提出基于“一部三中心”的生产运作管理理念，并借助于大数据分析技术应用，助力企业实现创新发展，来应对时代对企业发展的新要求，全面提升企业生产经营管理能力。火力发电企业基于“一部三中心”的生产运行管理优化内涵是为了达到提高企业效益、提升企业生产运作管理效率的目的，通过优化生产运作管理体系，以发电运行部为基础成立“运行值管理中心”“运行监控分析中心”和“自动化控制中心”，组建发电运行部“一部三中心”管理架构，并在此管理架构基础上开展机组自动化水平提升、机组经济运行辅助服务能力提升、大数据技术应用研究等工作，从而实现企业生产效益的提升、生产运作管理效率的提高。

大亚湾核电以打造世界核电运营行业标杆为引领，结合新时代高质量发展要求，着力在组织运作优化、体制机制配套、资源配置优化等方面系统、稳步推进深化改革，提升在质量管理、安全管理、设备管护、财务管控方面的精益化水平，构建新时代可靠、稳定、高效、经济的供应链，并在建设信息无线高速公路和大数据平台等方面抢先布局，促进生产运营效率与效益的持续提升，提高行业话语权和影响力。为进一步提升组织运作效率，借鉴国家“军改”模式，大亚湾核电对安全生产组织运作模式进行改革，构建“总经理部管总、项目主战、部门主建”的矩阵式运作模式，保证各项日常生产、大修活动有序、协调、高效运转，如图 2–6 所示。

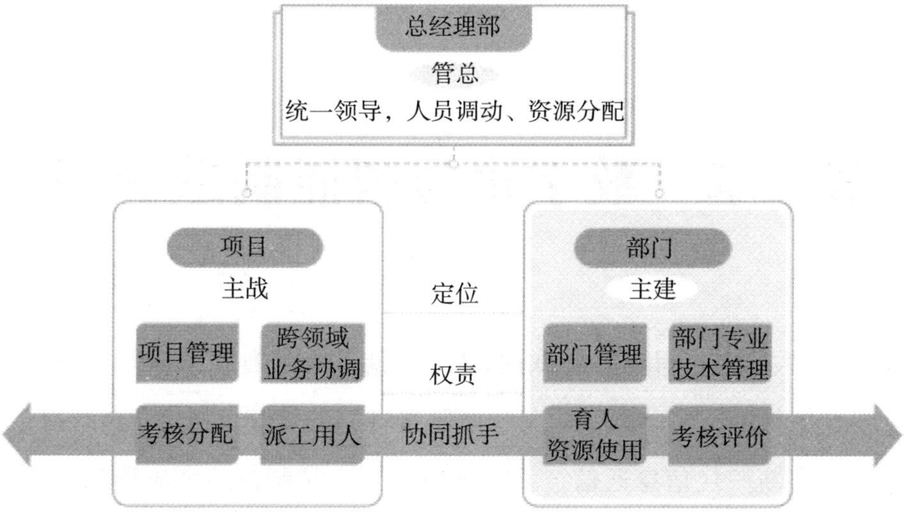

图 2–6 “项目主战、部门主建”的矩阵式运作模式

长期以来，我国企业管理水平普遍有待提高的一个重要原因，正是在于基础管理工作没有抓好，没有基础管理内功的积累，管理永远难以上水平。① 基础管理与标准化建设贯穿企业管理活动的始终，其中，基础管理是全部管理理论和管理实践的基础，是管理的基本功；标准化管理是企业管理的重要基础，是企业开展全面质量管理的支柱，是企业组织科研生产活动的重要手段，是企业管理的重要组成部分，有助于企业提高产品质量、服务品质。标准化管理贯穿于企业管理的各个环节，涉及产品工艺创新、生产流程再造等，需要建立在科学分工、协同合作的基础之上。目前来看，我国标准化体制仍然面临重大挑战，主要表现在：标准化体制受到宏观经济体制的约束；社会自我创新能力不足；政府单一主导标准供给与社会丰富、多元化的需要不适应；标准化社会组织发育不完善；未能充分发挥企业在标准化工作中的主体作用。② 因此，我国基础管理与标准化建设的水平还有待进一步提升。

① 肖坦. 基础管理是本——“基本论”研究绪言［J］. 现代商业，2011（17）：90–92.
② 廖丽，程虹，刘芸. 美国标准化管理体制及对中国的借鉴［J］. 管理学报，2013，10（12）：1805–1809.

第三章　数字化与智能制造管理

以互联网、大数据、云计算、物联网、人工智能等技术为代表的新一轮科技革命，掀起了制造业从传统制造向数字化与智能制造转型的热潮。相较于传统制造而言，智能制造通过将新一代信息通信技术充分应用到产品制造的全流程和全生命周期当中，使生产运作系统能够自感知、自决策和自执行，推进工厂车间的全局优化与效率提升。①《中国制造2025》中明确提出："智能制造是新一轮科技革命的核心，也是制造业数字化、网络化、智能化的主攻方向"。② 同时，《智能制造发展规划（2016—2020年）》中也提到，发展智能制造对于推动中国制造业供给侧结构性改革，实现制造强国具有重要战略意义，要将发展智能制造作为长期坚持的战略任务。③ 数字化与智能制造乘着科技的东风而起，掀起了我国制造业发展新浪潮。

数字化与智能制造管理也是本届管理创新成果的重要特征，国家电网、江南造船、海尔、中车株机、电子科技第十四所、安徽电力、多氟多、中铁四院、大连电力等企业，充分运用移动互联网、大数据、人工智能、物联网等新一代信息技术，推进产品设计、管理和生产流程变革，加快数字化与智能制造转型升级。

一、数字化智能产品设计管理

设计是建设的起点，数字化设计是企业向智能化转变的基石。对于尖端、重型

① 魏诚．智能制造的内涵、技术路径与实现［J］．现代工业经济和信息化，2018，8（7）：40–41.
② 朱金凤．数字化与智能制造［J］．电气时代，2017（5）：11–11.
③ 李廉水，石喜爱，刘军．中国制造业40年：智能化进程与展望［J］．中国软科学，2019（1）：1–9.

制造业来说，由于其生产的产品具有系统繁多、结构复杂、建造要求高、精细化程度强等特点，传统的手工图纸设计方法难以确保工程进度和质量要求，只有在设计理念、方法和技术上创新和突破，才有本质提升，因此智能技术在产品设计的应用能够帮助制造业快速解决这一历史性难题。

中国电力工程顾问集团华东电力设计院有限公司（以下简称华东院）数字化设计始于20世纪90年代，随着电厂项目的积累，各阶段设计信息逐渐庞杂，亟须寻求一种有效的设计管理方式，优化设计信息管理、提高设计质量和设计效率。基于此，华东院提出建立统一、高效的数字化设计管理平台，加强对设计信息的收集分析及对设计进度的管控，从管理出发解决设计问题。华东院将目光投向设计数据的收集和深度挖掘，提出建立面向智能电厂建设的数字化设计管理模式，引导原始三维设计向数字化设计推进，以 Smart Plant 系列软件为基础搭建数字化设计平台，该软件是面向工厂设计的软件系统，为使其能切实有效地应用于电厂设计，华东院针对基础软件做了大量创新性的二次开发，使之能满足电厂设计的需要和华东院设计质量管控的要求，将管理标准和设计标准注入设计平台。

在设计技术方面，华东院依据各个设计环节特点划出平台的三维建模范围，为使三维设计平台更高效的服务于电厂设计，华东院建立了552个三维设计数据库。并在工程设计中全面使用二次开发的 Smart Plant 系列软件，同时推进管道专业系统设计与布置设计的协同、管道专业与热控专业系统设计的集成，以及电气专业系统设计与布置设计的集成。为了完全实现全厂数字化设计，华东院大幅扩大了 SP3D 布置设计范围，并细化了数据的粒度，推行精细化设计。由于实现了统一平台上的全厂三维建模，这也使得各专业在全厂范围内进行三维协同设计成为可能，为此华东院强化数字化设计管理，优化专业间协同模式，推进设计模式由二维向三维转变。

在设计管理方面，由于基本的 Smart Plant 系列软件仅服务于设计，缺少设计管理模块。因此为加强对设计任务流程的管控，华东院在 SPF 平台上自主开发了“卷册活动项软件 v1.0”，通过该软件对设计文档和设计任务分派过程进行控制、管理和记录，将任务分配的时间、任务接受人员、接受时间等加以完整记录。为确保工程项目的顺利推进，将设计进度落实到人，华东院在 SPF 平台上自主开发了“内部接口资料管控软件”，对内部借口资料流程实施管控。为保证设计成品质量，持续提升华东院的设计品牌形象，华东院在 SPF 平台上自主开发了“SPF 成品校审单软件 v1.0”，在该平台上可以进行设计成品校审，保证成品校审各个环节地有序开展和详细记录。华东院还通过在 SPF 平台上自主开发“数字化成品送印系统 v2.0”，实现数字化设计管理平台与华东院综合信息管理一体化系统，通过相关功能模块间的数据传递，实现设计成品校审完成后自动签署并直接印制出版，极大地提高了管理准确性及管理效率。华东院在对软件进行大量的二次开发之后，依托于数字化设计平台而建立起来的数字化设计管理模式，实现了对设计全过程的跟踪、监管，使设计流程实现可视、可跟踪。

在设计管理方面亟须数字化转型的还有铁路制造行业，高速铁路最高运行时速达 350 千米，对轨道平顺性有着极高要求，铁路建设施工误差仅在毫厘之间，对设计单位最终设计产品的高效率、高质量交付提出了严苛要求。传统的铁路工程设计交付主要是以二维图纸为载体，存在着交付成果表达效果不直观、表达信息不准确、差错率高、效率低的问题。因此，高速铁路设计迫切需要依托信息技术、数字技术等先进技术打造一套系统性、整体性、高精细化的设计平台及管理体系。基于此背景，武汉中铁第四勘察设计院集团有限公司（以下简称铁四院）确立了三维数字化设计的目标和技术路线，基于设计流程重构建立数字化设计平台，基于工程设计数据标准化工作建立企业数据标准，以“数字地球”为核心，通过自主研发突破铁路三维快速建模关键技术，升级更新替代一批数字化设计软件，通过设计全生命期三维呈现、各阶段和各专业的信息共享、实时联动、预警审核等机制，实现铁路工程项目三维数字化设计，全面提高设计效率和质量。三维数字化技术是指将采集和经过运算分析的数据存储到基础数据库，通过数字信息仿真模拟建筑物所具有的真实信息，达到实时建模、立体化展示、空间信息可视化的目标，具有自动三维建模与精细化工程数量计算统计功能，具备参数化与全屏触控等多种交互设计能力，为设计的可视化、精准性提供基础平台，如图 3-1 所示。铁四院在铁路工程行业率先实现三维数字化设计，提升了决策效率，实现了高效率高质量成果交付。

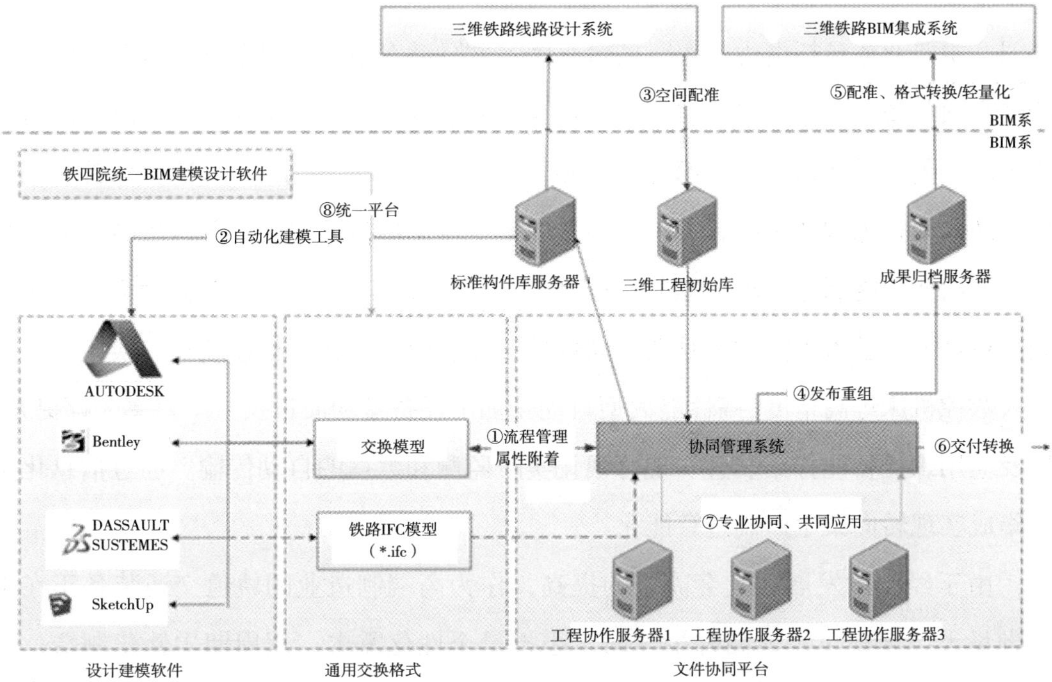

图 3–1　三维数字化设计管理

设计管理的智能化转型对于制造企业至关重要，数字化设计不仅可以在项目间以及全生命周期项目内的各阶段、各专业和专业内进行高效率、高质量交付，还可以实现向施工方、向建设方、向政府和行业监管方、向运营方的高效率、高质量交付，全面提高各参与方的工作效率和质量。通过数字化设计管理转型，企业的市场竞争力显著增强，助力高端市场开拓，有力推动企业发展战略实施。

二、数字化智能生产管理

生产管理方式智能化是制造业智能化的重要体现，智能化生产是指利用先进数字化生产设备和网络信息技术对生产过程进行智能化改造，实现跨系统的数据流动、采集、分析与优化，完成设备运行实时监测、工艺流程自动优化、柔性智能排产等智能化生产方式。①

中车株洲电力机车有限公司（以下简称中车株机公司）是中国中车全资一级子公司，主要业务包括电力机车、城轨车辆、城际动车组、磁浮车辆及转向架等先进轨道交通装备。中车株机公司以数字化与工业化深度融合为主线，以智能制造为主攻方向，创造性地以转向架部件为核心开展“智造”转型升级，打造全球首个轨道交通转向架智能制造车间，力求实现转向架生产制造智能化。中车株机结合公司实际和转向架智能制造需求，搭建了11条转向架智能化生产线及1套自动清屑系统，利用机器人代替人工完成一系列自动焊接、涂装流程以达到快速装夹、换模要求，引入数控机床等高精度、高性能大型自动化加工设备带动质量及生产效率大幅提升，以及应用螺栓智能拧紧装置实现可视化实时监测和数据的自动传输。通过信息化系统集成实现转向架生产制造智能化。

由于经济的发展和社会需求的提高，作为高端制造业的轨道交通装备正在由“批量大、客户单一、品种少”向“小批量个性化需求、短周期柔性化制造、低成本绿色化”进行转变。因此，中车株机以面向订单的柔性制造为目标，在新建产线基础上，通过引入APS高级排程系统，结合订单、物流、产能等多方面实际因素，制订高精度详细的生产计划、物流需求计划及采购计划，实现从人工排程到数字化、智能化排程的转变。在智能排程的基础上，中车株机加入可裁剪性强的模块化设计，可以动态调节生产流程、物流，以及信息流以满足不同的加工需求，最大限度发挥制造系统的柔性效能，实现由任务管理向面向订单需求的柔性制造模式转变。

智能生产管理不仅在重型制造企业得以应用，在食品饮料行业也大有所为。杭州娃哈哈集团（以下简称娃哈哈）以乳饮料、瓶装水、罐头食品等9大类食品饮料为主要产品，娃哈哈针对食品饮料行业特点，采用网络技术、信息技术、现代化传感技术建设数字化工厂，以实现传统食品饮料制造业向数字化、智能化为目标进行

① “互联网+”制造四大模式：智能化生产下的模式创新［J］. 船舶工程，2017，39（11）：11–14.

转型升级。娃哈哈为了打造智能化设备及生产线，采取引进国际一流自动化生产线的措施，实现了产品生产全流程包括配料、制瓶、制冷、空压等环节的自动化控制。生产线各工艺环节的设备能够自动捕捉数据，传输到工厂制造执行系统中的各个模块进行实时监控分析并不断对工艺流程进行优化，同时将数据反馈到企业信息管理系统中，实现从工厂到企业的深度数字集成，方便随时掌握生产线运行状态，保证设备平稳高效运作。

此外，娃哈哈还在生产线自动化的基础上进行进一步的深度数字化开发，通过与德国西门子公司进行自动化连线技术合作开发，对生产线设备进行自适应调整的智能化升级，在国内率先实现从原料到成品全过程自动化连线，打造数字化的“无人车间”。从原材料入库环节开始，智能化设备就开始进行严格的质量筛查，通过扫描供货单上的原料、辅料和包装材料的电子标签进行自动识别，筛选出与生产有关的数据，自动对原料库资料进行修正，保证每一件产品原料都是可追溯的。在生产环节，设备通过近红外传感器检测技术，在线检测产品的各种关键营养元素及质量指标，当发现异常检测结果时便会自动报警并进行处理。通过温度传感器、流量传感器、电导率传感器等，自动上传生产线设备的运行数据，监控运行参数及运行状况，同时还能够自动调整流量控制阀和加热控制元件来调整流量、温度等指标。通过数字化监控分析以及智能化运行，保证了标准高质量的产品品质，如图 3–2 所示。

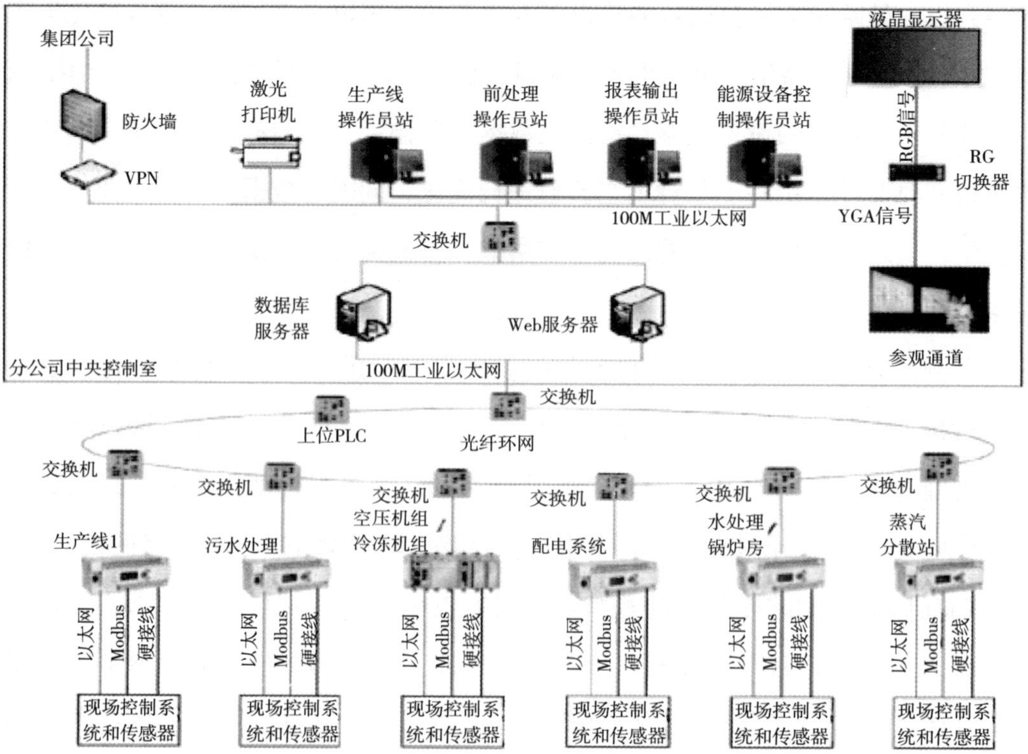

图 3-2　连线生产线在线数据采集系统

企业制造的数字化建设是企业智能化转型的关键环节，数字化生产管理能够打造快速响应市场的竞争优势，极大提高企业的产品产供销联控能力，同时还能提高企业生产计划的制订效率与准确率，保证产品供货的及时性，从而具有快速响应市场的能力。

三、数字化智能设备管理

随着制造业的飞速发展，企业生产线的不断扩张，设备数量急剧攀升，种类复杂多样，并且设备的技术也向数字化、大型化发展，自然也引发了设备管理上的难题，一旦设备管理不善，将会影响整个工程的施工质量，同时也会造成极大的资源浪费，严重时甚至会出现较大的安全事故。传统的设备管理策略主要为事后维修与预防维修，企业对装备进行运维决策时，主要依赖流程和经验，缺乏有效的数据作为支撑。[①] 因此，对设备管理进行数字化转型升级是数字化与智能制造的关键环节。

中铁广州工程局集团有限公司（以下简称中铁广州工程局）拥有大量的大型建筑设备，大型设备存在价值大、施工载荷大、危险性大、结构复杂、操作复杂、维保标准高、使用成本高等特点。这些特点使大型设备管理十分复杂，如何保证大型设备使用经济性与安全性是中铁广州工程局的关键管理问题。基于此，中铁广州工程局积极探索基于信息化后台管控的大型设备管理，开发了机械设备使用成本层级管控信息系统和大型专用施工设备智能远程管理信息系统，分别针对成本要素和安全要素进行把控，取得了显著成效。

机械设备使用成本层级管控信息系统是针对工程施工企业设备品种多、分布广、使用成本难于即时统计分析的特征，量身定做的侧重设备使用成本管理的信息平台。该系统目前有六大功能模块：基本信息、设备租赁管理、员工管理、配件管理、其他管理和成本管理。前五个模块主要累积设备基础信息，成本管理模块包括公司层面、项目（工点）层面及单机层面收支情况，机械设备专业化公司成本核算和盈利能力。该系统通过信息系统自动汇总各成本要素并自动预警，实现机械设备专业化公司后台各层级对设备使用成本实时掌控，及时分析纠偏。大型专用施工设备智能远程管理系统是针对工程施工单位机械专业化公司大型专用施工设备品种多、分布广、安全管理难的特征，借助“工匠工作室”自行研发的安全管理信息系统。由安装在设备上的传感器进行采集设备运行参数，实现了集中在公司后台显示设备工作状态，及时发布预警信息，远程诊断机械故障，定时提醒维保时间，设置安全边界条件，辅助应急处置，生成历史数据报表等功能，该系统的使用进一步丰富了公司后台大型设备安全管理手段。通过实施基于信息化后台管控的大型设备管理，中铁广州工程局开发的机械设备使用成本层级管控信息系统和大型专用施工设备安全智能远程管理系统提高了机械设备使用的成本效益和大型设备的安全管控能力，为企业智能化设备管理提供了强力支持。

---

① 张帅．构建智能设备管理体系降低设备故障率［J］．山东工业技术，2019（12）：163–164.

与建筑行业同样面临设备管理难题的还有电力行业，鉴于输电线路和供电设备在地理位置和空间位置上具有高度复杂性和分散性导致数据难以采集、及时性差等问题，国网江西省电力有限公司新余供电分公司（以下简称新余供电公司）以互联互通的思维方式，基于无人机巡检搭建智能管控平台，形成数据和设备之间的对应关系，通过电网空间信息表达与业务数据资产信息的深度融合，实现设备设施状态智能感知，全面提升输电线路和设备的规划水平、建设水平、运维水平和经济效益。新余供电公司利用无线电遥控设备和自备的程序控制装置的长航时无人机，可以在作业难度较大的崇山峻岭和江河湖泊之间轻松作业，不仅更加高效且更加安全。在作业精度上，也逐步实现与专业摄像机相当的精度效果，人工很难发现的线路受损部分，通过无人机空中巡视，可以清楚地进行研判。此外还研发新型辅助设备如无人机机巢、中央控制系统，以及无人机搭载红外测温镜头来强化无人机巡航功能。同时建立巡检智能管控平台，准确掌握设备状态。以后台管理系统为“大脑”，以移动作业终端为“手脚”、在线监控设备为“神经”，搭建巡检智能管控平台，实时监控设备运行状态。

新余供电公司充分运用无人机终端感知、泛在互联等优势，构建“无人机+”服务模式，将无人机数据应用拓展至输电规划、建设、抢修等方面，实现了设备管理高度智能化，树立了“以数据驱动管理”的管理理念，有效地提高了数据使用效率，提升了规划、建设、运检管理精益化水平，全面增强了公司的技术融合能力、业务集成能力、创新引领能力和价值创造能力。

通过实施数字化设备管理，形成了较为实用的成本与安全后台管理信息系统，并且通过实现自动监测、预警管理，提升了大型设备的安全管控能力，同时通过给予故障提示、后台诊断，提升了设备维修能力，系统用于监控设备参数的“电子围栏”也极大地提升了设备的安全水平。

四、数字化智能质量管理

传统的质量管理大多通过人工来利用质量工具实现收集分析历史数据，这样不仅缺乏实时性并且人为因素影响较大，缺乏稳定性，使得分析决策环节存在模糊地带。① 利用智能技术来促进质量管理转型，依托数字化的制造技术，整合并推动质量管理升级，利用大数据和云计算实现质量预防、诊断和控制。并且通过信息化技术，能够最大限度地集成质量数据、信息和知识，进行最优化的分析和决策。

当前钢铁企业面临着产能过剩、粗钢比例偏高、环境压力加大、个性定制化要求增多、利润空间挤压等实际问题，钢铁企业开始向环保型、智能化、产业链延伸等高质量发展方面变革，助力钢铁产品质量提升。河钢股份有限公司承德分公司（以下简称河钢承钢）顺应钢铁行业发展的需求，从高质量发展方面入手，基于大数据的智能化质量管理体系，利用生产过程采集的大数据进行数据推理和技术分析，实现下道工序质量预测和提前干预，消除工序间质量缺陷遗传、实现产品自动判定，工艺控制波动等功能，精准预测和提前干预产品质量，颠覆以往被动的发现质量问题后再解决问题的方式，变为主动预防质量问题的管理模式。河钢承钢首先搭建生产过程的大数据平台，即在线应用、离线分析和客服平台，以及三个数据库用来支持产品质量的精准分析预测，如图 3-3 所示。

① 顾云飞，符步军．智能制造质量管理转型探索［J］．质量与标准化，2019（3）：43-45.

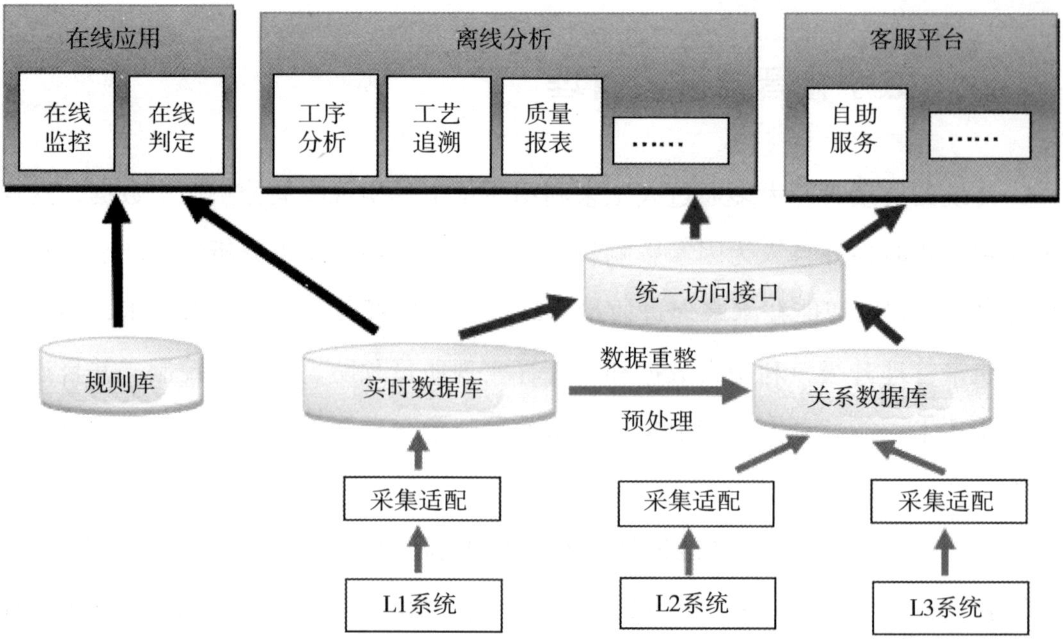

图 3-3　生产过程大数据平台

平台系统可以通过分析影响产品质量的关键工艺参数的波动情况来评价生产操作人员的控制水平，进一步优化生产工艺，并通过控制数字模型实现质量预警机制，也能够实现生产全流程的质量报表体系。此外，系统依据回归及神经元网络模型等智能技术构建产品在线质量预报体系、过程质量判定体系和质量评价体系，同时系统也是河钢承钢技术质量文档的管理平台。河钢承钢通过转变质量管理的方式手段，实现智能化质量管理，极大地提升了产品质量的保障，获得客户与市场的一致认可，并且促进了产品的提档升级，高端产品比例不断攀升，有效推动企业战略发展。

质量管理在药品行业也尤为重要，药品的根本属性是安全、有效和质量可控，任何一种药物在任何一个国家能否获准上市的主要评价指标均为药物的安全性、有效性和质量可控性。因此，对于天津天士力医药集团股份有限公司（以下简称天士力）来说，如何保证药品质量的可控性和一致性是企业面临的关键问题。基于此，天士力对质量管理进行智能化升级，将工业互联网、物联网、大数据和云计算等信息化技术运用融入新药研发、生产制造先进技术体系中，广泛获取和挖掘全产业链质量数据和信息，形成产品质量数字化设计、过程质量数字化控制、批次一致数字化评价的标准体系，攻克质量可控性难题。天士力结合现代中药国际化产品研发进展情况，整合构建出重要产品质量一致性的数字化技术路线，即以临床、非临床数据为出发点，设计药效评价相关质量指标和设计过程一致性评价指标，形成产业链标准化体系，然后再回到临床、非临床、生物测试的结果来验证与评价，从而确保生产批次与临床批次的疗效一致性，达到高质、高效生产。

在构建质量数字化技术路线基础上，天士力还打造生产过程数字化控制技术，遵循 QbD 理念优化工艺控制设计，以 PAT 为核心技术建立过程控制策略，包含在线监控、近线检测、离线验证相结合的多种控制模式，构建了搭配投料、CPP 控制、IPC 在线控制、全批次追溯的多层次生产数字化控制模型。打通生产全数据从测量、采集、分析到建模、追溯的技术路径，实现过程质量数字化、模型化控制，为基于数据和知识的产品质量提升提供系统性工具，如图 3-4 所示。

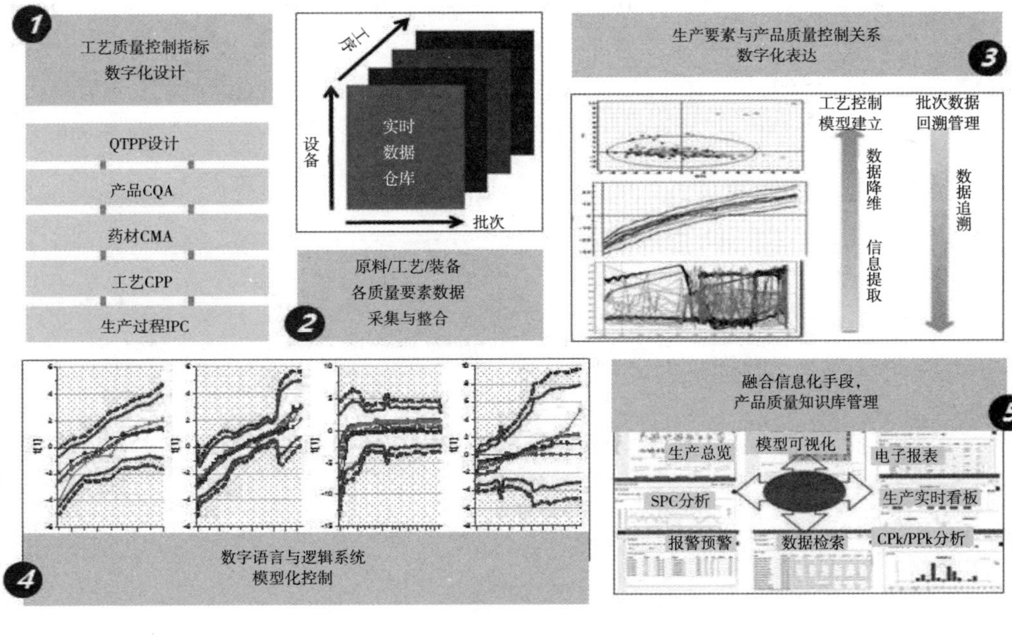

图 3-4　质量数字化控制技术

天士力坚持走质量数字化管理为核心的智能制造道路，形成质量数字化核心技术体系，不仅为天士力带来管理、经济、质量、环保、社会等方面成效，还为中药国际化质量可控性关键问题提供了技术方法，为中药产品国际化建立了工艺质量技术标准，增强了现代中药产业的市场竞争优势。

企业通过实施智能化质量管理，使得产品质量问题追溯更加方便快捷、统计分析数据更加真实可靠，从而保证产品质量，获得客户与市场认可。同时还能够通过满足用户个性化需求促进产品提档升级，促使高端产品的开发。

第四章　核心技术国产化与知识产权管理

国产化（Localization）又称“本地化”“当地化”，是二十世纪五六十年代，随着国际商品贸易和国际技术转让活动的发展而出现的一个概念。传统意义上的国产化是指“不经过开发，利用引进的图纸和样品模仿生产”或针对本国自身的状况进行必要的技术修改。① 从产品的生产和零部件配套角度，国产化有广义和狭义之分，广义的国产化是指“当地生产的配套供应，即当地化，包括通过合资或外商独立生产的配套供应”；狭义的国产化则是指“本国所属企业的配套供应”。②

产品的国产化率是衡量一个国家科技创新能力的重要指标。过去仅从国产化率衡量一个国家的创新水平，随着全球化愈演愈烈，科技创新成为第一生产力越来越重要，发达国家定位高端科技产品和研发产品中的核心技术，因此发展中国家要想在世界竞争中占有一席之地，必须加快科技创新和技术进步，国产化不能不仅仅从引进、模仿创新进行衡量。科学的国产化概念应该包含严格的技术专利、产品设计、商标等要素，特别是要以是否具有自主知识产权作为核心构成要素。做好核心技术国产化和知识产权管理，有以下几点作用：一是可以真实地反映我国工业品的生产状况；二是可以促进企业的自主技术创新；三是可以正确认识我国企业与“三资”企业的关系；四是可以比较准确地与国际企业分析标准接轨；五是有利于我国关键核心技术不再受制于人，快速发展国家科技实力，实现创新发展。

随着互联网及5G技术高速发展，全球经济迅猛发展之下，我国积极发展对外经济技术交流和合作，积极引进国外先进技术，进行消化吸收，努力实现国产化，

① 李含琳，李伟．核心技术控制权与我国国产化率概念的科学界定［J］．甘肃理论学刊，2008（2）：68-71．

② 李洪．中国汽车工业经济分析［M］．北京：中国人民大学出版社，1993．

在技术引进方面取得了巨大成就，但是在国产化和自主知识产权方面也积累了丰富的经验和成功的做法，尤其在一些事关我国工业、农业、国防科技等重大关键领域。加快核心技术国产化，保护自主知识产权更是具有重要战略意义。李斗垣（1988）认为国产化率是衡量引进技术消化吸收水平的重要指标，国产化率越高，反映消化吸收程度越高。但不能片面追求国产化率。国产化率的高低不光是看引进技术后消化吸收的成果，更重要的是取决于本国的综合技术水平。① 黄焕山（2011）认为“国产化”“民族工业”首先指品牌、商标的民族所有；其次指核心技术自主化。② 张涛在对知识产权管理一文中提出四个层面：①研究团队的基础和应用基础研究，重视专利保护，最大限度保护创新；②针对国家重大或重点科技问题和延伸科技问题，要进行国内、外团队合作研究，在关键领域有所突破，关键是对知识产权进行战略布局和集群调整；③在工程中心或与企业合作的成果转化单元中进行关键及时和集成技术的应用开发研究，打造“专利群”，实现知识产权的市场创新价值；④寻找合适投资合作方、知识产权评估作价和股权监管。本案例引用李含琳等学者的定义，认为科学的国产化率应当除了在引进国外产品和技术过程中，消化、吸收利用国外技术之外，还应包括具有可量化的本国的产品技术专利、产品设计权、产品的品牌、产品的主要部件的生产比例等。③

与欧美、日本等发达国家相比，我国许多核心战略产业起步晚，但发展迅速，存在核心技术、主要设备和材料等受制于主要发达国家，依赖发达国家进口的情况。在这种情况下，我国一些重大战略产业开启了核心技术国产化和自主知识产权的艰难探索之路，取得了丰硕的成果。

① 李斗垣．对引进技术及国产化政策的思考［J］．上海社会科学院学术季刊，1988（1）：19-26.
② 黄焕山．论本土化、国产化与生产全球化［J］． 武汉冶金管理干部学院学报，2001（11）：3-5.
③ 张涛，杜伟．加强知识产权管理，践行创新驱动发展［J］．中国科学院院刊，2014，29（5）：568-574 .

一、用户主导引领国产化运营模式

“用户主导创新”理论，揭示重大工程创新的路径、方法等创新的规律，对创新驱动发展具有重大的现实意义和深远的历史意义。国产化运营有多种模式，以用户需求为主导，进行国产化运营是创新运营模式的一种。首先，要进行全局分析，了解用户真正的需求，挖掘市场用户痛点；其次，了解现有国际技术及产品的优势和不足，根据用户需求进行国产化技术分析适度引进、开发和管理自主知识产权、创新技术、分阶段实施国产化；最后，实现从零配件、实施材料、重要设施和设备等的国产化运营和管理。

天津 LNG（液化天然气）公司明确以工艺技术、关键设备和超低温材料为核心的国产化战略，开发具有完全自主知识产权的 LNG 接收站成套包工艺技术，实现 LNG 关键设备和主要材料国产化，实现 LNG 接收站自主开车，为国内 LNG 接收站的建设运营提供技术积累和管理经验。

过去，天津 LNG 接收站的核心技术及主要设备、材料，完全依赖欧美、日本、韩国等外国承包商，引进成套包工艺技术费、咨询费、开车费、现场服务费等居高不下，主要设备和材料，价格昂贵、供货周期长、服务不及时，维护成本高，且无法满足我国 LNG 产业快速健康发展需要，成为 LNG 产业发展的最大瓶颈。针对以上问题，天津 LNG 公司通过用户需求引导式运营模式探索，分阶段、联合攻关关键部分，实现分阶段国产化，同时搭建产学研一体化平台，储备复合型人才，最终建成了国内首座具有自主知识产权核心工艺技术、国产化率最高的 LNG 接收站，探索了用户主导的国产化运行模式，创造了“当年投产、当年达产、当年盈利”的领先纪录，确保了华北地区冬季天然气保供安全，助推了国家天然气战略的有效实施。天津 LNG 接收站的建成投产，对于进一步优化环渤海地区能源结构，促进区域经济、社会、生态的可持续发展具有重要意义和作用。

深圳地铁公司依据国产化要求，主导创新了中国信息化地铁装备系统，成就了国际领先的城市轨道交通装备产业和地铁运营服务业，催生了一个又一个自主创新企业和技术领先的产品，实现了城市轨道交通装备的完全自主创新和自主知识产权。2016年深圳地铁客运总量10.91亿人次，位于全球第13位，单日最高客运量533万人次。深圳地铁公司的装备在一张白纸上创造出了最美最新的“国产化”，实现了“从无到有，人无我有，人有我新”的中国地铁装备领先的历史性跨越。深圳地铁公司装备系统的一系列创新成果的取得，基于“用户主导创新”的模式和理论，即装备的用户作为创新主体和主帅主导创新，只有用户作为唯一主体，主导创新信息化地铁装备系统才能够成功。

深圳地铁公司利用信息化技术的后发优势，全面实现了我国地铁装备系统的历史性超越，主要业绩和运营数据体现在9个方面：信息化技术领先；安全自动控制的防火防灾水平领先；运营的安全可靠性领先；节能领先；装备投资最省；维护费用最低；出口实现了突破；运营服务质量获乘客和政府的肯定；运营成本低，效益好。

深圳地铁公司依据自己的创新实践，探索出一套“用户主导创新”的理论，强调“用户”在重大技术装备创新活动中的“主导”地位和作用，并以用户主导为主线形成了一套适用于重大装备创新的理论，这套理论是深圳地铁公司用户首先提出并得以运用的。用户在重大装备创新中的主导地位是不可替代的，是符合创新逻辑和规律的，“用户虽然不是各项产品和技术创新的具体承担者，但作为创新产品的发起者、决策者、组织者、出资者、管理者、第一个使用者、风险承担者和共同权益人，用户自始自终搭建、支撑着创新产品和技术的基础平台，主导着产品和技术创新的总体水平和效用，是成就创新产品和技术的不可替代的决定因素”。①

二、掌握核心技术推动集群创新

在技术领域中，一些具有重要地位和作用的关键技术及其成套装备研发设备经

① 简炼．用户主导创新成就深圳地铁装备和运营服务国际领先［J］．都市快轨交通，2018（2）：21–25．

常受到国外对我国的严密封锁，威胁到我国粮食、战略储备，甚至国防安全。

《新材料产业“十三五”规划》也着重指出坚持战略和前沿导向，更加重视原始创新和颠覆性技术创新，加快突破新一代新材料、航空航天、智能制造等领域核心技术，支持全产业链协同创新和联合攻关，系统解决“四基”工程化和产业化关键问题。

碳纤维是一类碳元素质量在90%以上的无机纤维状材料，具有密度小、质量轻，密度相当于钢密度的1/4。既有碳材料“硬”的固有特征，又兼备纺织纤维“柔”的可加工性，素有“黑色黄金”之称，是典型的军民两用材料。在航空航天、兵器等军工领域，它是不可替代的核心战略材料，因此，国家发改委、科技部、国防科工局等相关部门相继立项支持国产碳纤维研发，由此开启了碳纤维国产化技术研究的一个新阶段。

吉林碳谷2007年依托吉林化纤十几年腈纶生产、技术、成本优势，起源于腈纶技术基因，自主研发三元水相悬浮聚合法生产碳纤维原丝聚合物、湿法二步法生产碳纤维原丝技术并获得专利知识产权。因此，2008年正式成立吉林碳谷，以自有技术为基础，以腈纶的生产经验及规模效应为依托，聚焦吉林碳谷大丝束碳纤维原丝研发核心，通过掌握聚合单元共聚物各级分子结构关键技术、颗粒形态密度调控，原液单元最优可纺性配方，以及初生纤维轴向均匀控制技术难点，纺丝单元的新型分区控制要点等充分挖掘并集成碳纤维原丝生产技术包，建立工序间技术链接，固化并稳定技术控制，找准产业化应用可行路径，塑造企业发展竞争力。2010年，国家科技部将吉林市认定为唯一国家碳纤维高新技术产业化基地，吉林碳谷作为产业链源头企业担当责任、明确目标，积极推动碳纤维新材料发展，实现产业报国理想。

吉林碳谷依托吉林化纤腈纶制造领军企业的技术、成本、资源优势，研发国内首家湿法两步法生产大丝束工艺，升级相关装备，深入挖掘大丝束生产效率形成大丝束碳纤维规模、效率、成本等诸多竞争优势，针对客户应用场景同步开展技术输出，支持产品应用，助力大丝束碳纤维产业化应用，打破了日、美等发达国家对大丝束碳纤维原丝及碳纤维的技术封锁，提高碳纤维产业整体水平，满足高端工业领域和民用市场的广阔需求，拉动了吉林地区碳纤维全产业链规模化、集群化发展。

芳纶是世界三大高性能纤维之一，在纤维领域具有非常重要的地位和作用。在国家安全、航空航天、经济建设和科技进步中具有不可替代的重要作用，固体火箭发动机、战斗机、大型飞机、航母、潜艇、坦克、高铁、汽车、光纤增强及防弹等领域需要大量芳纶。无独有偶，国外对我国的芳纶技术及成套设备进行了严密封锁，威胁到武器的生产，更为困难的是，芳纶产业化技术难度相当大。国外从实验室样品到产业化经历30年，几十家公司，投资数百亿美元，至今也只有3个国家能生产。

在这样的情况下，为了破除国外技术封锁，树立芳纶国际标准，硅谷化工开始走基础研究、关键技术与工程研究相结合的道路，同东华大学及一些研究院通力合作，加之持续的资金投入，多年的努力最终换来了高模量芳纶纤维产业化关键技术及其成套装备研发项目的成功。现在硅谷化工已经完全掌握了芳纶纤维生产的核心技术。

吉林碳谷和硅谷化工的国产化，都打破了国外对我国重要技术和成套设备的封锁，通过产业化及其装备国产化，为企业及行业的科技进步和产业升级都做出了巨大贡献。

三、突破关键技术的本土化创新

市场经济和对外开放极大地促进了中国工业地发展，同时，开放市场条件下激烈的国际竞争也使中国的民族工业面临越来越大的压力，如何在进一步扩大开放中发展民族工业，成为决定中国经济发展前途命运的问题。①

保障粮食安全是关系到我国经济和社会可持续发展的重要基础，而钾肥作为化肥重要品种对保障我国粮食安全有着重要作用。我国必须走出一条既能保证作物持续增产、农田生产力不断提高，又能保持良好生态环境的可持续发展之路。而实现

① 金碚．关于保护和发展民族工业的四个问题［J］．改革，1997（3）：42-63.

这一目标的关键是充分科学地利用有机和无机养分资源，提高肥料的利用效率。[①]我国是农业大国，也是钾肥需求和消费大国，年均消费量在1000万吨（实物）以上，占世界消费总量22%。20世纪90年代，我国钾肥自给率只有10%，由于国际钾肥巨头垄断，我国在进口钾肥谈判桌上几乎没有话语权，这种局面直接危及我国粮食安全。

国投新疆罗布泊钾盐公司（以下简称国投罗钾）以技术研发和科技攻关成果支撑项目建设和推进设备国产化，在罗布泊建成世界上单体生产规模最大、技术水平最先进的“硫酸钾航母”，实现硫酸钾单厂生产规模全球最大、产品质量全球最好，使我国一举迈入了世界硫酸钾生产大国行列，改变了世界硫酸钾生产格局。

罗布泊盐湖位于塔里木盆地东部，是我国继察尔汗盐湖以后，迄今为止发现的最大含钾卤水矿床，是世界上最大的干盐湖之一。这里自然环境极其恶劣，方圆几百千米杳无人烟与世隔绝，终年风沙肆虐寸草不生，这里无淡水、无路、无通信、无生命，被世人称为“生命禁区”和“死亡之海”。国内、外更没有成熟技术及大型装备借鉴，没有任何社会资源依托，项目建设异常艰难，外国专家断言不可能在这样的环境下生产出硫酸钾。

罗布泊为彻底摘掉中国的“贫钾帽子”，确定实现自主化和国产化、争创技术一流、建成世界硫酸钾航母原则。由于罗布泊属军事禁区，无法引进、购买国外成套技术及设备，国内又无该类成熟大型设备，国投罗钾把关键设备创新研发作为钾肥项目建设关键环节，主导组建由科研、设计、试验、制造、监造的设备创新研发体系，加强技术合作，组织关键技术攻关和试验，组织科研人员攻克关键技术，打破常规建设方式，通过边规划、边设计、边生产的建设模式，按照工艺流程顺序和专业把项目建设细分为9个子工程，采用“1+5+N”的工程项目管理模式，实行总经理负责制统揽项目全局，仅仅用了近三年的时间，项目如期建成投产。

随着科学技术和物联网的迅猛发展，顾客高端化、个性化、差异化的消费特征越来越明显。近年来，随着中美贸易摩擦的加剧和贸易保护主义的抬头，顾客对高

① 朱兆良，金继运．保障我国粮食安全的肥料问题［J］．植物营养与肥料学报．2013，19（2）：259–273．

端产品及替代进口产品的需求越来越强烈。未来这种需求将继续呈现扩大的趋势。基于以上分析，太原钢铁公司瞄准高端市场及不锈钢产品进口替代市场，以研发高端特钢精品和新型材料为突破口，在高端需求市场，即在航天航空、核电、石化、船箱、电力等重点领域，实施产品差异化战略，形成品牌化、高端化、系列化的产品与市场集群，实现“人无我有，人有我优，人优我特”。研制开发高、精、特、新产品是一项比较复杂的系统工程，涉及营销、采购、科研、生产等多单位，太原钢铁公司为此建立了责任清晰的新产品开发业务流程，解决影响开发的重点问题，如图 4–1 所示。

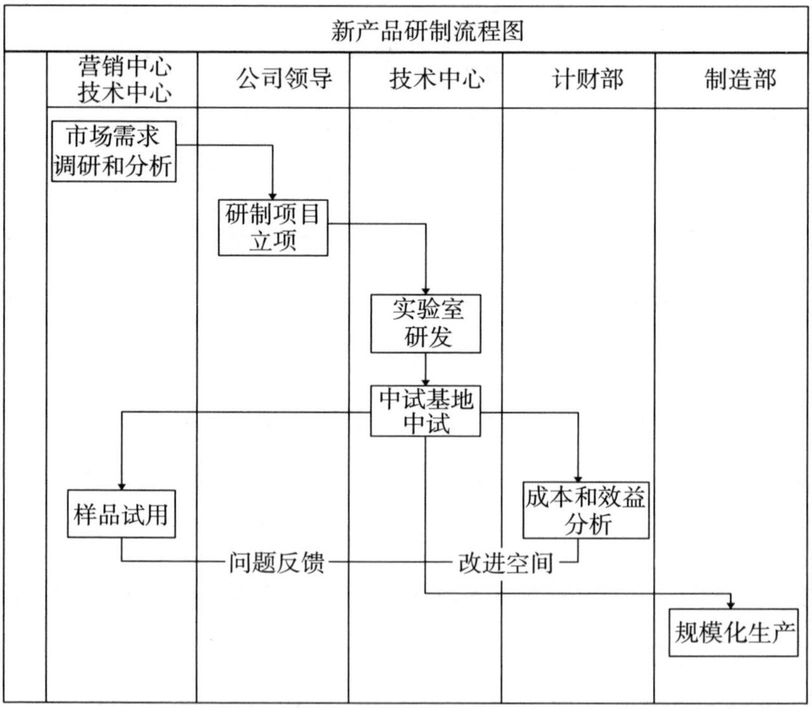

图 4–1　责任清晰的新品研制流程

四、知识管理驱动创新

Yogesh Malhotra 将知识管理定义为“当组织面对日益增长的非连续性的环境变化时，针对组织的实用性、组织的生存及组织的能力等重要方面的一种迎合性措施。”[①]Delphi 公司则将其定义为：“知识管理就是运用集体的智慧提高企业的应变能力和创造能力。”也有研究者将其定义为“知识管理就是对组织识别、获取、开发、分解、使用和存储”；“知识管理是一个系统地发现、选择、组织、过滤和表述信息的过程，目的是改善雇员对特定问题的理解”等。[②]

知识管理也是企业加强对自身的知识资本创造与保有的管理与运作，通过知识共享提高对知识的利用率，通过知识创新提高企业的知识资本，从而使企业的知识资本增值。[③]

当前，从整个世界海洋石油装备技术领域发展情况分析，海洋装备技术已经形成 3 级格局。一是以美国等为代表的西方国家在海洋装备发展方面呈现主导领先地位；二是以韩国、新加坡等国家为代表的新型势力正在日益追赶国际先进水平；三是以我国等为代表的发展中国家正在加快海洋石油装备“国产化”进程。[④]

我国“十一五”“十二五”以来，随着国内机械加工制造业的快速高效发展，促使国内多种体制、多种模式的企业纷纷崛起，尤其是大中型国有企业等为了加快规模、提高能力不断扩大再生产，加快了企业改造升级步伐，取得了瞩目的成绩。如我国石油装备的龙头企业——宝鸡石油机械有限责任公司在中石油集团公司的大力支持下，通过实施合并、合资、扩建等各种方式，先后在宝鸡、成都、成阳和西安等多个地区完成了新厂房的建设及加工设备的更新改造，其研发能力比以前有了

① Yogesh Malhotra. Toward a Knowledge Ecology for Organizational White-Waters: An Ecological Framework［J］. Knowledge Management, March 1999, 2（6）：18-21.

② 王德禄等. 知识管理——竞争力之源［M］. 南京：江苏人民出版社，1999.

③ 应力，钱省三. 知识管理的内涵［J］. 科学学研究，2001（3）：64-69.

④ 王定亚，朱安达. 海洋石油装备现状分析与国产化发展方向［J］. 石油机械，2014，42（3）：33-37.

大规模的提升；宝鸡石油钢管有限责任公司通过老企业改造，先后在上海、秦皇岛等地扩建分公司，使石油钢管年产值超百亿元。另外，中石油渤海装备公司、四川宏华公司、中石化南阳第2石油装备公司等多家企业也先后采取多种方式实施扩充、扩建，有效提高了我国石油装备生产制造规模和能力。

海洋石油钻探开发技术是一门多学科、多专业相互交叉、相互联系、相互支持才能完成的技术，需要机械、电气、地质、勘探、化工及海工等多门专业、多项技术领域的共同合作才能良好实施，所以加强各专业、各领域之间的技术合作和技术攻关非常重要。[①]

党的十八大报告提出，提高海洋资源开发能力，发展海洋经济，保护海洋生态环境，坚决维护国家海洋权益，建设海洋强国。殷克东认为实现“科技兴海”必须做到以下几点：一要立足自主创新，在引进的基础上消化吸收；二要提高使用技术水平，抓紧技术改造；三要优先在加大海洋开发力度的同时，逐步形成比较完整的海洋技术发展体系，尽快摆脱高新技术主要依赖进口的局面。[②]建设海洋强国，从来都离不开科技创新，必须实施创新驱动战略。信息技术是人发挥其主观能动性为企业创造价值的工具。知识创新鼓励共享和信任机制形成，与知识共享相伴存在的是知识产权的保护。[③]知识管理将人和知识充分结合，通过知识的获得、创造、分享、整合、记录、存取、更新的过程，为持续构建核心能力奠定基础，最终实现提升创新能力的目标。

推进知识管理是实施创新驱动战略、构建竞争优势的必然要求和有力手段。杨武从商业化的角度研究基于开放式创新的知识产权管理理论时提出，知识产权是技术创新过程的产物，“知识产权”影响着技术创新和技术创新扩散的进程，影响着企业间的市场竞争。[④]中船重工以知识化、智能化为核心，聚焦与科研生产流程的深度融合，先后选取36家典型单位开展试点工作，以“试点示范、总结经验、全

① 王定亚，朱安达. 海洋石油装备现状分析与国产化发展方向［J］. 石油机械，2014，42（3）：33-37.
② 殷克东，张天宇，张燕歌. 我国海洋强国战略的现实与思考［J］. 海洋开发与管理，2010（2）：23-27.
③ 邱均平，段宇峰. 论知识管理与知识创新［J］. 中国图书馆学报，1999（3）：5-11.
④ 杨武. 基于开放式创新的知识产权管理理论研究［J］. 科学学研究，2006（4）：311-314.

面推进”的原则，全面推进知识管理工程建设，并将其纳入对所属单位一把手的经营业绩考核范畴；由于隐性知识是不容易用言语表达的，知识创造企业的目的就是要将隐性知识转换成显性知识。[①] 系统整合显性知识，建设知识总库与各单位自有知识库，实现对所属 68 家成员单位知识的集中管控、有序组织和分级共享；深度挖掘隐性知识，实现经验诀窍的积累传承和有效应用；聚焦重大项目、重点产品，着力打造深入科研设计、仿真测试、生产工艺、全流程控制等典型业务系统、专业工作流程的知识管理智能化应用系统；建立知识流动通道和智能化共享的知识管理工程保障机制。不仅有效解决科研生产知识分散、共享难的问题，破除知识共享壁垒，更显著提升军民领域国家重点船舶与海洋工程装备和技术的研发效率、缩短设计周期，快速形成自主知识产权优势产品并实现系列化，达到国际先进水平，为推动我国船舶领域创新发展，全面提升经略海洋的综合能力，落实海洋强国战略，发挥重要作用。

中船重工聚焦船舶总体设计所、总装建造厂、以船用动力为代表的配套研究所和以船舶机电设备为代表的配套厂等四类典型单位的主体业务流程、关键设计工具、核心模型方法等，打造具有跨业务系统知识发现与智能采集、知识自动标引与知识图谱构建、跨系统智能语义检索和智能推送等功能的“智享”知识管理智能化应用平台并在各单位广泛推广应用。该系统平台获得计算机软件著作权（登记号：2017SR533395），形成可独立应用的系统模块，在各成员单位快速实现知识管理功能与科研设计、仿真测试、生产工艺、全流程控制等业务系统的集成融合，大幅提高成员单位知识管理工程与科研生产融合应用的效率，如图 4-2 所示。

① 陈国基. 企业隐形知识与显性知识的理论研究之一［J］. 企业导报，2013（9）：255-256.

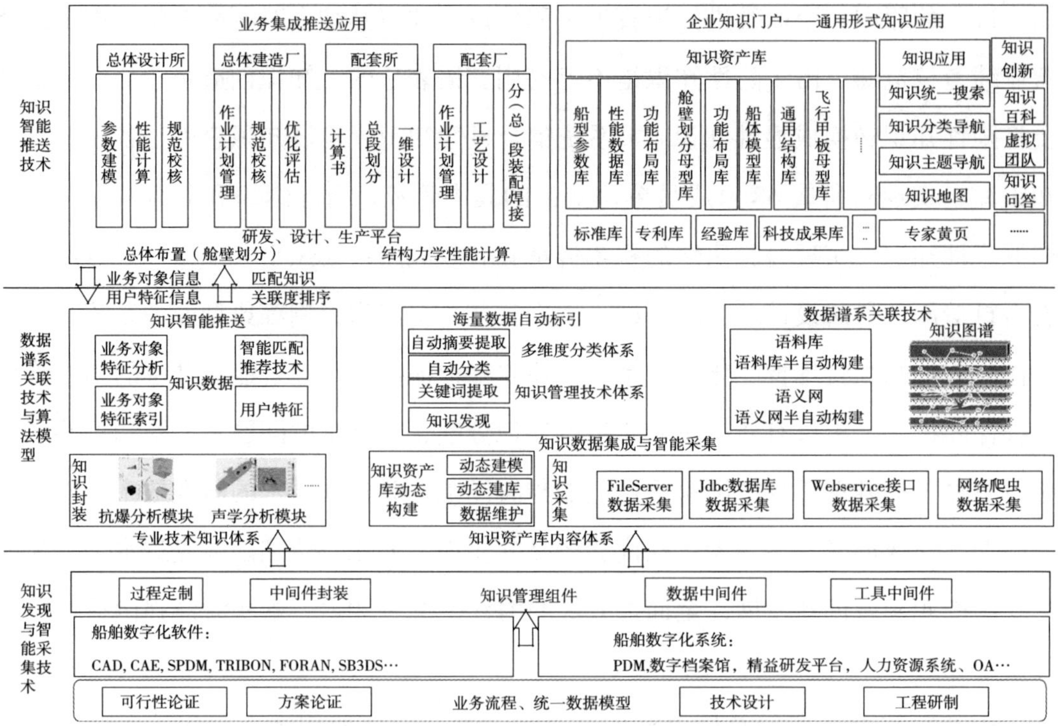

图 4-2 “智享”知识管理智能化应用平台架构

截至 2019 年 5 月，中船重工已正式颁布《知识管理平台建设要求》（Q/CSIC J0004-2018）、《知识元数据规范》（Q/CSIC J0003-2018）、《隐性知识显性化方法》（Q/CSIC J0005-2018）、《船舶领域知识资产技术分类》（Q/CSIC J0006-2018）四项知识管理标准。通过制定标准，为科研生产单位知识的分层、分级共享、高效利用、互联互通，奠定重要的基础条件；为知识管理与科研生产流程有机结合，关键研发设计节点知识的积累、传承与复用增值，提供规范化、程序化、科学化的要求，实现中船重工知识管理工程的高效规范运行。

第五章　深化国企和国资改革

《2020年政府工作报告》中指出，提升国资国企改革成效。实施国企改革三年行动。健全现代企业制度，完善国资监管体制，深化混合所有制改革，基本完成剥离办社会职能和解决历史遗留问题。国企要聚焦主责主业，健全市场化经营机制，提高核心竞争力。因此，国企需推进主业与次业的有效整合，加强专业化；国资监管体制完善需纵深化，提质增效；国资和国企仍需不断推进市场化经营，适应信息化发展趋势。由此，深化国企和国资改革仍需竭力破除体制机制障碍，激发内生发展动力。

随着国企和国资改革的不断推进，为顺应新时代的经济、社会等多方面发展形势，国企和国资改革的创新发展呈现业务专业化、监管纵深化、加速市场化的趋势。本届企业管理创新成果中，东胜精攻石油开发集团、江西洪都航空工业集团公司、鞍钢集团矿业有限公司、国网福建省电力有限公司厦门供电公司、大红山铁矿公司、陕煤集团神南产业发展公司等企业从管理集约化、跨境管理融合、多目标协同和创新平台建设等方面不断深化改革，以党建为引领，紧紧围绕中心大局，提质增效取得新成绩，深化改革实现新突破，项目建设开创新局面，资源配置效益稳步提高，产业协同创新发展，为我国经济发展提供了强大支撑。

一、管理集约化推动组织创新

经济发展新常态要求中国经济从“高速”发展转向“高质量”发展，提高生产力的驱动力从要素驱动和投资驱动转为创新驱动，而制度创新是国企和国资改革的创新驱动中的重要内容。集约化管理是现代企业集团提高效率与效益的基本取向，要求企业集中优化人力、物力、财力、管理等生产要素配置，以节俭、约束、高效为价值取向，从而达到降低成本、高效管理，获得可持续竞争的优势。深化国企和国资改革需重点解决好总部、板块、企业责权利问题，做到分权合理、授权有度，使各业务发展方向清晰、要素资源聚集、管理线条明晰，提升决策效率、审批效率和执行效率，从而打造发展新动力、培育竞争新优势，持续引领行业技术进步，推动我国经济高质量快速发展。①

中国石油企业经过50余年发展，形成了“大而全、小而全”的运作模式，这种体制机制存在管理层级多、队伍规模大，人工成本高，人力资源优势难以发挥；资产规模大而不强，资本增值能力弱，市场化水平、经营理念落后，核心竞争力不强等弊端，不适用于难动储量的高效开发。

胜利油田东胜精攻石油开发集团股份有限公司（以下简称东胜公司）与各子公司实行集权与分权、专业分工与综合管理、目标管理与过程监督相结合的管理模式，使公司结构扁平化、内部管理紧密化，保证公司的高效运行。东胜公司对各子公司的主要职能是发挥价值管理、投资决策管理、预算管理、资金管理、绩效考核等，享有资产收益、重大决策和选择经营者的权利。各子公司接受东胜公司的行政和专业管理，主要职责是执行东胜公司的决策，承接“七项权力”（即主营业务优化权、资源优化权、服务队伍选择权、组织架构优化权、内部考核自主权、生产物资优选权和投资优化权），落实“五项机制”（即一体化技术分析决策机制、经营决策优化机制、生产运行与综合管控机制、激励决策机制和党建思想文化保障机制），组织好油气生产运行，降低操作成本，在自主经营、自负盈亏的基础上，充分发挥难动用储量直接生产环节的关键作用。

通过管理集约化的探索实践，东胜公司构建起现代石油公司管理体制，完善了母子公司的管理架构。在国内方面通过吸纳油区地方政府、油田企业、地方企业等利益相关者的股份注入，满足了公司发展对资金的需求；采用“混合所有制”组织

① 齐珊．新时代国有企业改革发展面临的机遇与挑战［J］．思想理论教育导刊，2019（10）：58–62.

形式和油公司管理体制，运用市场化机制，使利益相关者结为开发难动用储量合作共同体。相关经验先后在全国石油行业的油公司管理会议、油气资源管理工作会议上做了交流，得到充分肯定。

企业的管理集约化创新不仅体现在宏观层面上的总体管理体制创新，也需注重微观层面上的具体生产要素配置（如职岗管理等），以适应市场快速变化下的组织业务发展需要。

江西洪都航空工业集团有限责任公司（以下简称航空工业洪都）作为集科研、生产一体化的国有企业，业务众多，专业复杂，为更好地适应企业战略发展，需要通过专业技术评估梳理聚焦企业核心、重要专业，突出核心产品、业务，推进军民融合，实现集约化经营的需要。同时各业务流程的岗位角色定位不清晰，部分流程审批过于冗长，流程项目过多，需要进一步按照专业相似度进行整合优化，推进流程型组织建设。

为此，航空工业洪都立足企业发展实际，以落实企业战略为目标，梳理业务流程，细化完善业务流程中流程活动等要素，并以企业战略实现为目标，以主要业务发展需要开展专业技术发展评估，将专业评估结果与岗位在流程活动中执行的角色相融合形成岗位管理，基于专业能力建设及人才成长规律形成职级管理，构建职级与岗位“分制并行”的管理模式。“职岗分制，并行管理”将以“事”为中心的岗位管理与以“人”为中心的职级管理相对分离，分别建立不同的评价标准，通过以“事”对岗位进行衡量，通过对“人”的职级进行衡量，通过两者的协同、匹配实现专业与流程协同、专业与岗位融合、岗位与流程适配、岗位与职级匹配，解决人、岗、能匹配的一致性问题，进一步促进员工职业发展通道的畅通，拓宽人才发展空间，稳定各类专业人才队伍，辅以“科学、公平、合理”的薪酬激励机制，激发员工价值创造力，促进企业绩效的持续提升，支撑战略目标的实现，如图 5-1 所示。

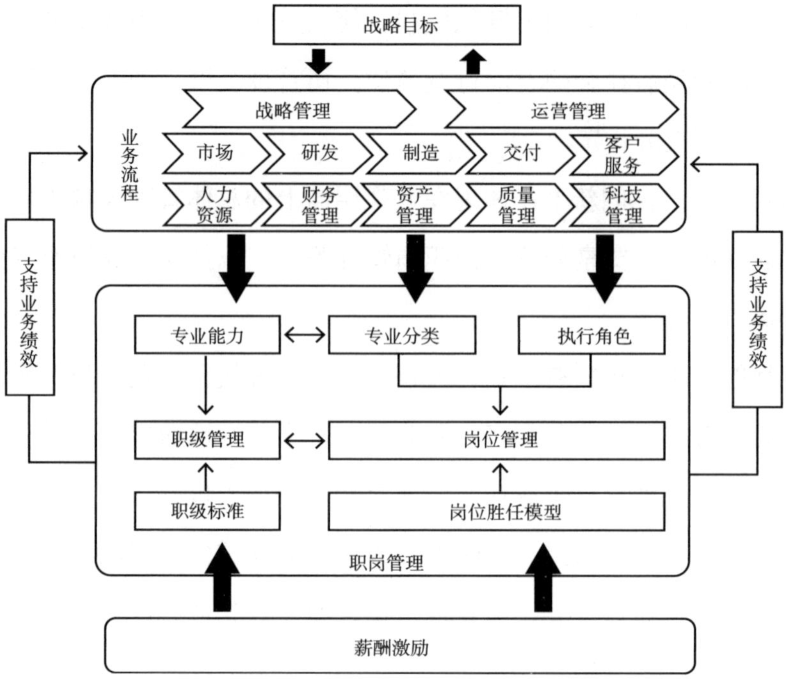

图 5-1　职岗管理架构

通过职岗管理的构建，航空工业洪都的人力资源配置逐步向工程技术设计人员集中，加大知识型、复合型、创新型技能人才的转型培养，人力资源配置更加科学、高效。通过将岗位管理和职级管理有机结合，员工履职能力明显改善，任务目标完成率显著提升，员工薪酬水平稳步增长，有效激发了员工工作积极性和主动性，为推动企业科学发展注入了强大的动力，并实现“人员能进能出、岗位能升能降”的市场化用工机制，人力资源效能得到进一步提升。

集约化管理需要企业结合外部形势和内部资源对整体的经营管理进行创新优化，东胜公司、航空工业洪都等企业的集约化管理实践高效地识别问题，创新性、个性化地解决了管理难题。在具体实践中，企业可以以一个具体要素为中心，统筹优化资源配置，创新管理模式，提升管理效率。

二、跨境管理融合拓展国际市场

在深化国企和国资改革进程中，国有企业和国资企业需在市场中找准定位，强化自身的主要能力，围绕企业的核心实力开拓企业在市场的发展空间，坚持市场化运作，强化市场项目进程，加快建立市场化经营机制，从而提高企业的竞争优势。同时，为应对国际化竞争形势，企业需积极探索新的合作伙伴，优化境外企业管理融合模式，提升发展空间，打造出融合国际市场品质的、优秀的国有企业。

鞍钢集团矿业有限公司（以下简称鞍钢集团）是目前国内规模最大并具有完整产业链的特大型国有企业，也是国内唯一的亿吨级铁矿山企业。为推进国际化经营战略、提高海外矿产资源的掌控能力，鞍钢集团于 2007 年与澳大利亚金达必金属公司（以下简称金达必）签署合资协议合资开发卡拉拉铁矿项目，并成立了卡拉拉矿业公司（以下简称卡拉拉）。

鞍钢集团作为海外投资企业的母公司，对金达必公司和卡拉拉的管控力较弱，缺乏对该项目的管理平台和经验。卡拉拉项目投产后，主要设备处理能力和系统作业率均与设计指标相差甚远，实际生产能力远低于设计产能，长期不能达产。

本着“加强管控，优化运行，提升能力，降低成本”的总思路，为适应信息化驱动的融合管理新模式，鞍钢集团与卡拉拉作为母子公司进行了一系列的管理模式与业务流程调整，明确重大核心业务管理权责及管理程序，提升对卡拉拉的管理幅度和管控力度，对卡拉拉管理模式进行全面规范。

在调整董事会和管理层权限方面，鞍钢集团设置了战略投资、人力薪酬、财务审计、采购、运营五个董事会专门委员会，已在投资项目审批、高管薪酬调整、年度预算及财务报表审核、制订降本措施、完善设备点检体系等方面开展了系统有效的工作。同时，为切实履行对卡拉拉公司的管理职能，对卡拉拉生产经营情况进行调研诊断，按“鞍钢式管控 + 澳洲式执行”的思路重构了卡拉拉管控模式，制订多项管控措施，完善信息化基础设施建设，实现信息互通互联，推动整改工作落实到位。

通过与境外企业的创新融合管理，鞍钢集团落实了国家资源管控总体战略的要求和矿产资源发展战略的需要，加强了对境外投资企业的管理和力度；落实了鞍钢集团“企业集团化管控、跨境差异化融合、效益最大化提升、风险集中化防控、信息多元化共享”的管控目标，消除了企业经营风险，提升了企业管理水平。

卡拉拉项目的开发，使鞍钢集团获得了海外矿产资源的权益，提高了鞍钢集团对矿产资源的掌控能力；同时为自身原料供应增加了“保险”。因此，加强对卡拉拉的融合管理对扭转卡拉拉长期亏损的局面起到了不可替代的效果，也为鞍钢集团未来国际化经营积累了一定经验。

三、多目标协同推动可持续发展

推动国有企业和国资企业的改革，不仅要开拓市场空间，提升企业的市场竞争力，满足人民群众日益增长的对美好生活的需求，同时也要重视环境效益，从而实现经济、社会和生态的共同发展。

厦门供电公司紧紧围绕优化电力营商环境的目标，优化管控对象业务流程，推动供电可靠性指标管理与业务有机融合。优化营商环境是为各类市场主体投资兴业“破堵点、解难题”的重要抓手，也是增强市场活力、稳定社会预期、应对经济下行压力、促进发展和就业的有效举措。“获得电力”指标是营商环境评价的重要内容，供电可靠性指标是供电企业技术装备水平和管理水平的综合体现，与人民群众生产生活息息相关。对老百姓而言，停电次数多少、停电时间长短，直接关系到生活的方方面面。作为关系国计民生的国有大型骨干企业，供电公司坚持“人民电业为人民”的企业宗旨，充分发挥公共服务行业排头兵作用，把提升电力营商环境作为重中之重，以提升供电可靠率为抓手，持续提升厦门供电公司供电能力和服务水平，满足人民群众不断增长的美好生活用电需求，具有十分重要的意义。

为此，厦门供电公司定期开展停电时户数“预算式”管控后评估，利用 PDCA 原理促进持续改进、动态提升。同时，全面提升配电网规划建设运维水平，多措并举提升供电可靠性。通过实施这一系列举措，配电网精益管理水平显著提升，厦门经济特区供电可靠性显著增强，客户满意度大幅提升，有力促进了地方经济高质量发展和产业结构转型升级。

资源是国民经济发展中不可或缺的物质基础，作为一个工业大国，资源行业对我国经济可持续发展具有重要的战略价值。深化资源行业国企和国资改革需全面建立资源高效利用制度，提升发展质量和效益、降低资源消耗、减少环境污染的部署，开展能源节约、资源循环利用、新能源开发、污染治理、生态修复等领域关键技术攻关，使资源、生产、消费等要素相匹配、相适应，用最少的资源环境代价取得最大的经济、社会效益。

大红山铁矿作为大型国有矿山企业，积极响应国家方针政策，紧密结合国家实施新兴产业发展和产业结构调整的战略，以及科学发展观和建设资源节约型、环境友好型社会的指导思想，紧紧围绕地、测、采、选发展过程中的技术工艺难题，强化技术创新，不断创新管理体制和运行机制，谋划创新发展推动转型升级，通过将大红山铁矿建成新型绿色生态矿山，在保护好矿山环境的同时，提升矿产资源利用效率的综合管理，最大化地将资源优势转化为经济优势，既要金山银山，又要绿水青山。

2015 年以来，大红山铁矿秉持“做精铁、做强铜、起步金、探索银”的理念，以精细化的管控理念为抓手，严控成本费用，强化集中开采，加快公司从粗放经营管理到集约经营管理方式转变，实现精准开采、低成本开采和高效开采，彻底改变传统的粗放开采及资源利用效率不高的状况。大红山铁矿通过提升管理水平，改变了以往一味追求资源利用率的片面做法，转为以“采主弃边、采废充矿”提高资源利用率的方式，追求高质量的发展；同时实现一体化管理，强化了执行力，为矿山企业起到了良好的示范效益。大红山铁矿严格执行厂区污水“零外排”，通过采矿污水处理站、生活污水处理站、选矿事故池等系统处理污水约 427.89 万立方米，100% 回用。尾矿库污水经过在库内曝气、过滤、澄清等措施后，全部经尾矿回水系统回用，已完全实现零排放。矿业公司这种创新管理方法提高了资源利用效率，达到了向资源利用效率要效益和质量的目的，促进了矿业公司的可持续发展。

全面建立资源高效利用制度涉及资源开采、生产等多个环节，对于资源行业而言，物资库存管理中的资源利用优化也十分重要。

西部管道公司根据油气长输管道点多线长、所需物资品种多专业性强、现有库存储备不尽合理的实际，紧紧围绕“优质保供、降本增效”中心任务，落实国资委“两金”存货压控部署，以实现资源高效利用为目标，推行“零库存”管理理念，减存量、遏增量、调结构，通过在管理体系、业务模式、决策模型、系统平台、标准规范等方面的管理创新，在管道里程资产大幅增加、管道设备服役时间越来越长、天然气保供和应急防恐复产压力越来越大的严峻挑战下，实现了总库存规模逐年降低，库存结构不断优化，物资保供水平显著提升，充分发挥了物资管理“企业第三利润源”重要作用，保证了安全、及时、经济供应，如图 5–2 所示。

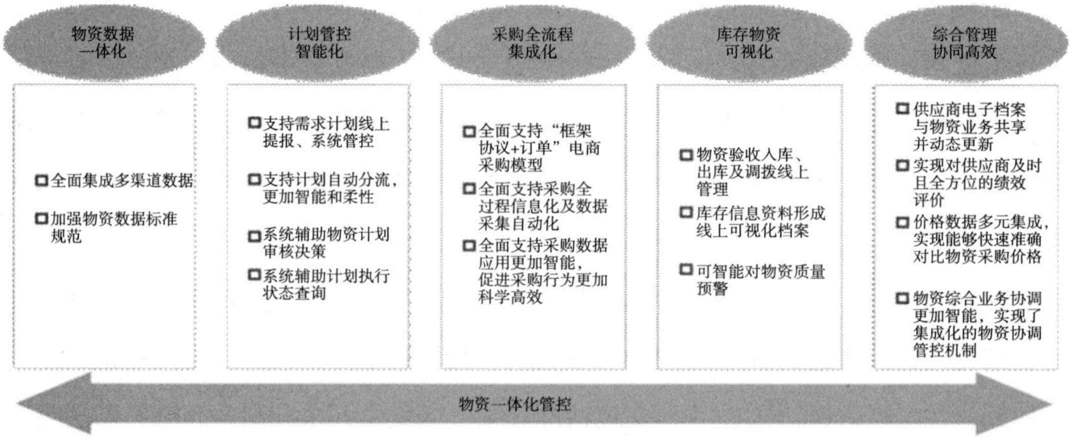

图 5–2 物资库存一体化管控信息平台功能

资源利用对于深化国企和国资改革具有重要意义，对一些大型企业而言，其资源管理模式已经较为成熟，容易陷入资源优化管理的困境，未能实现有效突破。大红山铁矿和西部管道公司等企业创新利用精细化管理理念，建设信息化管控平台，促进流程细节优化，把控全过程，促进了资源的绿色高效利用。

总体而言，面对新的经济形势和市场环境，国有企业和国资企业要明确自身的市场定位和社会责任，既要满足市场竞争要求，强化自身的竞争能力，围绕企业的核心能力不断开拓新的发展空间；同时也要不断推动经营成果与政策性要求及人民期望之间的匹配性，实现多目标融合的创新高效可持续发展。

四、产业引领的创新平台建设

当前全球正处于信息化技术革命加速时期，国有企业、特别是中央企业需承担起引领我国技术进步、促进国民经济加速转型升级的重任。国有企业和国资企业需准确把握世界产业演进趋势，从国民经济和社会发展的需要出发，统筹规划我国国有资本布局，加强重点行业、关键领域资源整合，加快市场化步伐，大力发展战略性新兴产业，提高市场竞争力。同时，处于充分竞争领域的国有企业，应加快通过资本化、证券化等方式优化国有资本配置，通过有序进退实现国有资本价值的最大化。

对国有企业及国资企业而言，落实国家全面深化改革决策部署需着力解决国企体制机制等深层次问题，建立健全现代企业制度，推动中小企业转型升级及新兴产业的培育和发展，切实提升产业资本运营管理能力，通过管理创新不断增强活力、影响力和抗风险能力，持续夯实企业市场主体竞争力。其中创新平台建设成为集聚多方资源、建立产业协同、发挥产业引领作用的重要策略。

陕煤集团神南产业发展有限公司充分发挥产业领域优势和大中小企业协同创新优势，利用“煤亮子”互联网平台、产业公司线下煤炭生产综合服务平台和煤炭科技孵化三大平台，通过集聚创新要素、提供增值创新服务等，积极构建“政府＋企业＋科研单位＋金融机构＋服务机构”五位一体的创新孵化生态体系。通过强化政府、国企引导作用，发挥市场联通机制，聚焦技术研发、现场试验、服务推广等环节，不断加强煤炭产业链与新兴产业技术的融合，加强对中小微企业协同创新的带动，专注煤炭科技成果转化和煤炭科技型中小微企业培育成长，如图 5-3 所示。

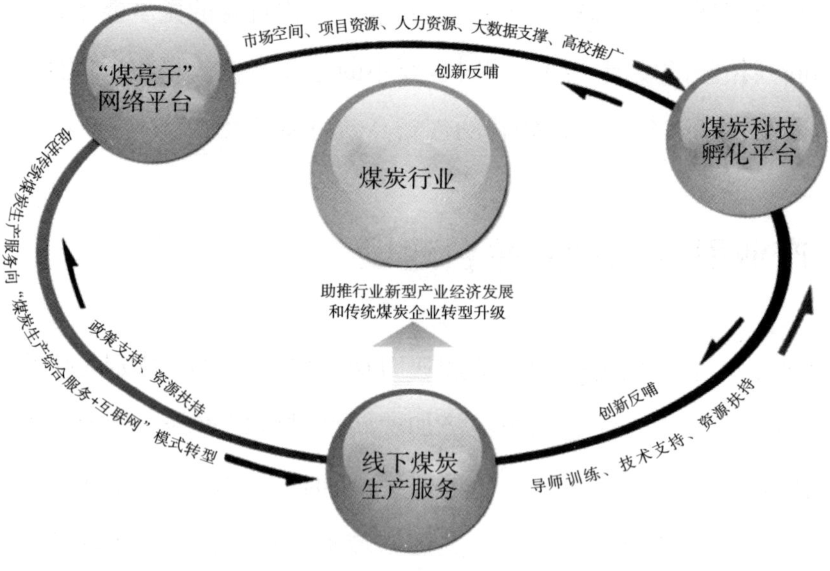

图 5-3　三大平台构成大产业创新孵化服务体系

无锡产业发展集团公司顺应全球产业结构加速调整、制造业升级与新兴产业发展之势，全面贯彻落实深化国企改革决策部署，加强内外部环境分析与行业标杆研究，科学立足内部自身实际，紧扣高质量发展主题，明确制订了以培育战略性新兴产业为核心的发展战略，并按照现代企业制度，优化完善了极具产业特色的组织架构，统筹整体工作思路，确立平台功能定位和综合配套保障；紧扣做强做优做大、发挥产业引领功能目标，全面强化集团平台功能，通过明确重点、全程管理、全链实施打造产业平台，推动新兴产业培育和发展；通过资产配置、资金循环和资本流动打造资源平台，支撑资源集聚和整合；通过狠抓科技创新、服务创新和模式创新打造创新平台，激发内生活力和动能；建立健全综合保障系统，突出合规体系、国企党建和人才队伍，切实提升了产业资本运营管理能力，服务战略高效有序实施。

总之，国有企业和国资企业的深化改革正在克服“国退民进、国进民退”争议，并初步形成“国民共进、协调发展”共识。国有资本持续向基础行业和关键领域集中；国有企业逐渐退出一般竞争性领域，聚焦主业发展；混合所有制企业成为国有企业的主要实现形式和国有企业中最有活力的部分，更重要的是，形成了国有经济布局和结构调整的机制，并在实践中逐步得到完善。国资改革、国企改革和配套改革三项改革并驾齐驱。以提高国有资本效率、增强国有企业活力为中心，协同推进国有经济布局结构优化、国有企业股权结构合理、国有企业治理结构完善和国资监管体制健全，并加快推动落实国有企业产权制度改革、垄断行业改革、监督防止国有资产流失措施、国有企业党建举措等配套制度和政策。[①] 下一步，完善国资监管体制，深化混合所有制改革，除了继续优化企业股权结构、推动企业股权多元化和适度分散化外，更重要的是要推动体制机制改革，实现由股权的“混”到体制机制的“改”。需要进一步完善治理机制，规范企业董事会运营，进而推动企业内部三项制度改革，推动企业管理人员和职工的市场化、社会化管理。[②]

① 吴敏，曾铮．近年我国国有企业改革的进展、问题及未来面临的新形势［J］．中国经贸导刊，2020（9）：29-31.

② 蒋志颖．国资国企于变局中深化改革——从山东、北京实践看改革进展［J］．中国发展观察，2020（11）：12-15.

第六章　供应链网络化整合创新

传统的供应链结构包括了企业核心业务上游的供应商及下游的客户，是整合了物流、资金流、信息流和技术流等活动的链式生产结构。当链式结构中的不同环节主体扩展至多个时，双向的供应链便扩展为多向的供应链网络，如图 6-1 所示。①

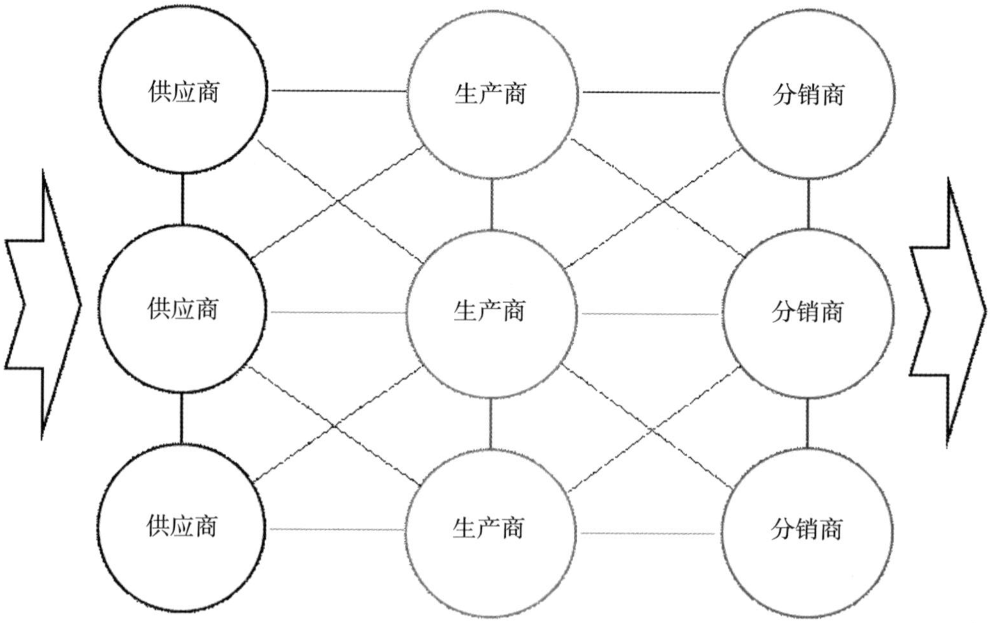

图 6-1　供应链网络结构

在第 26 届全国企业管理现代化创新成果中，涌现出一大批进行供应链网络化整合创新的企业，如铁建重工、海尔集团、西南油气田、北汽集团、江苏辉源等，它们在集合了产品采购、生产、销售及服务等多种环节内容的同时，以跨区域和跨

① 余小花. 农村双向物流供应链模式的网络结构设计及其运行机制研究［J］. 改革与战略，2016（1）：72-76+81.

组织的合作方式将与产品和服务具有联系的利益相关者纳入供应链网络中，实现了以更高水平生产协同为表现的柔性生产方式。伴随着互联网技术的发展，新零售、商业生态系统、平台化商业模式等新业态应运而生，依托于新业态环境，以及新经济发展方向的供应链结构也以网络化、闭环式、即时性及面向顾客需求的方向进行重构。[①] 供应链网络化的出现是时代发展的要求，也是企业由内生性创新实现外生性成长的发展方向。

一、以定制化服务提升用户价值

随着经济总量的不断增加，居民收入水平逐年提升。生产技术的发展也为市场提供了更加多元化的产品组合。生产者与消费者之间的信息不对称程度的降低使消费者的选择偏好具有更大的不确定性，生产厂商只有紧跟且精确定位客户需求，才能在市场竞争中占据领先位置。定制化生产、个性化研发与服务的提供为满足客户多元化需求提供了可能，“信息化”“扁平化”“无界化”的组织形态为适应多变的市场变化创造了柔性的生产模式。

市场经济的运行规律要求企业以满足客户需求作为存在目的。计划驱动型生产模式存在于计划经济时期，随着市场经济作为主体的经济制度确立，更多的企业要建立需求驱动型的经营模式。[②] 订单带动生产是需求驱动型经济发展模式的低级形式，要求企业按照订单需求实行规模化生产。随着经济水平不断提升，居民消费结构发生了显著变化，在满足基本生存需求的同时逐渐发展出多样化的产品需求和消费偏好。多样性的市场竞争为同类产品提供了不同细分形式的产品组合，用以填补不同用户消费偏好之间的细微差别。随着多样化消费需求被进一步满足，以个性化需求为基础的定制化生产成为已有市场竞争环境中新的“蓝海”，在满足用户不同

① 孙嘉轶．基于再制造的闭环供应链结构选择及协调模型研究［D］．哈尔滨：哈尔滨理工大学，2013.

② 张敬，康凯，魏旭光，等．制度环境、风险感知对供应链网络治理模式选择的影响研究［J］．管理评论，2020，32（1）：275-285.

需求条件下实现企业与客户的价值共创，进而在满足市场需求的同时创造新的需求空间。

中国铁建重工集团股份有限公司（以下简称铁建重工）为了满足行业客户对高度个性化产品和服务的需要，确保企业的领跑者地位，实现先进制造业与现代服务业深度融合，助推高端装备制造业转型升级，制订和实施了基于服务型制造的客户价值链战略，如图 6–2 所示。

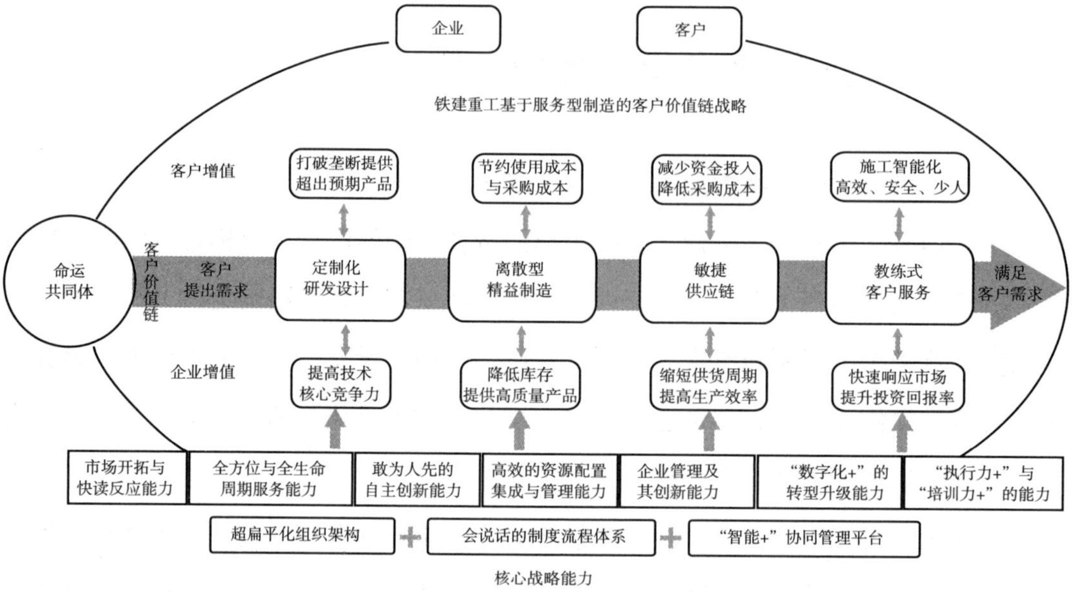

图 6–2　铁建重工基于服务型制造的客户价值链战略

该战略紧紧围绕客户需求，实施定制化研发设计，为客户提供超出预期的产品；推行离散型精益制造，构建敏捷性供应链，缩短供货周期、提升生产效率，降低客户的采购成本；提供“教练式”客户服务，支持产品运维，在产品全生命周期不断实现价值增值；以“战部引领”的超扁平化组织架构、“会说话”的制度流程体系、“智能 +”协同管理平台为支撑手段，保障战略的实施。通过战略的实施，铁建重工不断突破技术封锁与市场垄断，打造高端定制化装备，满足客户个性化需求，以创新服务持续为客户创造价值，推动了地下大型工程装备国产化，并以行业领先的盈利能力成为高端装备制造民族品牌，荣获“国家服务型制造示范企业”“国家技术创新示范企业”“国家级两化深度融合示范企业”等称号。

海尔集团公司（以下简称海尔集团）以用户价值交互为核心，打造大顺逛平台。通过建立“人单合一”的管理模式及社群互动的信息反馈机制，创建了以产品为信息节点的用户交互触点网络。从制造研发、产品推介、物流、售后、服务等全流程环节为用户提供定制化解决方案。通过产品和服务迭代持续满足其个性化需求，创造终身用户。以“顺逛”平台实现客户的定制化交互；构建用户中心服务于定制化家庭；提供“云设计”服务定制化不同户型；通过“巨商汇”服务每笔订单；建立“易理货”提供定制化乡镇解决方案；以“智慧云店”管理不同型号产品；利用“E-Store”实现定制化库存；运用“H-Work”服务于个性化员工。将定制化服务与需求驱动型发展模式相结合，运用技术平台实现了定制化服务创新，构建全面的定制化产品生态。

在信息经济快速发展的背景下，定制化生产是在面向顾客需求的前提下，以模块化生产方式、平台化运营模式的支持下为顾客提供个性化的产品及服务方案。面对个性化的顾客需求，中国企业在供应链网络化的创新表现在：基于“利基市场”的策略创新；与顾客协同的交互价值创新；模块化的生产方式创新。

首先，随着客户需求的个性化发展趋势，在市场上出现了以“利基产品”构成的细分市场，表现为进一步对“长尾市场”的细致开发和生产模式的定制化创新。企业应基于自身竞争优势，在“利基产品”的细分市场开发全新的经营模式，通过对供应链上下游优势企业的整合发挥能力互补优势，将更多企业核心优势与用户的个性化需求紧密结合。通过整合供应链中的优势资源，以市场驱动型的“蓝海战略”在新的细分市场中获得竞争优势。

其次，信息技术的进一步发展，企业与顾客的关系已不再是单向的信息传递与产品流通的关系。信息与物料的双向流通实现了由企业与顾客共同构成的价值共创体系。企业将顾客整合进其供应链网络中，改变原有价值实现方式中以满足顾客需求作为目的的发展方式，变为与顾客共同创造产品价值的“价值共创”发展模式。

最后，模块化的生产方式具有实现批量化定制生产的技术条件。通过对产业链实行模块化升级改造，企业在满足顾客定制化需求的同时实现规模经济，有效降低成本，提升技术转换效率。企业内部方面，通过对生产模式进行模块化改造，可以形成面向用户需求的产品转换能力；[①] 供应链方面，通过对供应链网络化整合，可以形成以供应链环节企业为不同模块的自组织产业生态体系，在发挥各环节企业比较优势的基础上构建柔性的供应链组织结构。通过对企业内部供应链结构的模块化改造及企业外部供应链网络的模块化构建，[②] 完善以供应模块、生产模块、分销模块及零售模块为主线的模块化供应链结构，如图 6–3 所示，进一步创造面向顾客需求的定制化产业模式。

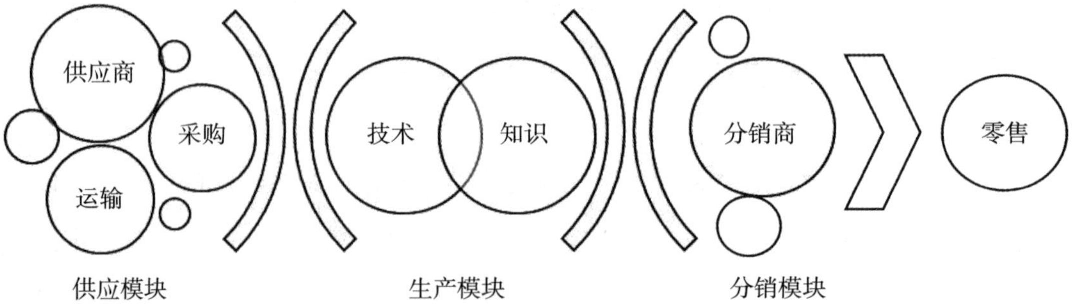

图 6–3　供应链模块化结构

二、以主体联动机制实现产业链协同创新

互联网时代带来了更加激烈的市场竞争，抢占市场先机为企业提出了严峻的挑战。无论是初创型企业或是已建成的成熟型企业，对市场变化的及时响应能力使其保持敏锐嗅觉，捕捉机会的关键能力。网络化的供应链结构可以将一维的信息传递链转变为多维的信息网络，实现信息与资源的高效传递，在以不同产业主体为节点的网络中互通有无，极大地满足了互联网时代企业对于市场信息时效性的依赖。企

① 周康渠，石晓辉，廖林清. 面向产品定制的客户需求研究［J］. 中国机械工程，2006，17（2）：142–145.
② 闫星宇. 零售制造商的模块化供应链网络［J］. 中国工业经济，2011（11）：139–147.

业的响应能力是运用信息网络进行产业链结构调整的基础，同时，高效的信息传递网络带来大量冗余信息，需要企业内部具有在大量冗余信息中快速地定位和精确地筛选。所以，互联网时代下产业链网络化整合创新的关键在于：培养面向供应链结构调整的快速响应能力；建立供应链网络环境下对信息的快速定位和筛选能力。

第一，在供应链结构设计与调整的过程中，应具备快速的响应能力。产生于20世纪末的虚拟企业为供应链网络化整合创新提供了全新的组织结构形式。信息网络和通信技术是虚拟企业运行的技术基础，互联网的即时通信能力与高载荷传输能力为组织结构进一步无形化提供了实现的可能性。在组织结构设计和调整方面，企业应充分利用互联网通信技术的即时性优势，通过对企业内部组织结构的扁平化设计以迎合明确的或预期的时间机遇，建立网络化的组织结构以适应互联网发展的环境及不断变化的市场竞争态势。

第二，在大量信息流通的网络环境下，企业应具备对有用信息的快速定位与筛选能力。在供应链网络的环境中，存在高度联通的网络环境及非联通的子网络环境。企业作为供应链网络中的节点，其位置优势在于其中心度的水平。当部分企业位于网络中结构洞的位置，在获得信息通道优势的同时也产生了大量冗余信息，此时便需要企业内部具有创造和激发信息定位和筛选能力的信息识别结构。

西南油气田通过对天然气发展历程、国内外不同区域天然气产业发展状况的详细调研、分析，以产业经济理论为基础，确立协同管理模式的基本思路：以提高天然气在一次能源中的比重为主线，在充分适应产业特征和发展环境的基础上，通过多方面管理手段与管理措施的综合创新与管理提升，促进产、供、销环节的互动和优化，推动上游气源、中游储运和下游市场的协同，上下联动、动态调整，实现产业价值最大化、资源配置最优化、产业协调可持续三个目标，在保障民生的同时推动企业整体上的高质量可持续发展，如图 6-4 所示。

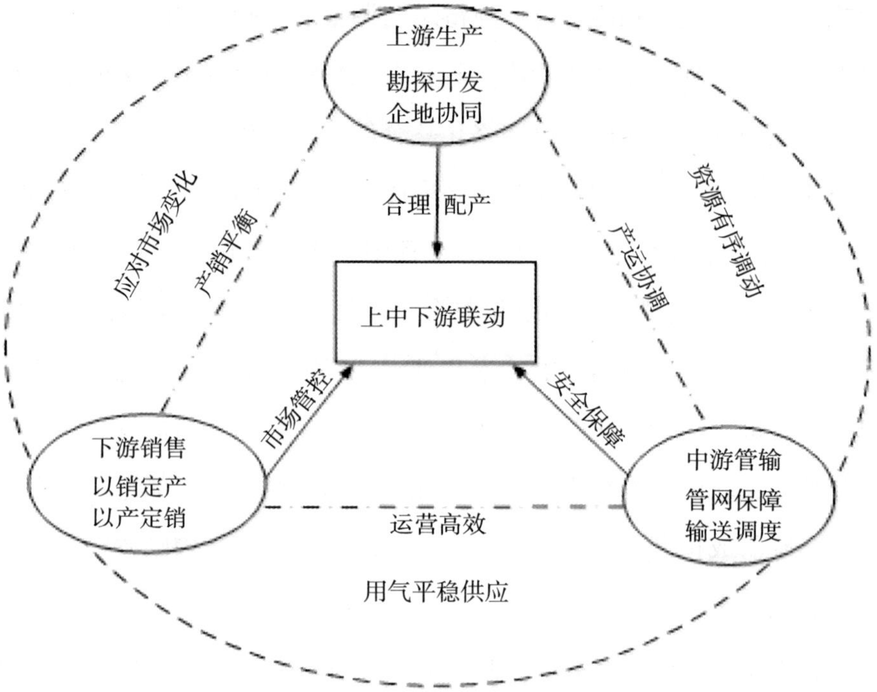

图 6–4　上中下游联动示意

西南油气田以产、供、销产业链协同为核心，将勘探、开发、输送、储存、销售、利用等主要环节进行多要素的组合与优化，以实现产业链整体价值最大化和功能最优化。通过战略规划、体制机制、生产运行、责任体系、企地协同等多方面管理手段与管理措施的综合创新与管理提升提供重要的组织保障和制度保障，推动天然气产、供、销各个环节发挥最大潜力，从而推动企业整体上的高质量可持续发展。注重发挥科技创新的巨大驱动作用，通过天然气勘探开发技术、输送储存技术、市场销售技术的创新和信息化技术的更新，为协同管理提供重要保障和实现手段，如图 6–5 所示。

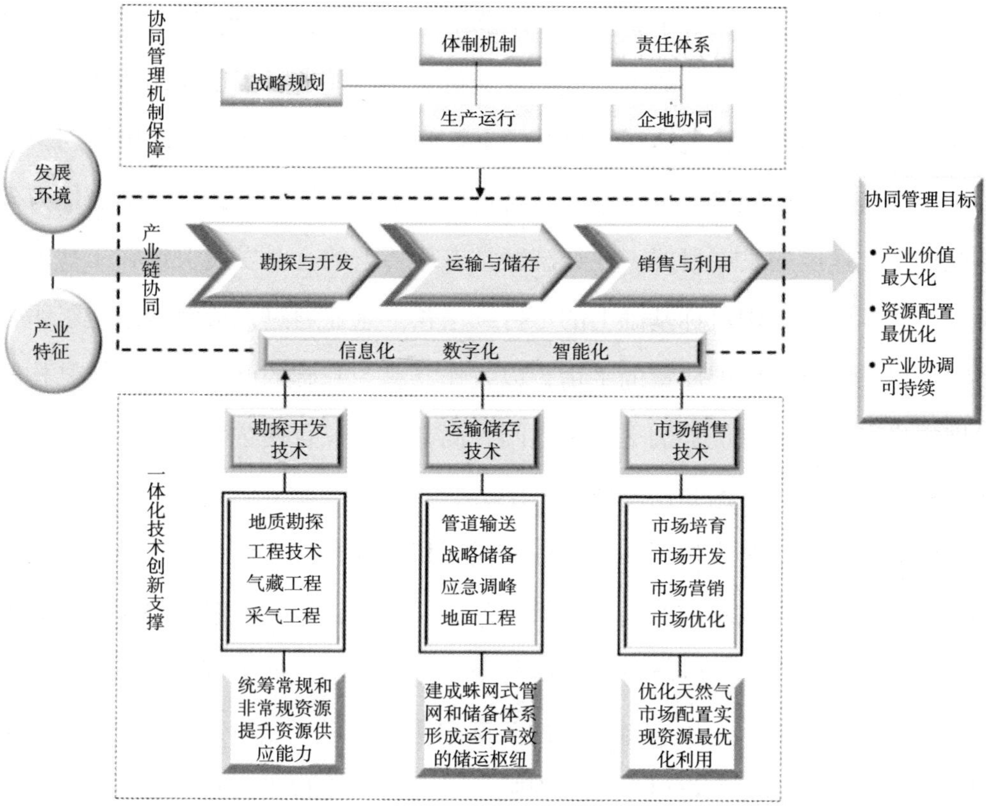

图 6–5　产业链协同管理架构示意

无锡产业发展集团有限公司在金融管理机制上坚持境内境外、资金资本、投行商行“三联动”，全力提高融资能力，构建覆盖短中长三期、直接融资为主体（占比七成以上）、与间接融资互为补充的融资结构，灵活运用超短融、短融、中期票据、可续期公司债等多种融资工具，保证融资规模、控制融资成本、提高融资效率，为拓宽融资渠道创造了有利的条件。同时，在集团内部治理方面，建立业务联动激励约束机制，调动全员业务拓展积极性和创造性。

中车长春轨道客车股份有限公司以协同的集团化管控模式实现母子公司协调发展。通过进一步明确母公司与子公司的关系设定，实现了母公司与子公司之间的协调，以及集团业务之间的协同合作。目前依托于国内外子公司的 7 个研发分中心按照母公司研发系统战略及要求，已陆续开展 21 个学科领域、113 个技术项点的异地协同研发设计，极大提升了企业的技术能力，确保了企业能够快速应对海外高端市场客户定制化要求，满足需求、成本、交付、质量要求，实现集团整体利益最大化。通过协同化的经营管理体系，提升了企业管控效率，实现了管理机制创新。

中国经济发展已经进入新常态，调结构、稳增长的发展方式已经改变原有条件下唯规模、唯速度的发展目标。在经济新常态环境下的企业发展关键在于找准经济增长点，实现经济结构对称基础上的可持续增长。企业通过供应链网络化组织创新可以实现增长速率与发展质量的平衡，以合作共赢为基础的网络化供应链结构为企业发展提供了发挥比较优势的平台和空间，而新的增长点便孕育在供应链网络中各企业合作关系之间产生的知识溢出过程中。

新常态下的供应链发展对中国企业充满了机遇和挑战，以技术作为驱动力的供应链可视性优化；以成本控制与风险管理的关系平衡；以供应链网络化利益相关群体关系的协同化管理；[①] 以新市场拓展与新产品开发的发展平等作为方向的网络化组织创新是未来中国企业供应链管理的关键问题。而对于供应链网络化的整合创新机制为解决以上关键问题提供了组织保障。通过合作实现供应链增长模式由外生性扩张转换为内生性质量提升；通过对供应链网络的组织创新设计使供应链网络中的企业在合作中实现速度与质量的均衡增长。

三、以即时响应机制建构互联网时代竞争力

20 世纪末以来，以社交网络、物联网、云计算、移动互联网等新兴信息技术的出现带来了新一轮产业革命，技术的发展在改变人们生活方式的同时也为企业带来了全新的挑战。技术的高速发展不断地缩短产品生命周期，一成不变的供应链生产方式已经无法在产业链重构的环境下提供灵活的应对方法。

从短期来看，技术的进步带来了产品更新换代。掌握领先技术的企业则把握了

① 陈静怡. O2O 模式下面向客户的供应链协同转型研究［J］. 西安电子科技大学学报（社会科学版），2019，29（3）：1–14.

市场发展的方向及顾客需求的变化，通过领先的产品技术实现竞争力的提升。在市场竞争中，必然存在引领技术进步的领头羊企业、追随技术进步方向的后发优势企业、也同样存在固执僵化的落后企业，通过技术变革带来的竞争态势变化在一定程度上也引发了产业链重构。[①] 以手机行业为例，智能手机和触控式全屏幕操作技术彻底改变了由诺基亚和摩托罗拉构成的寡头垄断格局，苹果和谷歌公司作为新技术的开发者和践行者，分别在移动终端设备市场及操作系统市场中占据了核心位置；三星公司作为传统键盘手机市场中的成员，及时适应技术变迁、完成了基于技术引领的产品结构变革，成了新市场中的后发优势企业并逐渐形成对苹果公司的挑战。而诺基亚、摩托罗拉、黑莓等企业在技术变革的开始和过程中过分自信于当时的市场占有率及产品力，进而当其意识到需要适应技术进步时已经晚了。所以，短期的技术革新可以通过改变市场竞争态势进而重构传统的产业链结构。

移动通信技术的发展恰好符合技术进步的长期性为宏观经济发展带来的产业链重构。从第四代移动通信技术（4G）到第五代移动通信技术（5G）的技术进步极大地提升了无线互联网的传输效率，为基于互联网技术的各种产业形态带来了更加高效的运行方式。如互联网商业平台、移动数据传输等产业结构会因技术进步而被重构。在全球范围内，基于互联网通信技术的相关业态也将随着通信技术的迭代被不断重构，以适应技术进步的发展方向。所以，产业发展与技术进步相伴相生。[②] 在传统产业发展模式中，技术的出现服务于产业发展的需要；在新兴产业的发展模式中，技术的变革引领产业发展的方向。面对日新月异的技术变革，全球产业链已建立起技术引领的发展模式，以桥接产业上下游为功能的产业链也亟待重构，以网络化的整合创新模式为产业发展提供高效和全面的组织保障。

江苏辉源供应链管理有限公司（以下简称辉源公司），作为一家以仓储配送为主营业务的供应链管理公司，为供应商、制造商、代理商提供集成化的全供应链物流服务。按照 JIT（Just in Time）的管理理念，辉源公司围绕制造商的订单向供应

① 丁宁，邢兰兰. 信息技术引发的管理变革［J］. 中国软科学，2002（4）：98-101.
② 石小玉. 技术进步与产业发展的统计规律性——兼论我国高技术产业的发展战略［J］. 科学学研究，1988（2）：42-60+114.

商提供准时化采购,并向制造商生产线进行准时化供应。创立的3PL–HUB管理模式,实现了对供应商、制造商、代理商及当地仓库的全过程即时管理,以即时响应能力实现了供应链的全程管理,并通过即时响应机制的建立提升了货物交付的准时率,提升了企业的竞争力,如图6–6所示。

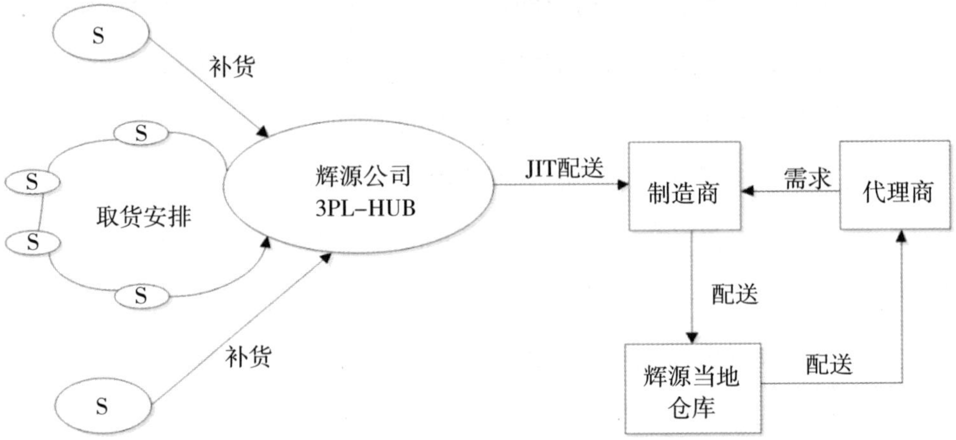

图6–6 基于3PL–HUB模式的全链物流管理

方大特钢科技股份有限公司通过实施生产经营联动管理,实现生产、采购、销售、物流、用户五个环节快速联动,形成市场信息“内循环”,促成生产经营快速决策,深挖采购、生产、物流、销售、资金五个利润源泉,实现“快速联动创效益”,提高了公司对外部市场的适应能力和竞争力;使公司经营绩效取得显著提升,在钢铁行业名列前茅;也使公司生产经营管理水平得到了飞跃。通过建立面向市场需求的快速反应生产联动管理模块,实现了公司对于外部市场变化的即时响应能力,以模块化的管理机制为快速响应市场变化提供了组织保障与灵活的可操作空间,如图6–7所示。

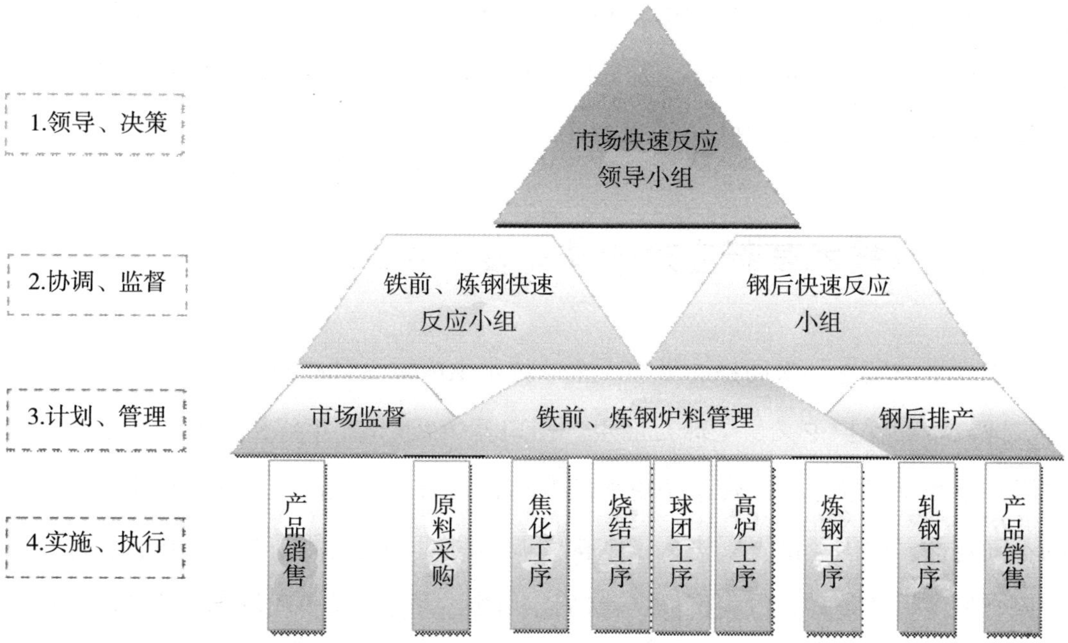

图 6–7　市场快速反应生产联动管理模块

大数据对于传统供应链结构具有颠覆性的意义，通过大数据分析可以完成生产线监控、产品质量控制、运行效率分析、市场变化追踪等工作。届时，大数据分析技术的广泛应用在提升企业市场响应能力、产品定位能力、客户分析能力的同时也提升了供应链结构的可见性，使供应链网络中各个节点的管理者可以更加直观地找到、分析并解决网络系统中存在的非效率影响因素。此外，大数据分析技术的应用也为供应链系统的迭代提供了重要的参考依据，运用大数据分析的方法，企业可以更加准确地把握市场动向，及时调整供应链结构，并在供应链网络中寻求合作机制的优化方案，进而实现合作价值增值的可持续发展方式。① 娜达・R. 桑德斯在《大数据供应链：构建工业 4.0 时代智能物流新模式》一书中从供应链的采购、制造、物流到销售的全过程分析中介绍了大数据环境下的供应链流程再造过程，提出以大数据创建供应链分区、功能性联合和横向整合、基于目标评价的测量方法的集中统

① 张亚斌，马莉莉. 大数据时代的异质性需求、网络化供给与新型工业化［J］. 经济学家，2015（8）：46–53.

等三步走（SAM）方法实现大数据在供应链管理中的应用。[①] 对中国企业而言，5G技术即将实现全面商业化运营，人工智能与机器人学习等技术逐渐应用于包括电子商务平台等的供应链过程中。

四、以技术革新应对全球化发展变革

受到全球贸易紧张局势的影响，全球技术供应量受到威胁。地缘政治的紧张局势、地方贸易保护主义、全球石油生产出口竞争在2020年年初爆发的新冠肺炎疫情影响下为全球经济发展带来了更大的波动，为未来的经济全球化发展带来了更大的不确定性。中国经济发展进入了结构性调整时期，供给侧结构性改革旨在通过改变原有经济增长模式，以去产能、稳增长、调结构的方式实现新形势下的经济增长质量与速度的协调发展。但在新冠肺炎疫情这只“黑天鹅”的影响下，中国企业的发展尤其需要建立以合作网络为组织形式的整合创新机制，以应对当下市场不确定性对传统企业供应链的冲击。

2020年4月21日，纽交所国际原油期货价格进入“负油价时代”，加之持续数月仍不见好转的全球新冠肺炎疫情发展，投资者对短期经济复苏并不抱有较高信心。几乎所有行业都受到未来全球经济发展低迷甚至萧条的影响，负面的市场预期为企业经营者带来的不确定性反映在投资行为方面，也体现在供应链完整性与连贯性被打断方面。“一带一路”倡议进入发展中期，中国企业的供应链已经不局限于原材料和工业成品的进、出口，依托新基建的大型装备制造与全套设备供应商面临更大的挑战。一方面具有在当下低迷的市场环境中保证材料进口，以及技术引进渠道的畅通的压力；另一方面具有及时交付并保证产品质量的压力。面对挑战，传统的一维供应链结构已经无法全面保障中国企业发展壮大的渠道要求，构建多元化、全方位的供应量网络系统迫在眉睫。在全球经济波动带来的高度不确定的市场预期

① 娜达·R. 桑德斯. 大数据供应链：构建工业4.0时代智能物流新模式［M］. 丁晓松，译. 北京：中国人民大学出版社，2015.

中，中国企业更应积极嵌入全球产业链中，以开放包容的姿态构建全方位的供应链网络结构，以合作渡过难关、用合作实现发展，通过构建以企业为节点的全球供应链网络实现全球经济“命运共同体”。

尽管受到贸易保护主义的影响，各国的经济发展方向仍向着全球化、合作化、网络化的方向进步。从全球紧急突发事件的应急合作，到世界范围内的金融市场波动，再到产品的全球化物流运输，无一不体现着面向全球化的国际贸易与跨国经营为企业带来的现实利益与发展空间。同时，全球供应链结构进一步向网络化整合的发展趋势也促使企业紧跟技术革新的方向，以技术开发和应用作为引导供应链网络化整合创新的方向。

在全球化方面，供应链的网络化整合创新旨在构建全球化的合作网络，在准确把握企业核心竞争力的同时将供应链延伸至全球范围，以获得更大的比较优势的同时创造基于企业核心能力的增长极并将其充分发挥。凭借劳动力优势，中国企业自改革开放以来获得了巨大的人口红利。以劳动力优势和组装生产为形式的供应链嵌入方式成了中国经济在过去的主要增长点。随着仍口老龄化问题日渐凸显，人口红利带来的比较优势逐渐消失。中国企业积极嵌入全球供应链的新动能在于通过商业模式创新以进入新的增长周期。首先，通过现有资源实现对全球供应链的嵌入；其次，通过与供应链上下游的合作关系建构多向的网络合作空间，扩大业务范围和经营领域；再次，根据供应链需求变化建立基于网络化合作方式的创新商业模式，实现核心业务向“微笑曲线”两端移动的产业结构升级；最后，深耕主营项目，以供应链网络的合作创新创造具有可持续发展能力的学习型企业。

在技术革新方面，供应链的网络化整合创新与技术开发应用之间具有辩证的影响关系。首先，技术的革新与进步促进供应链网络结构不断优化，通过技术进步带动供应链组织模式创新。[①] 其次，供应链网络化整合创新为供应链网络中的企业带来更多的信息与资源，促进了企业间的组织学习，有助于通过对外显知识的内化过程实现基于知识共享的技术创新。最后，供应链网络化整合创新通过网络化的嵌入

① 郭晓娟. 四级供应链网络设计优化研究——以山西昔阳煤炭公司为例［D］. 太原：山西大学，2013.

组织形式使企业专注于核心业务的生产过程及能力开发，有助于实现基于生产专业化的技术创新。应通过与供应链相关利益群体的网络化整合实现知识内化，建立面向供应链网络化发展方向的持续改进型组织结构。通过网络化整合创新与技术开发应用之间的互动关系实现组织形式的改进和技术进步双轨并行，共同发展。

北汽汽车集团有限公司（以下简称北汽集团）通过构建多层次研发体系，打造国际领先的核心技术能力。一方面，通过掌握核心技术完善技术体系；另一方面，借助核心技术形成技术平台，为基于产业共生的新能源汽车发展体系打造聚合资源的基础平台。以北京研发总院为核心，形成对全球范围内研发中心的整体协调管理，其后通过分布在日本、德国、美国、意大利“五国七地”的研发中心，捕捉全球领先的研究内容，形成研发体系的前沿层。

全球化的发展离不开技术革新，基于新能源汽车的技术核心，北汽集团提出了围绕“三点”系统技术提升的“蜂鸟计划”，通过技术革新突破技术难题，实现技术革新与全球化发展的互动，如图 6-8 所示。

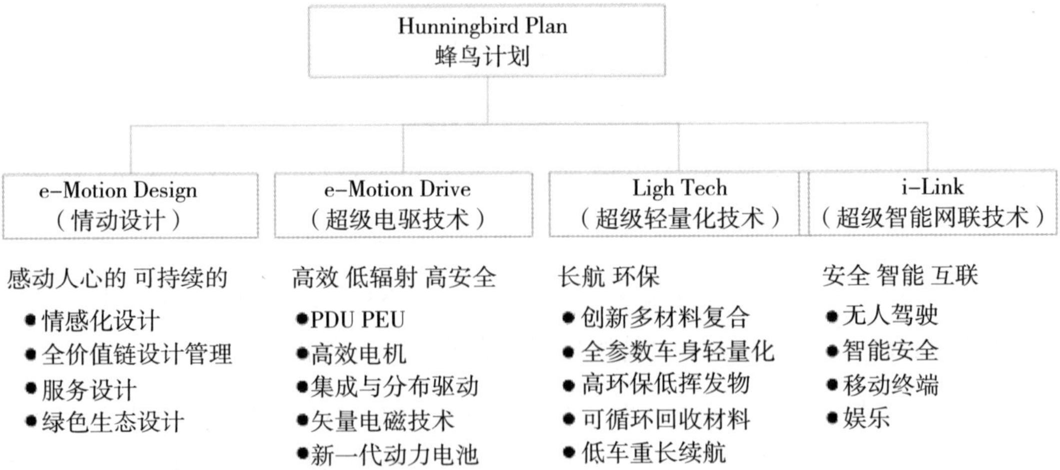

图 6-8 北汽集团围绕“三电”核心技术提升的“蜂鸟计划”

中国船舶工业综合技术经济研究院（以下简称综合院）在国际化竞争的发展道路上坚持以知识产权作为核心能力，承担国防科技工业全行业及中船集团知识产权管理工作，履行中船集团知识产权管理办公室相关职责，并具有中国船舶专利中心资质，是船舶行业唯一专利代理资质机构；获批成为国家首批知识产权分析评议示范机构、工信部产业技术基础公共服务平台。多年来，为中船集团及国防科技工业全行业知识产权管理提供决策支持与专业支撑。根据自身发展目标和战略定位，制订知识产权战略融入自身企业发展规划；分阶段实施“知识产权促进工程（2013—2015）”和“知识产权提升工程（2016—2020）”，有效支撑知识产权战略管理向技术创新、人才创新、制度创新的纵深方向推进发展。针对国际竞争的需求，通过分析研判重点领域的国际竞争态势，提出了“掌握核心专利技术”及“提升高价值专利储备”的方法，明确重点领域的知识产权战略措施。逐渐提升中国制造船舶工业的国际竞争力。

全球经济发展预期不明朗，国际贸易冲突和发展的不确定性增加了企业脱离全球供应链的可能性。中国企业应具有居安思危的战略思维，以构建全球经济“命运共同体”的战略高度，进一步加强企业对外开放与合作。在“一带一路”倡议的背景下积极参与经济合作。通过建立全球供应链网络结构完成中国经济全产业链发展模式的构建。

面对全球经济下行的压力及贸易摩擦的影响，全球供应链存在结构重组的可能。中国企业应具有创新思维，以网络化的合作模式合理安排原料采购中单一采购量集中度与供应风险分散的关系，进而应对全球采购定价权的问题；以网络化整合创新的方法积极参与供应链再分工，进而构建成本与效率阶梯形分布的供应链新格局；[①] 以供应链网络协同创新的运营思路提升中国企业全球供应网络的风险抵御能力。

① 张敬，康凯，魏旭光，等. 制度环境、风险感知对供应链网络治理模式选择的影响研究［J］. 管理评论，2020，32（01）：275-285.

第七章　国际化投资与经营风险管理

随着中国“走出去”战略的实施，中国企业的国际化、市场化步伐明显加快，对外直接投资规模逐年扩大。据安永总结，今后中国企业“走出去”将呈现五大趋势：一是促进实体经济发展成为海外投资重点考量；二是“走出去”深度融入“一带一路”建设—基建、贸易和绿地投资将是主要合作模式；三是中国企业国际化程度进一步提高，融资和供应链国际化是必然趋势；四是国际人才需求爆发式增长，将成为未来决定海外投资增量的关键；五是政策稳定性和可预见性增强，促进海外投资健康发展。[①]然而，由于全球政治经济环境的复杂多变，中国企业的国际化投资与经营管理也面临诸多风险，能否实现对国际化投资与经营风险的创新管理，是国际化战略成败的关键。

第 26 届全国企业管理现代化创新成果中包含了许多企业的国际化投资与经营风险管理的成功探索，主要体现在以下四大模块：战略导向型风险管理体系、投资风险“四维管控”体系、“穿透式”财务风险管理和投资决策支持管理体系。

一、战略导向型风险管理体系

风险，指的是企业战略施行过程中可能会出现的各种变数而引发的预期损失。战略风险，将会对企业整体发展方向产生极大的影响，是企业经济效益与社会效益能否获得最大化的关键因素。[②]中国经济进入新阶段和国际竞争加剧的现状对中国

① 曹越．海外投资推进中国国际化进程［J］．国际融资，2018（5）：22–25.
② 张聪颖，徐梅钧．新时期企业战略风险管理探究［J］．合作经济与科技，2020（13）：114–115.

对外投资企业的战略风险管理工作提出了更高要求，中国企业只有正确面对和分析自己所面临的战略风险，有效提升应对风险的防控能力，才能在国际化经营中取得竞争性优势。

中国核工业集团有限公司（以下简称中核集团）是国家核科技工业的主体，国家核能发展与核电建设的中坚，核技术应用的骨干，在推动能源低碳转型、保障能源安全、建立现代能源体系等方面负有不可替代的责任和使命。核电“走出去”已经成为国家战略，对我国参与“一带一路”建设具有重要意义，面对复杂的外部形势，建立完善的、行之有效的国际化经营风险管理体系是保障核电“走出去”顺利推进的内在要求。

中核集团在充分借鉴国内核电风险管理工作经验的基础上，针对核电“走出去”业务特点，按照突出重点、务求实效的原则，以战略为引领，以核工业全产业链为支撑，建立了涵盖“四位一体”的风险管理组织体系、分级分层的风险管理制度体系、全过程的风险管理流程体系、重点突出的风险分布体系、动态调整的风险应对体系的国际化风险管理体系。坚持推进风险管理与核电“走出去”具体业务深度融合，按照“业务谁主管、风险谁负责”的原则，明确风险管理责任；协调内外部资源，聚焦关键领域和重大风险，灵活应对核电“走出去”政治风险，以最高标准确保核电“走出去”安全技术风险可控，集中力量管控海外核电工程建设风险，集团运作应对核电“走出去”融资风险，核电“走出去”突出风险得到有效管控，大幅提升了国际化经营风险防控能力，为核电作为国家名片“走出去”奠定了坚实基础。

“风险管控能力强”是世界一流企业的重要特征，当前，许多出口企业的风险管理体系并不完善。例如，缺乏专业的风险管理部门，使企业经营风险管理的效果不能得到有效保障；企业经营风险防控措施不到位或者可行性不高、效果不好；企业缺乏具体的经营风险管理规范，使风险管理活动缺乏必要的依据。① 因此建立健全全方位、多维度的战略导向型风险管理体系，将面临的战略风险纳入管理体系之中，抓住机遇，有效实施战略风险管理。

① 雷斌．论贸易企业经营风险及防控对策［J］．纳税，2018，12（32）：203.

二、投资风险“四维管控”体系

“一带一路”建设为我国企业的发展与壮大提供了前所未有的发展机遇，为我国企业发展提供了更为广阔的空间与平台，然而，也不容忽视其中蕴含的风险。一是系统性流动风险。在“一带一路”发展背景下，我国企业对外投资风险会长期存在，这种风险的后果就是会引起企业财务紧张从而演变为财务危机。这一方面是因为企业在进行对外投资时，很大一部分项目会涉及境外兼并或者收购等，如大型投资矿山和港口等，在实行兼并过程中需要充分的资金支撑，这样就会加大原有的财务负担，容易导致企业为维持项目出现高借贷和高成本运营情况，从而导致企业资金链紧张，系统性流动风险加大；另一方面是因为企业在对外投资中为减少财务压力，会与其他企业进行二轮融资，而目前国内的融资环境尚不乐观，这样必然会增加企业的资本压力，风险也会随之加大。二是系统性支付风险。按照国际惯例，企业投资支付的形式大多为现金及股权等。但是长期以来，国内企业习惯于用现金支付作为首选，这是出于国内的投资背景及安全方面做出的选择。不容忽视的是，参与对外投资必须遵循国际惯例，依据双方约定来进行支付，但是对于股权等形式交易来说，我国企业还缺少相关的制度保障，经验不足，这样无形之中投资风险就会加大。三是系统性投资风险。融资工具应用为企业进行对外投资提供更多渠道，也在一定程度上摆脱了用现金投资手段。“一带一路”建设中，应大力提倡融资方式多元化，加强资本合作。企业可依据现有的融资工具，加快融合的步伐，但是同时也要注意风险系数，国际市场具有许多不确定因素，会对投资产生一定影响。①

海外投资项目本身的大规模、长周期、高资金、操作复杂、涉及面广等特征决定了其高风险性。特别是对于交通、电力、通信等基建类投资运营项目，不仅规模

① 张小川．“一带一路”倡议背景下我国企业对外投资风险与管控措施［J］．商场现代化，2020（9）：105-106.

大，而且子项目多，各个项目甚至项目各个阶段的技术标准、规范和规程烦杂，接口关系复杂，且相互影响和制约，项目周期高、风险点多不易控制。此类项目往往具有特殊的政治性，政府参与度较深，若发生较大的风险事件不仅会损害企业自身的利益，而且可能对国家声誉甚至两国外交关系造成负面影响。目前，我国企业海外投资运营管理经验和能力建设尚不成熟，具体表现如对国际市场风险不够敏感，风险应对能力较弱，反应滞后，无法有效化解突发风险袭击，各类违规违纪及损失事件时有发生，甚至相同的错误重复出现，离真正的“国际化水平”仍有一定差距，海外风险防控能力亟须提升。①

中国电建集团海外投资公司（以下简称电建海投）对海外电力项目投资风险的管控进行了有益的探索。海外电力投资是一种跨区域、跨体制、跨文化的投资行为，具有投资金额大、投资周期长、利益相关方多等特点，这使得海外电力投资项目不确定因素多、偶发因素多，投资企业面临的风险纷繁复杂。为了促进企业海外投资的高质量发展，企业需充分利用自身有限的资源，紧抓核心领域和重大风险，以最小的风险管理成本获得最大的安全保障，提高风险管控的成效。

电建海投坚持“风险管控永远是第一位”的理念，总结海外电力项目投资“开发、融资、建设、运营”各阶段的规律和特点，通过紧抓“要素管控”，抓住项目投资风险管控的关键，提炼出项目全过程“6655”核心管控要素，制订《项目投资风险清单》，提出90余项风险应对措施并编制《风险数据库》，通过健全制度建设保障措施有效落地。在公司风险管理委员会领导下，构建阶段管控、要素管控、措施管控、制度管控的“四维管控”体系，自上而下、层层细化，确保项目投资全过程风险可控、受控，进而保障海外电力项目投资业务实现高质量发展，如图7-1所示。

① 张建碧．“一带一路”背景下企业海外投资风险防控［J］．会计之友，2019（11）：93-97.

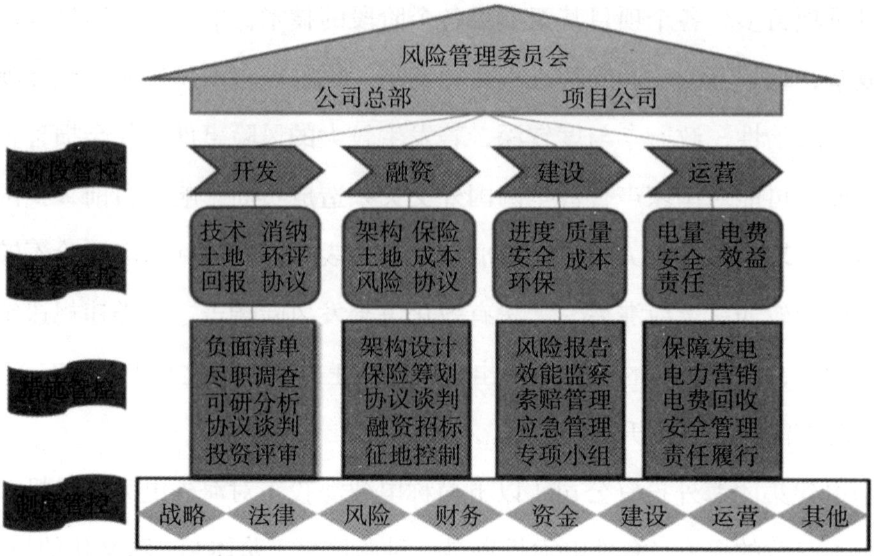

图 7-1　海外电力项目投资风险“四维管控”体系框架

投资风险“四维管控”体系贯穿于公司海外电力项目投资业务的全过程，为投资项目的全生命周期保驾护航。从项目开发前期到融资、建设和运营，在各个不同阶段发挥了很好的保障作用，有效防控海外电力项目投资风险。坚持“底线思维”，做好项目前期法律和土地尽调，有效防范项目环评、土地等问题存在颠覆性风险，海外投资能力持续提升。在建设运营项目配备法律风险专员，有效地发现并防控项目建设运营中出现的各类风险，开展“深度介入式服务”管理的应对机制，公司建设运营项目实现精细化、精益化管理，管理效益突显，建设运营能力持续提升。

海外投资风险“四维管控”模式，“两级机构、统一归口、多类专项”的风险管控组织体系及“清单式风险排查”等机制建立，有效防控公司及项目层面的重大风险，海外投资项目风险管控能力持续提升，公司的市场竞争能力日益增强。“四维管控”体系为中国企业海外电力项目投资风险管控提供了样板，对“走出去”从事海外投资的企业具有很好的推广借鉴价值。

海外工程项目投资管理具有连贯性和全面性，其穿插在整个工程项目的各个阶段，核心目的就是确保工程运作环节中费用与前期预算费用相符或更低。在实际的执行中，由于各方面的因素影响，在这一过程中会产生很多风险。为了避免影响最终的企业投资效益，就要采用合适的手段进行投资管理全过程风险控制，以保证项目管理的稳定性和实用性。工程项目投资管理是一个系统的工作，其在内容上包含了很多方面，在整个工程项目的开始到结束的各个环节中都发挥着重要的作用，基于工程项目管理的全面性，就需要相应的全过程风险管控策略来避免这种风险的形成。①

三、“穿透式”财务风险管理

中国企业在海外项目财务风险管理与防范方面，相较于发达国家还有着一定的差距，而导致这一差距的主要原因，在于中国企业在进行财务管理工作时，运用的管理方式较为滞后与单一，且财务人员的管理水平也有待提升。为加快自身的发展速度，缩小与发达国家之间的差距，中国企业应注重开展海外项目财务风险管理工作，并针对其中所存在的风险问题来予以及时的防范，从而真正保障海外项目财务风险管理质量，实现自身经济收益的最大化，进而实现跨国公司更为长远的发展和进步，促进其经济实力的不断提高。②

海外大型投资项目决策的“穿透式”财务风险识别是指在充分借鉴国内、外先进财务风险识别方法，深刻剖析国内、外投资失败典型案例的教训和启示，深入分析可能的财务风险点的形成机理及驱动因素的基础上，借鉴系统工程的故障模式、故障影响和危害性分析（Failure Mode, Effects and Criticality Analysis，简称 FMECA）方法，识别出该投资项目全部可能的潜在风险点，对每个潜在的风险点应用风险矩阵分析并明确其风险类型、风险度高低，并明确相应的评估策略。严重度高而且不易探测度高的风险点必须对其核心业务进行“穿透式”核查和识别。

① 张晓明．工程项目投资风险管理的全过程控制途径［J］．民营科技，2018（2）：151.
② 李慕帅．跨国公司海外项目财务管理风险与防范［J］．财会学习，20209（10）：54+56.

海外大型投资项目决策的“穿透式”财务风险评估是指按照“实质重于形式”的原则，对该投资项目特定类型的主要风险点的关键要素，从业务流和现金流的最底层操作入手，穿透层层嵌套的业务关系和多层级交易主体身份，穿透业务单位、项目、科目等正常使用的“身份”标签，按照其内部结构和流程，依次核查确认相关交易及资金流动的决策文件、现金流及相应银行流水记录等主要书证、配套书证及知情人员的访谈证据，分析确认相关经济行为和行为主体的真实意图和实质，全流程、全过程进行核查和确认，对其财务风险做出评估。

航天投资控股有限公司（以下简称航天投资控股）以系统工程思想和方法为指导，坚持系统性、科学性和规范性，从海外大型投资项目的实际情况出发，借鉴FMECA方法，开展潜在失效模式、影响及危害度分析，识别该项目全部可能的潜在风险点，通过风险矩阵分析和综合研判明确主要风险点，对严重度高而且不易探测度高的目标公司及出资者的合法性和规范性风险、运营与管控风险（包括投资管理流程、资金管控风险和现金流风险）、历史经营业绩真实性风险、涉及多国别和不同税务政策的海外投资项目的税务风险等风险点，对其核心业务流和现金流及其真实性进行“穿透式”核查并进行交叉验证，识别与评估投资项目的财务风险，保障项目投资决策的科学性和正确性，如图7–2所示。

“穿透式”财务风险管理在一定程度上弥补了一般尽职调查和财务风险识别与评估方法，是以审计和资产评估等中介鉴证机构的报告及其逐级责任传递和背书为基础，其中一个环节失效、责任链条就会断裂的缺陷，提高了财务风险识别与评估方法的系统性、准确性和健壮性，可以较为有效地识别企业内部系统性财务虚假、造假，企业与中介机构联手财务造假甚至欺诈等风险；提高了财务风险识别与评估的水平，有效防范决策失误和投资失败。航天投资控股组织实施大型海外项目“穿透式”财务风险识别与评估管理，保障了海外大型投资项目的正确决策和顺利实施。

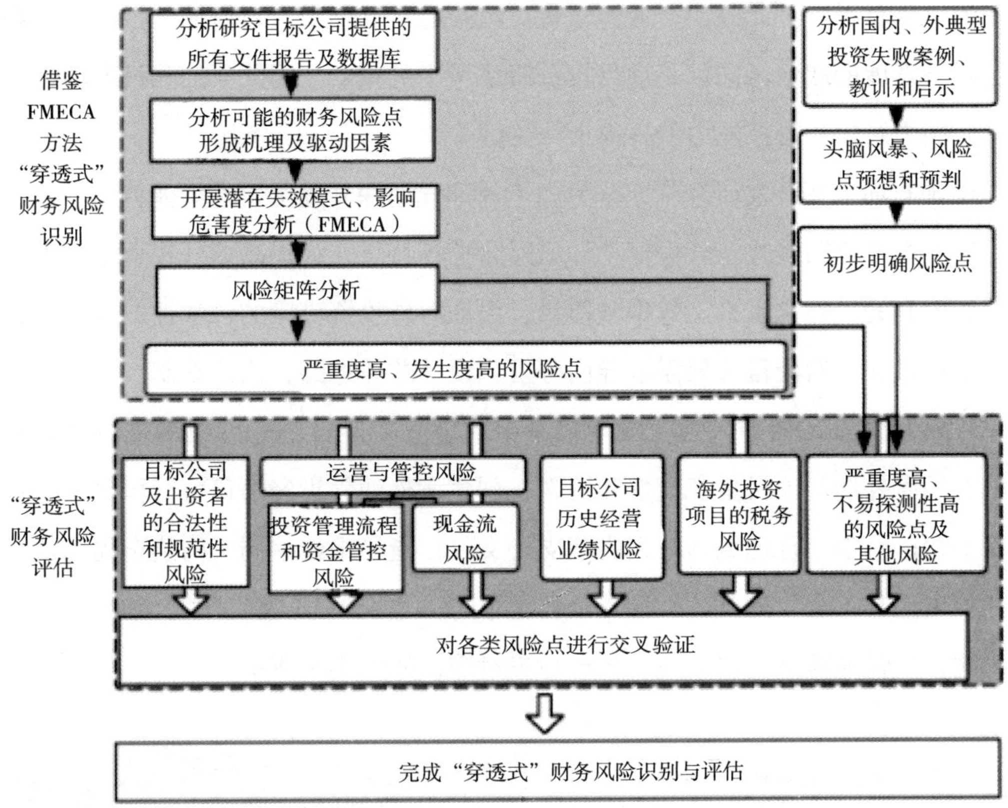

图 7-2 “穿透式”财务风险识别与评估体系

四、投资决策支持管理体系

企业项目投资的目的是要从投资的项目里得到收益，同时，能进一步拓展企业原有的经营范围和活动领域，因此，越来越多的企业管理者开始将目光放在投资项目这一能够推动企业加速发展的事情上。所投资的项目能否给企业带来持续不断的现金流和足够的收益是评价项目投资是否成功的基本要求。但是，投资项目不仅让企业获益，也伴随着风险。国际工程界的普遍看法是，项目可研和初设阶段占投资控制因素的 80% 以上，进入施工阶段控制投资的因素只占 20% 以下，因此，强化海外项目前期工作，通过优化开发工程方案控制投资，就是从项目源头上抓住控制投资的“牛鼻子”。此外，企业经营者对风险的承受能力、对市场的把控能力和对社会经济发展的政治风向都是项目投资所要考虑的重点。因此，加强投资项目的决策分析能力及过程管控能力就显得十分关键。①

中国石油勘探开发研究院充分考虑境外油气勘探开发项目的具体特点、运作经验，突出海外合同模式、管理框架和风险防控等特点，为提高境外投资油气项目可研报告编制的国际化水平、效率和质量，保证海外投资决策的科学性、规范化，通过对中石油在运营项目开展需求导向分析，设计总体思路，构建编制、审查、上报全过程管理体系；构建人力资源统筹平台，设立“1+14+N”的技术支持体系；整合中石油海外油气项目生产数据和资料，创建境外油气投资项目可行性研究大数据支持平台；科学、合理编制系列决策支持文件，指导报告编制；构建全周期技术经济评价模型与方法，提升境外油气项目竞争力；重视项目风险评估，细化、量化具体风险，加强风险全过程识别、防控与应对等，如图 7–3 所示。

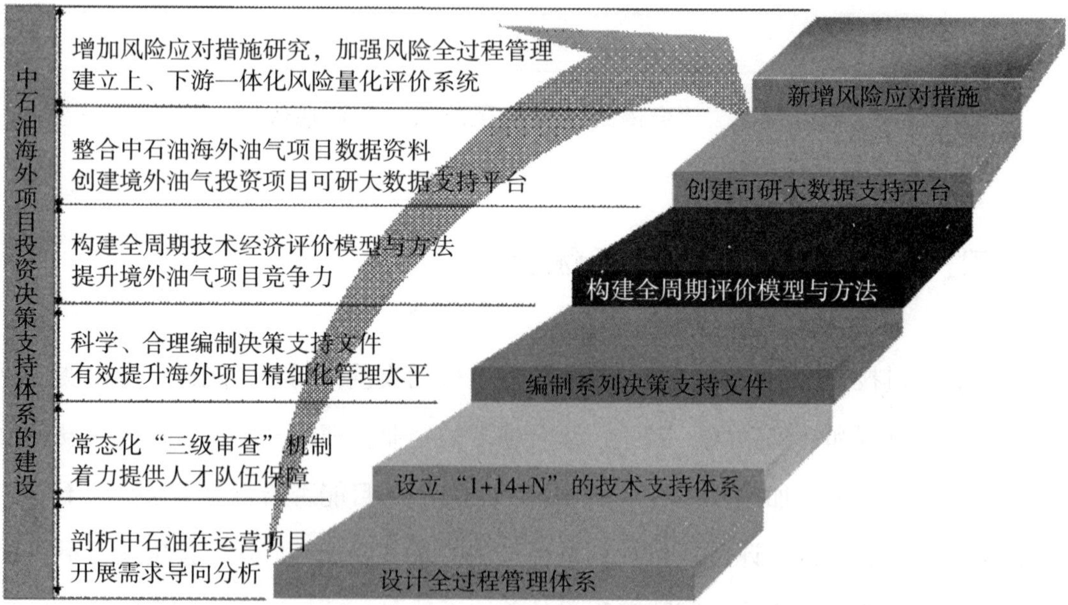

图 7–3　中石油海外项目投资决策支持管理体系的建设

① 白雪．企业投资项目决策分析与过程管理探究［J］．当代会计，2018（6）：22–24.

风险尤其是地上风险持续存在于海外油气项目经营的全周期，如苏丹项目的政府拖欠油款兑现风险、秘鲁等南美国家的社区干扰、环保风险等，都在很大程度上影响了项目的成败。项目风险评估报告作为项目可研报告的重要内容，为投资项目决策提供重要依据。在项目提交决策前，项目可研机构和行业专家需开展项目风险评估并形成专项报告。

投资决策支持体系和可研编制规定明确要求，在项目启动时，风险评估责任主体明确参与风险评估的组织及职责、内容时间要求及投资项目的目标等。各专业分别组织相关专家，围绕项目目标，根据统一的风险描述规则和评估标准，开展风险识别、分析、评价主要风险。针对“高度”和“极高”等级的风险，制订风险应对措施，明确风险应对责任主体。在经济评价前，由投资项目风险评估责任主体对各专业的风险评估结果汇总、补充及调整，形成投资项目的风险清单。经济评价时将项目中需要关注的等级较高的风险，融入经济评价的过程，使用量化分析工具和方法，量化评估风险对投融资和财务指标的影响，根据项目需要开展多因素敏感性分析、情景分析、压力测试等工作。

中石油海外项目投资决策支持管理体系的建设科学指导了中石油海外重大项目投资决策，形成了一套行业借鉴模板，提高了决策效率与准确性，为海外优质高效发展提供坚实的支撑。虽然企业投资项目决策分析和过程管理是保证项目经济效益的重要途径，但企业项目投资并非一定可以获得投资收益，也具有较大的风险。需要企业投资决策人员具备较强的风险预测能力和市场把控能力，因此投资项目决策在企业财务管理中占有非常重要的地位，决策失误将会使企业遭受重大损失，加强企业投资项目决策分析和过程管理具有十分重要的现实意义。①

① 李红标．企业投资项目决策分析与过程管理探讨［J］．财富时代，2020（4）：157+159.

第八章 人力资源管理创新

“千秋基业，人才为本”。我国一直重视加快建设创新型国家，创新是引领发展的第一动力，是建设现代化经济体系的战略支撑。企业要发展，必须积极贯彻落实国家相关政策，搭建科学、合理的人力资源管理体系，激发员工作为第一资源的优势和潜力，实现企业人力资本第一竞争力，形成人人渴望成才、人人努力成才、人人皆可成才、人人尽展其才的良好局面，让各类人才的创造活力竞相迸发、聪明才智充分涌流。

当前，大数据、云计算、物联网、移动互联网等现代技术迅猛发展，“互联网+”新业态发展壮大，企业人力资源管理与信息化技术深度融合。需要进一步转变观念，创新体制机制，统筹和优化资源要素配置，盘活人力资源，实现企业的高质量可持续发展。打破结构不合理、分步不均衡局面，促进员工合理流动，提高员工素质技能，加大外部市场开拓，提高劳动生产率，增强企业发展质量和效益。转变人力资源管理方式，对推动企业管理转型升级，持续提高管理效率，推动公司持续健康发展具有十分重要的意义。

在第26届全国企业管理现代化创新成果中，与人力资源管理创新相关的涉及组织岗位管理、基于组织学习的人才培养、人员优化管理、绩效管理和新型薪酬体系等方面。从行业看，涉及航天、电力、能源、石油、建筑、冶金、机械设备等产业；从效果看，创新成果均有助于企业综合竞争力的提升，创新管理方式取得了不同程度的经济效益和社会效益；从成果的应用性来看，成果具有可借鉴性，企业可根据自身情况选择性借鉴创新发展策略。

一、组织岗位管理创新

组织管理是指通过建立组织结构、规定职务或职位、明确责权关系等，以有效实现组织目标的过程，主要包括组织设计、组织运作、组织调整三个方面。组织管理赋予企业运营的机制和框架，并为之进行人事安排和资源配置，是企业管理的核心部分和环节。随着企业内外部环境的变化，企业也不断进行组织管理创新，调整组织结构，改善组织绩效。①

党的十九大报告指出，要坚持社会主义市场经济改革方向，着力构建市场机制有效、微观主体有活力、宏观调控有度的经济体制，深化国有企业改革，发展混合所有制经济，培育具有全球竞争力的世界一流企业。国资委《关于进一步深化中央企业劳动用工和收入分配制度改革的指导意见》及系列配套文件指出，现阶段中央企业改革核心就是构建与自身功能定位相匹配的激励约束机制，深化与市场化、国际化新形势相适应的用工分配机制改革，重点推进“管理人员能上能下、员工能进能出、收入能增能减”，激发发展新动力，增强中央企业活力和竞争力，不断开创企业全面深化改革新局面。在此背景下，众多国有企业加快转变组织管理模式，进行组织管理的调整与创新。

江西洪都航空工业集团基于专业能力建设及人才成长规律形成职级管理，构建职级与岗位“分制并行”的组织管理模式。“职岗分制，并行管理”将以“事”为中心岗位管理与以“人”为中心的职级管理相对分离，分别建立不同的评价标准，通过以“事”对岗位进行衡量，通过对“人”的职级进行衡量，通过两者的协同、匹配实现专业与流程协同、专业与岗位融合、岗位与流程适配、岗位与职级匹配，解决人、岗、能匹配的一致性问题，进一步促进员工职业发展通道的畅通，拓宽人才发展空间，稳定各类专业人才队伍，提升组织绩效，如图 8-1 所示 。

① 陈国权，孙锐. 组织管理视角下的个体学习与行为改造研究［J］. 科学学与科学技术管理，2013，34（1）：123-134.

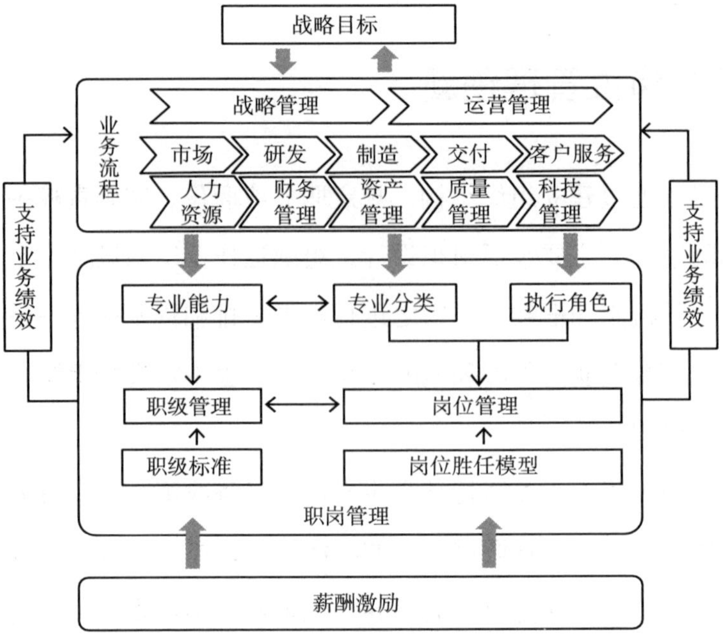

图 8–1 江西洪都航空工业集团职岗管理架构

岗位管理是组织管理的重要部分，以企业战略、环境因素、员工素质、企业规模、企业发展、技术因素六大因素为依据，通过岗位分析设计、描述、培训、规划、考评、激励与约束等过程控制，实现因岗择人，在人与岗的互动中实现人与岗、人与人之间的最佳配合，以发挥企业中人力资源的作用，谋求劳动效率的提高。

黄鹤楼科技园（集团）有限公司针对关键岗位价值被低估、人才发展通道不清晰、薪酬激励效果不显著等问题，通过梳理业务流程，对岗位工作进行分析，采取对标、分类、要素分解、排序等方法，进行岗位整理和分类，选择评价要素并采用集体评议的做法对岗位进行全面比较，确立岗位的相对价值并据此建立岗位价值序列的过程，有效解决了岗位管理时人岗脱离的困局，建立起标准明确、路径清晰、操作性强的员工职业发展路径，从而较好地调动了员工绩效改善的积极性，提升了企业的综合竞争力，如图 8–2 所示。

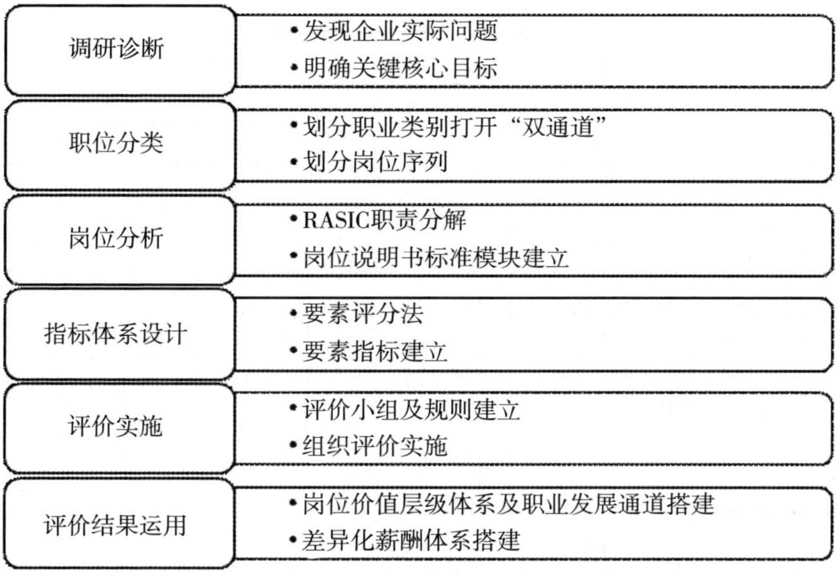

图 8–2　黄鹤楼科技园（集团）有限公司岗位价值评估做法路径

二、基于组织学习的人才培养模式

在知识经济快速发展的今天，越来越多的企业开始重视组织学习与人才培养，以促进企业发展目标的实现，使企业能在激烈的市场竞争中立于不败之地。

上汽通用汽车以快速培养适应新形势的高技能人才为目标，构建维修技能人才培养平台，围绕关键设备细分块选拔培养对象，从中选取并聘任技术块长，由其联合组队项目攻关，在攻关的实践中提高技能，快速成才。设立管理块长，搭建经验分享、成果共享的交流机制。每年度评选优秀项目和团队，进行表彰，树立先进典型。同时，完善维修人才的专业培训、宣传激励、等级评定等配套机制，加强舆论宣传，在等级评定和待遇上优先激励，发挥匠才标杆的带头引领作用，保障企业生产设备的高效运行，如图 8–3 所示。

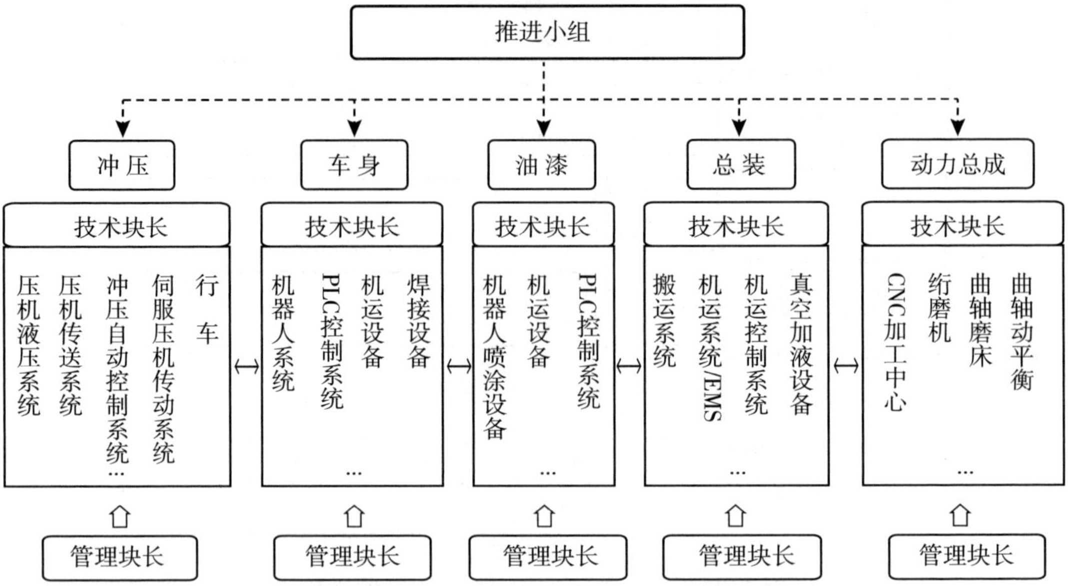

图 8-3　块长制维修技能人才培养组织

随着 90 后和 00 后新生代员工步入职场，他们个性鲜明的特点对企业在员工培养，尤其是在技能人才培养上带来了很大的观念冲击与方法挑战。他们对单调、一成不变的工作不再感兴趣，没有太多耐心在一个岗位上沉浸太久。他们具有较强的好奇心和求知欲望，更热衷于具有挑战性的工作，把攻克难关看作是一种乐趣、一种体现自我价值的方式。他们渴望尝试不同的职业领域，渴望成功，期望得到认可，对企业的需求不再是单一的物质的需求，还要求企业能为员工提供职业发展与职业成功的机会与能量，使他们具有竞争能力。[①] 新生代的技能员工是企业实现长远发展的人才基础保障，因此如何对新生代技能员工进行科学有效的培养与管理，使他们迅速成长，充实企业的人才队伍，成为企业的中流砥柱，是企业当前与未来面临的重要课题。[②]

台山核电合营有限公司为激发新生代员工创造力，开发“三式”学习管理方法。

① 傅红，段万春．我国新生代员工的特点及动因——从新生代各种热门事件引发的思考［J］．社会科学家，2013（1）：88-91.

② 侯烜方，李燕萍，涂乙冬．新生代工作价值观结构、测量及对绩效影响［J］．心理学报，2014（6）：823-840.

由跨部门、跨专业、跨领域的人员组成核心团队，负责整个“三式学习”机制的搭建与统筹实施，并结合实践不断迭代、优化。每一位“三式学习”的参与者都由“三式学习”的核心团队负责对其进行激励和赋能。“三式学习”通过分享式、体验式、启发式的学习方法，按照涌现、提炼、分享、应用四大步骤，使用分享、沙龙、大讲堂、知识卡、课程五种形式，将员工个体的创新实践通过桃子模型，如图 8–4 所示，知识链式迁移内化模型进行具有普遍价值的提炼总结和快速传播扩散，从而在企业内部形成个体创新案例、提炼普遍性经验、广泛快速分享、跨界应用，再创新、再提炼、再分享、再应用的良性循环和螺旋式上升的全员创新机制，如图 8–5 所示。

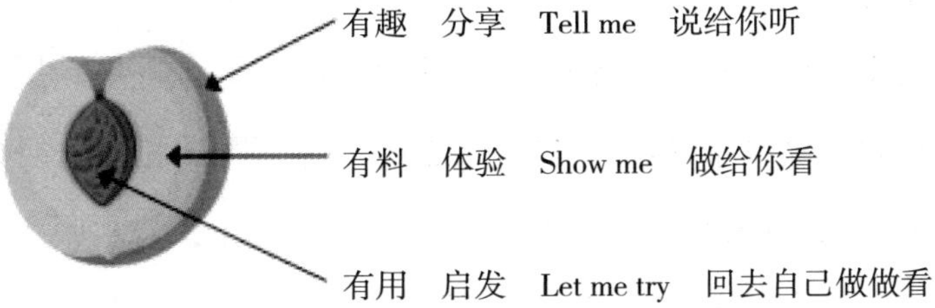

图 8–4　三式分享的桃子逻辑

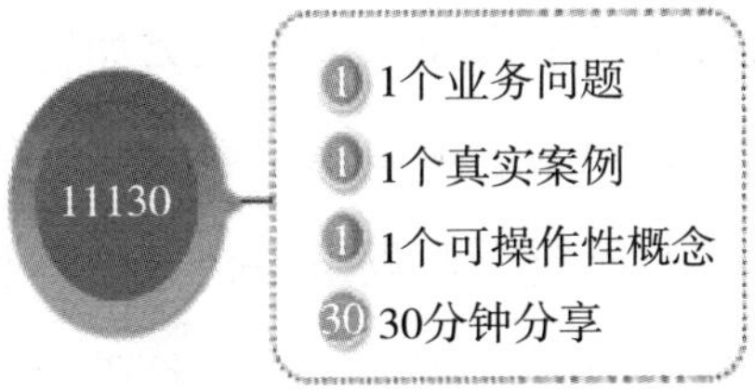

图 8–5　三式分享的运作方式

三、人力资源结构优化管理

人力资本是企业最重要的资本，只有将人力资本与企业的物质资源有机结合起来，企业才能有效地创造财富，才会有经济效益和社会效益。然而，随着企业的发展和不断变化，企业内部可能出现员工供给与员工需求不相匹配、人员的结构性矛盾等问题，需要企业根据变化进行人员优化配置，完善运行机制，以保障企业长期稳定发展，人本管理在人员优化管理方面起到至关重要作用，所谓人本管理，就是“以人为本”的管理，它把人力当成资本，要求尊重人性、尊重个性、注重个人发展、认可员工价值。它以开发和利用人力资源为基本内容，通过组织、协调、控制、监督等手段对人力资源进行开发整合，以使组织中个体和团体发挥最大的潜能，使人尽其才、才尽其用。①

中国石化中原油田公司制订油田“两个三年”和“两个十年”发展目标，扎实推进人力资源优化配置，优化管理体制，组织开展岗位竞聘，显现富余人员，推进核心业务资源优化，提升信息化水平，推进社区业务整合重组，提升管理信息化水平；完善运行机制，建立能进能出的一体化用工统筹配置机制。搭建人力资源共享平台，打破单位和岗位限制，畅通油气开发、油气服务、公共服务“三支队伍”人员跨界流动通道；加大外部市场开拓，着力打造“中原气服”“中原服务”一流品牌，让每一名员工都成为创效点。同时强化精准培训，提升员工技能，配套托底政策，畅通岗位人员退出机制，构建员工基本生活保障机制，健全困难群体帮扶救助体系，保障员工利益，油田业务结构和人员配置更加合理。

北京能源集团有限责任公司为了解决重组融合中“组而不融”的问题，抓住领导人员融合这个关键，通过对所属企业重组整合、重塑管理构架，为领导人员优化配置搭建业务平台；坚持公平公正、依事择人，打破上下层级壁垒，在全集团大范围交流调整、择优选拔、优化配置领导人员；建立民主推荐、竞争上岗长效机制，为优化配置扩大人才库；强化制度、程序，实现领导人员选拔任用规范化；加强对领导人员的关爱激励，建设风正气顺的优良环境；建设领导人员管理信息化平台，提升领导人员配置管理的效率和水平等一系列举措，实现了领导人员融合，大大激发了领导人员凝聚力、向心力，促进了集团业态融合、管理融合、文化融合，实现了企业协同发展、经济效益大幅提升的目的。

① 姚作为．人本管理研究述评［J］．科学学与科学技术管理，2003（12）：68-73.

国网陕西省电力公司针对现有人才管理体系中存在的一线员工基数庞大，但技术技能人才队伍数量不足、梯次不合理、专业不平衡等问题，进行了以价值贡献为导向的双通道人才（技术型专家、技能型工匠）管理创新实践，旨在聚焦企业核心人才，为技术技能人员成长成才畅通渠道，倡导扎根一线、深耕专业的工匠精神，发现和培养优秀技术技能人才，发挥人才的专业引领和权威作用。企业遵循基层人才成长规律，坚持以用为本、贡献为主、一线倾斜的原则，通过“两个创新”（即以价值创造、业绩贡献为导向的人才选评新标准，以专业主导、岗位贡献为主导的人才培养激励新模式）、“两个加强”（即加强人才激励的广度和力度、加强实施人才培养专项工程），实现“两个促进”（即促进人才盘点、促进队伍建设）的人才发展管理模式，同步开展平台建设工作，相互承接、相互呼应、相互支撑，有力保障企业发展，如图 8–6 所示。

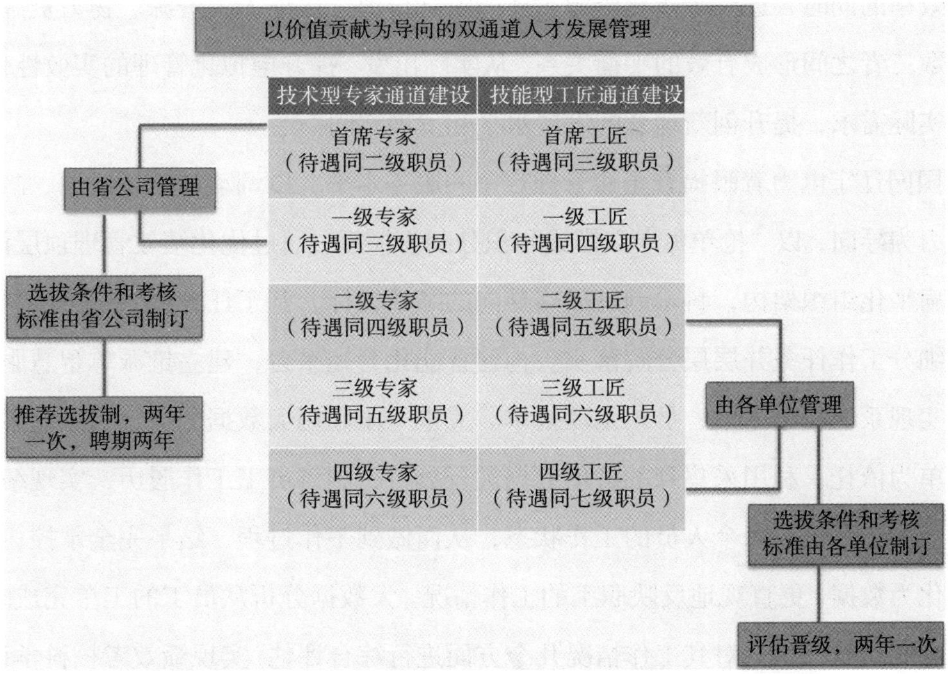

图 8–6 技术型专家、技能型工匠双通道建设结构

四、精细化的绩效管理设计

人力资源管理是站在如何激励人、开发人的角度，以提高人力资源利用效率为目标的管理决策和管理实践活动，绩效管理在人力资源管理中处于核心地位，其通过设定科学合理的组织目标、部门目标和个人目标，为企业员工指明了努力方向。[①] 随着知识经济的发展，人力资源管理信息化越来越成熟。越来越多的企业通过导入人力资源管理系统，建立了一个综合性的、功能丰富的人力资源绩效管理平台，实现了企业人力资源绩效管理的现代化。在新时期，积极运用信息化技术水平具有非常重要的意义和社会价值，需要企业结合自身需求，建构更加完整的系统化处理模型。企业要将人力资源管理体系和信息化运维操作系统结合在一起，提升人力资源管控效率的同时，进一步优化资源主体的实际价值，保证人力资源、物力资源、技术参数三者之间形成有效的平衡关系，从实际出发，提升虚拟化管理的实效性价值，结合实际需求，提升创新理念的发展水平和发展空间。

国网辽宁电力着眼提升企业管理效率和服务水平，以调动员工积极性、激发企业活力为导向，以“抢单派单”模式和积分制为抓手，通过优化绩效管理顶层设计，建立扁平化组织架构，科学制订战略导向的绩效目标，基于任务分级进阶机制，差异化细分工作任务并层层分解落实。构建智能化管控平台，建立抢派单智慧服务系统，实现系统科学派单、员工主动抢单。并进一步利用大数据分析，以系统中归档的工单为依托，利用采集到的各项数据进行分析，制订员工工作履历，实现绩效实时采集、实时监控每个人员的工作状态，从而做到工作过程、结果完全掌控，并将其量化为数据，更直观地反映职工的工作情况。大数据分析从员工的工单完成时长、工单完成质量及团队对其工作情况几个方面进行综合评估，实现绩效考核科学评价，为绩效考核评价提供有力支撑。将新型绩效管理模式固化后，建立人员反馈和系统反馈闭环管理机制，促进自我进化、持续提升。

---

① 杨德新. 我国国有企业绩效管理问题研究综述［J］. 河南社会科学，2015，23（6）：117-119.

中国北方发动机研究所建立了以创新激励为导向的研发绩效考核体系，以自主创新、价值创造为统领，以部门绩效为基石，以项目团队绩效为牵引，以骨干员工绩效为保障，通过不断完善和构建以创新激励为导向的三位一体的研发绩效考核体系。部门绩效从“履行强军首责情况、高质量发展情况”两个方面明确了三级指标体系，项目团队绩效按照“一项一策”的方法，按照项目类别构建了有针对性的二级指标体系，骨干员工绩效依靠“重点关键岗位、核心技术岗位”两个职业发展通道，搭建了两档多级薪酬分配体系，畅通了科技人员职业生涯通道，为实现科技人员“高目标高薪酬、低目标低薪酬”奠定基础。

在当前我国建筑业全面实行项目经理责任制背景下，中铁七局集团有限公司（以下简称中铁七局）针对现阶段施工企业的项目经理能力管理比较混乱，因而限制了项目经理积极性的发挥、弱化了提高企业绩效水平动力的问题。中铁七局秉承人尽其才的用人理念，以“积极构筑开放、包容、充满活力的人才开发激励机制，不断凝聚人心、团结力量，推动企业向高质量发展”为指针，在项目经理培养及选拔任用方面，坚持把握以提升项目经理能力、优化项目经理配置、提高项目经理管理绩效水平为企业长远发展的方向，通过构建透镜模型揭示项目经理能力测评原理，基于项目经理在施工项目各阶段职责和任务，建立项目经理工作清单。根据工作清单，从知识维、技能维、素质维提取项目经理能力测评的 15 项指标，构建项目经理能力测评体系，对项目经理能力进行测评，为项目经理培养、选拔、任用和绩效考核提供科学依据，促进项目经理能力水平持续提升，实现项目经理资源优化配置，提高企业经营绩效，为保障企业可持续高质量发展奠定基础，如图 8–7 所示。

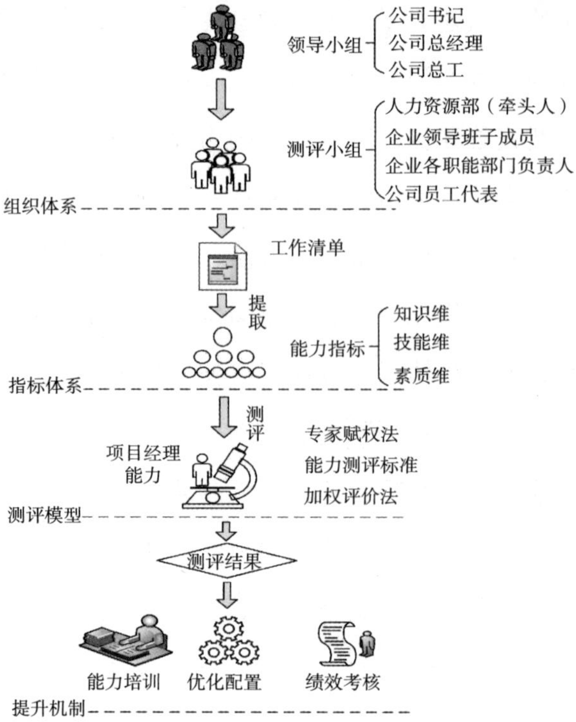

图 8-7　项目经理能力测评管理体系

五、多维动态的薪酬体系

薪酬体系是企业整体人力资源管理体系之重要组成部分。它直接关系到企业人力资源管理的成效，对企业的整体绩效产生影响。灵活有效的薪酬制度对激励员工和保持员工的稳定性具有重要作用。近年来，众多企业开始探索新型工资和薪酬体系，建立了以提高绩效和以人为本为核心的多维度管理模式。

双星以实现集团根据“创造价值、分享价值”的价值观和“参与约束、激励相容”的激励原则，开放并学习全球先进企业的成功经验，建立和实施 “1+3”目标及考核机制。“1”是安全目标，是一切发展的基础和前提。“3”是经营目标、发展目标、管控目标。同时建立由基本薪酬、绩效薪酬、分享薪酬共同构成的三维度薪酬制度，通过价值分享让员工与企业形成“利益共同体”，从而实现共创、共享，使员工真正成为企业的“事业合伙人”，最终实现“事业共同体（合伙）+ 利益共同体（分享）= 人企命运共同体”，让每一个员工都成为公司的主人，全面激发员工干事创业的活力和创新能力，如图 8–8 所示。

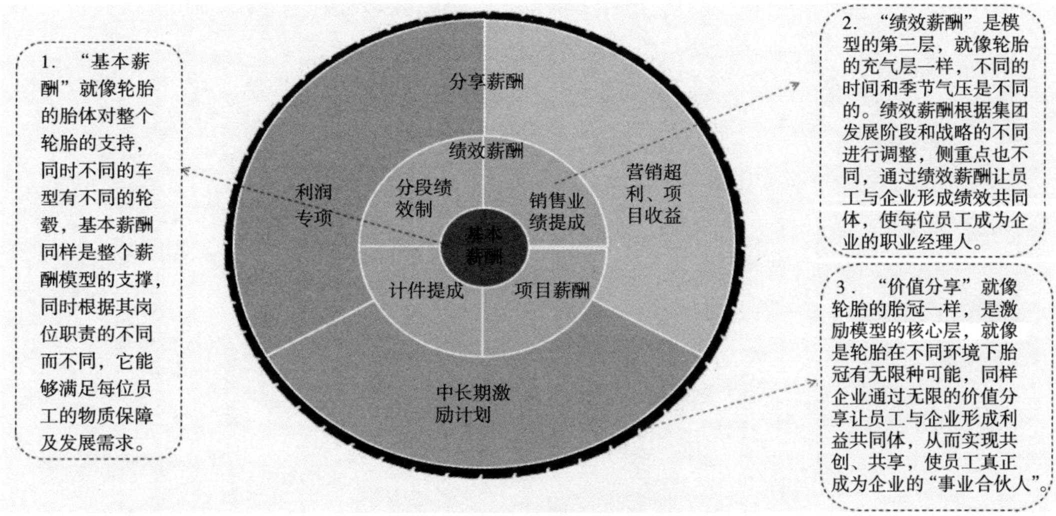

图 8–8　三维度薪酬机制

中铁六局为了破解原有员工总量和工资总额不相关联的积弊，挖掘提升劳动生产率内在动力，促进企业经济效益和员工收入的协调发展，建立了以劳动生产率为核心的员工总量和工资总额联动管理。联动管理在遵循生产效率优先、关键指标联动、确保最低保障、激发最大潜能的思路引领下，通过创建对标体系，确定合理的预算年度劳动生产率目标；结合所属各单位预算年度营业收入目标，求出完成营业收入目标所需的合理的员工总量目标；员工总量与员工工资水平目标相结合，形成与营业收入相匹配的工资总额目标；同时根据所属各单位年中、年末实现的营业收入，调整员工总量和工资总额目标，促使所属各单位主动对标，并积极采取机构整合、内部交流等措施，合理调控员工总量，形成劳动生产率决定员工总量，员工总量影响工资总额，工资总额反作用于劳动生产率的联动机制。通过实施联动管理，在员工总量得到控制的情况下，持续提高了劳动生产率，在企业效益不断增长的基础上，工资总额分配更趋合理，员工收入稳步提升。

案例篇

第九章 中国中铁：基于四级责任矩阵的工程项目全要素成本管理

随着我国经济由高速增长阶段转向高质量发展阶段，企业必须从粗放扩张向质量效益转型升级，因而要更加关注资源消耗、关注投入、关注成本，努力以最小的成本获取最优的效益；要把质量效益、成本管理放在更加重要、更加核心的地位来抓。中国中铁股份有限公司（以下简称中国中铁）是集勘察设计、施工安装、工业制造、房地产开发、资源矿产、金融投资和其他业务于一体的特大型企业集团，是全国首批“创新型企业”，拥有45项总承包特级资质，业务范围涵盖了所有基本建设领域，施工地域遍布全国各地和全球92个国家（地区）。中国中铁作为国家基础设施建设领域的国家队和引领者，主动适应新时代经济发展新要求，从企业战略层面、企业整体层面重新审视，全面加强成本管理，筑牢发展根基，以企业高质量发展助推经济高质量发展。

中国中铁在全面践行公司提出的“微观成本管理很重要，宏观成本管理更重要”的工程项目成本管理理念的过程中，全面创新成本管理方法，在深入分析企业成本数据的基础上，识别和确定影响工程项目成本的关键因素，明确股份公司、集团公司、工程公司和项目部四个层级的成本管理职能定位和管理责任，建立四级责任矩阵，采取有效措施，系统推进工程项目以“企业组织全层级、项目管理全过程、内外因素全方位”为主要特点的全要素成本管理，通过提高企业层面的宏观成本管理水平，带动项目层面的微观成本管理水平提升，形成项目成本管理张弛有度、合理分工、分进合击的态势，实现工程成本的最优，全面提高了企业工程项目成本管理水平，有效促进了企业高质量发展。

一、转变成本管理理念，确定全要素成本管理思路

（一）确立“微观成本管理很重要，宏观成本管理更重要”的理念

2016年中国中铁提出了“微观成本管理很重要，宏观成本管理更重要”的理念。工程项目宏观成本管理，主要是指项目成本管理过程中，对不受或较少程度受到项目自身影响的成本管理行为，是相对于项目微观成本的企业综合成本管理，主要为公司层面的管理；工程项目微观成本管理，主要是指项目在一定的资源配置条件下，对项目成本进行有效控制的管理行为，主要为项目部层面的管理。中国中铁认为，只有提高企业层面的宏观成本管理水平，才能带动项目层面的微观成本管理水平提升，实现项目成本管理的帕累托最优。3年来，这一理念得到全公司上下的广泛认同和深入践行。

（二）确定全要素成本管理思路

工程项目全要素成本管理是涉及企业组织全层级、项目管理全过程、内外因素全方位管理内容的系统工程。中国中铁从股份公司层面进行战略思考、统筹规划、协同推进，制订工程项目宏观与微观成本管理指导意见，明确指导思想、管理目标、实施路径、遵循原则、具体方法和保障措施。在实施路径上，提出以各层级公司为责任主体，推进宏观成本管理；以项目部为责任主体，推进微观成本管理；以公司和项目部为协同主体，推进宏观与微观交织成本管理。在遵循原则上，明确分系统组织的原则、分层级管理的原则、协同管理的原则、因地制宜的原则、全过程管控和全要素管控的原则。

二、识别关键影响因素，建立新型项目成本管理结构

（一）识别关键影响因素

中国中铁采集了近年来包括中铁三局、四局、五局等13个综合工程局和中铁大桥局、隧道局等5个专业工程局的项目成本数据资料；中铁二院等6个设计院的成本及造价管理样本数据和分析资料，这些资料涉及铁路、公路、市政、房建、城轨等板块的3499个在建项目。通过统计分析、模糊层次分析（FAHP）及专家评审等多种方法，共识别出19项影响项目成本管理的宏观与微观关键因素；通过各项因素对项目成本的影响程度进行定性、定量分析，形成每项因素对项目成本影响的权重值。权重结果显示，宏观类因素占总权重0.715，微观类因素占总权重0.285，这一结果也验证了公司提出的“微观成本管理很重要，宏观成本管理更重要”理念的正确性。

（二）建立新型项目成本管理结构

根据公司和项目部在关键因素中的作用和关系，建立了新型项目宏微观成本管理结构。在关键因素中，宏观成本管理包含国家政策、地方法规、行业造价体系3项外部环境因素和项目整体标段选择、投标报价策略、项目管理层级设置、内部施工区段划分、制度体系建设、企业要素资源配置、工程公司层面专业化公司、安全质量管理8项内部管理因素；微观成本管理包含项目要素资源管控、安全质量管控、工期进度管控、工程数量管控4项现场管控因素；宏微观成本管理交织部分包含成本管理预控、“五书”、二次经营（指在工程项目实施过程中，为实现项目质量、安全、工期、环保、效益等目标所进行的设计变更、合同变更、政策性费用调整、索赔等增加项目经济效益的生产经营活动）、收尾管理4项内部管理因素。其中“企

业要素资源配置”因素包括劳务分包管理、材料集中采购、机械设备管理、现场经费管理、项目税负管理、临时设施标准、项目人才培养7个子因素；“五书”包括施工合同、施组方案、责任成本预算、变更索赔策划、经济承包责任书5个子因素；“项目要素资源管控”因素包括劳务现场管控、材料现场管控、机械现场管控、现场经费管控、项目税负管控5个子因素，如下图所示。

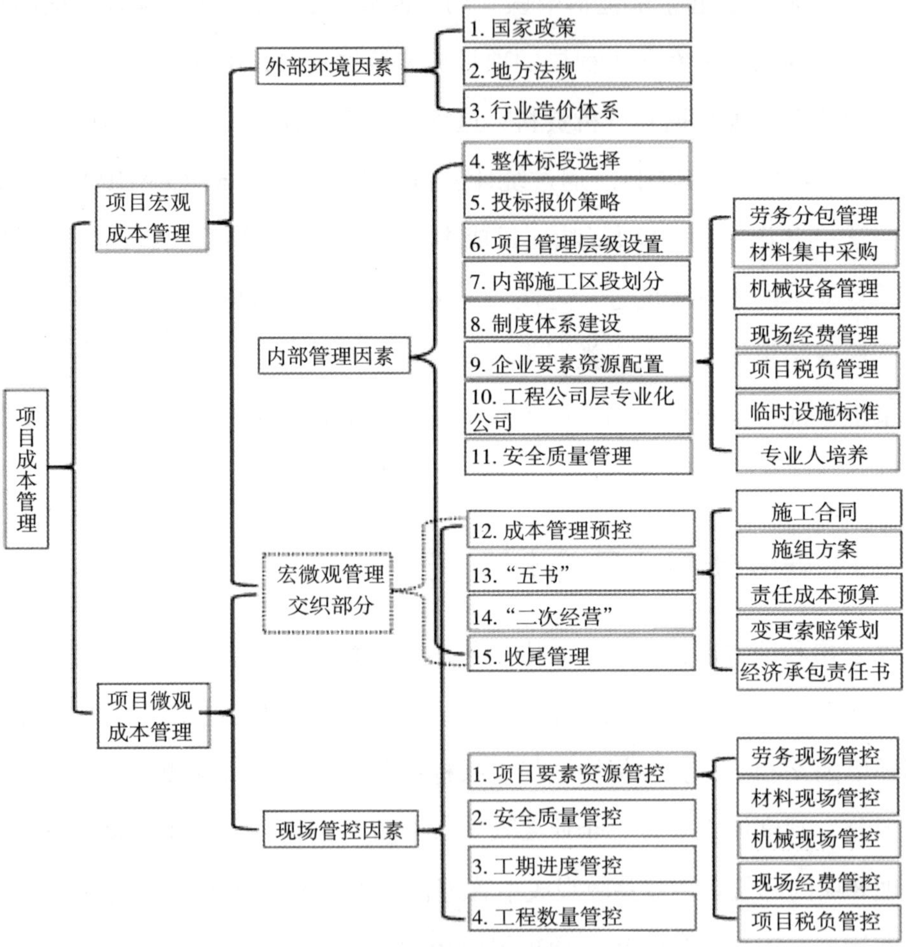

图　项目成本管理树状结构

三、明晰成本管理职责，构建四级责任矩阵

（一）明晰四级管理职责

根据各层级对关键因素的管理责任，中国中铁对工程项目管理各级主体的职能定位进行调整和明确。其中，股份公司是项目成本管理的指导层，重在宏观指导、重点监督和系统协调，负责构建股份公司成本管理组织体系和制度体系，以及全公司成本管理的指导、督查工作；二级集团公司是项目成本管理的管控层，重在落实股份公司成本管理政策、宏观成本把控，建立成本管理体系，负责所属单位成本管理的组织、推进、督导和监控工作；三级工程公司是项目成本管理的主责层，是项目成本管理的责任主体，重在执行二级公司成本管理制度办法、建立成本管理体系、抓好日常推进与总结提高工作，负责所属各项目部责任成本预算的编制下达，组织和落实项目部期中、期末考核兑现；项目部是项目成本管理的执行层，重在执行各项成本管理制度，落实成本过程控制责任，实现项目成本管理目标。

（二）构建四级责任矩阵

按照“指导、管控、主责、执行”四个责任类别，明确四个层级主体对宏观与微观因素的具体职责，建立责任矩阵，全面修改完善项目基础成本管理流程，形成“项目成本管理预控流程、项目责任成本管理体系流程、责任成本管理流程、项目经济活动分析工作流程”四项基础成本管理流程，并配套了流程说明，提升了项目成本管理规范性。

四、突出公司主体责任，推进宏观成本管理

（一）主动影响国家政策法规及行业造价体系

对于国家政策、行业标准和定额体系对整体市场和企业发展的基础性规范和全面性影响，中国中铁主动提出合理化建议，一定程度上促进政策法规标准定额向有利于市场和企业健康发展的方向修订制定。例如，针对工程验收预留金、审计预留金等 14 类保证金给施工企业带来严重资金压力等问题，研究各类保证金收取情况和影响，向国家发展改革委、住房和城乡建设部等部委反映情况并提出有关建议，促进国务院研究并清理了不合理保证金；针对建筑业实行“营改增”之初，由于进项税额不能充分抵扣等原因，税负预计将同比增加 2 个百分点左右的问题，牵头组织八大建筑央企开展测算分析，多次向财政部、国家税务总局等汇报反映，提出调整建议，促进国家充分考虑建筑业的实际情况和困难，并在正式的财税政策中对有关税率进行了对应调整；针对工程行业整体造价水平涨幅远远低于市场成本增长幅度、工日指标价格远远低于市场实际价格、企业不得不承受“政策性亏损”等问题，深度对接各大行业标准制定单位，参加《铁路路基、桥涵、隧道、轨道、站场工程预算定额》等各类标准修订和有关课题专家评审工作，提出近千条意见和建议，助力修改《铁路工程工程量清单计价规范》《铁路隧道工程预算定额》等 11 项标准，促使铁路工程造价标准更趋合理。

（二）优选投标项目和标段

在区域及板块选择上，通过纵横分析优选投标项目，纵向分析各类板块总体盈利能力，横向分析各省市区域中各类板块盈利能力，通过纵横向交叉点的选择，找准该区域的重点经营板块进行发力，尽可能避开竞争惨烈和利润太低经营区域及板

块；在标段选择上，综合分析招标项目各标段的“经济效益、风险因素、社会环境、施工条件、地质风险、交通条件、环保水保、企业专长、材料设备、竞争对手”十大影响因素，优选标段，重点经营；在经营底线上，坚持守住经营底线、不搞无序竞争和恶性竞争的原则，明确“五不投”，凡是“垫资的、经测算毛利率低于8%的、工程进度支付比例不足80%的、需缴纳各类名目现金保证金总额超过合同额15%的、以购买金融类产品为条件的”工程项目，各层级均不得进行投标，从源头上杜绝风险；在标前评审上，坚持“四必须”，必须深入调查现场、市场和发包人资信，必须做优施工组织设计与专项方案，必须切实履行合法合规审查，必须做好投标阶段的成本测算，最大程度识别风险、制订对策。

（三）优化项目管理层级

对于以集团公司为合同主体的工程项目，对体量较大、施工技术难度较高、施工组织较复杂、配合专业较多的项目更多采用指挥部模式；对体量适中、技术相对成熟、工程公司投标贡献度高的项目更多推行代局指模式。对于以工程公司为合同主体的工程项目，试点推行项目群管理模式，对工程公司同一区域内的多个项目，设置一个项目经理部，配置项目部班子成员和五部两室，统一管理区域内的多个项目，每个项目只设置常务副经理及现场管理机构，不再设置其他管理岗位，整合区域内管理资源，统一管理标准和对外协调机制，效果明显。如中铁四局南宁区域经理部，管理了12个工程项目，与传统的每个项目都设置一个项目部相比，人员至少减少160人，年均节约经费约3200万元。

（四）合理划分内部施工区段

内部施工区段划分往往取决于管理者的经验和多个施工单位的博弈，常常会造成任务划分不合理、资源不匹配、要素资源浪费和成本增加等问题。通过对7个铁路项目内部48个项目区段划分规模、管理人员、管理经费、临时设施等现场数据进行研究，发现铁路项目施工任务划一般分成6亿~8亿元时，人均年产能较高，管理经费率和临时工程投入产出率适中，组织管理效率较高，综合管控效果较好；划分为6亿元以下的项目，人均年产能较低，管理经费率较高，临时工程投入产出率较低，综合管控效果一般；划分为8亿元以上的项目，管理经费率较低，临时工程投入产出率高，人年均产能较高，但通过数据分析发现，规模越大时，组织管理跨度及安全质量管理风险也在逐级加大，综合管控效能加速下滑。依托研究结果，结合现场工点分布和作业面情况、技术重难点、投标文件、施工合同、现有资源配备、施工经验、自然条件和施工条件等因素，形成了不同行业板块工程项目任务及区段划分标准，并与项目“一定编两定额”配套，为项目区段划分和机构人员配置提供参考标准，促使大型项目施工区段划分更加高效、合理。

（五）深化要素资源集约化管理

创建共赢共生的劳务管理体系。一是树立共赢共生理念，把重点从追求依法合规招标和审批向整合劳务资源、实现共同发展上转移。二是搭建劳务分包资源的信息平台，建立中国中铁合格供方名录，并明确所有项目必须从合格名录中选用分包商的底线要求，对单个项目限定选用分包商队伍的数量上限，确保具备一定的生产规模。研发应用中国中铁劳务人员信息管理系统，全面推行信息化实名制管理。三是开展分包商综合考核，项目部进行日常考核，考核结果会公示每家分包商好的和差的工作事项，督导其改进。工程公司实行季度考核，对存在问题较多的分包商进行约谈。集团公司实施年度考核，对考核不合格的分包商列入黑名单。四是实行优质优价分包机制，对信用高、实力强、成绩好的分包商给予其优先选择工程、优质分包价格、优先付款的“三优”资格，鼓励其把分包工程做得更好；同时，针对各类工程的关键工序和环节，重点培育受企业直接控制的劳务公司、由企业组建的专业作业队，发展自身的核心产业工人队伍。

深入推进物资集约化管理。构建四级物资集约化采供管体系，分类负责工程项目物资管理。依托战略采购和区域框架协议体系，对战略合作厂家以锁定年度价格、项目价格或其他合理定价方式，进行集中采购。对于无法实施战略采购和区域框架协议采购的物资，建立名录制采购模式，依托供应商准入和评价分级体系对供应商进行分级分类管理和动态考核。全面推广中国中铁鲁班电子商务平台与阿里巴巴电子商务平台的应用，集采购管理、采购实施、采购监督、信息收集和处理于一体，实现采购管理创新与信息技术的深度融合。同时，不断完善平台的信息查询和数据生成功能，及时收集和准确分析物资需求计划、采购、验收、发放、存库等管理信息，提供信息化采供管服务。

对设备进行分类管理。针对大型特种设备，通过“中铁装备 + 工程局”联合研发、“中铁资本 + 工程局”融资租赁、战略外购等方式获取，由专业工程局集中管理。例如，研制的 3600 吨起重船“海鸥号”，应用于中铁大桥局平潭桥项目，增强了企业大型跨海大桥建设能力，巩固了企业在该专业工程领域施工的国内外领军地位；研制的刀盘直径 15.80 米（目前国内最大直径）的泥水平衡盾构机“春风号（中铁 588 号）”，应用于中铁隧道局深圳市春风隧道项目，形成了隧道盾构施工领域的领先优势；针对专用机械设备，组建专业化机械设备公司进行集约化管理，以专业的人才集中统一管理专业的机械设备，发挥集中与规模优势，提升管理水平节约管理成本；针对通用机械设备，通过内部自有、社会资源、分包商自带等方式满足项目施工生产需求，纳入项目集中使用和维护。

规范现场经费管理。一方面，将现场经费管控贯穿项目全生命周期，覆盖发生费用的全要素，落实到项目部全员身上，严格执行“一定编两定额”，做到事前预控、过程严控、事后掌控。另一方面，按照“管好生产是管好成本的重要前提”的理念，深入推进专业化、科技化、机械化、集中化、标准化、工厂化“六化”生产，以高效的生产实现整体费用的节约。

综合规划临时设施建设。结合项目具体施工环境，在项目中标后依据经济性、适用性等原则，对临时设施建设标准及数量、造价费用、建设及使用时间、后续处理等因素进行全面分析，优化临时设施建设方案，并报送三级公司按照程序进行综合会审，批准后实施。在建设中，充分利用自有周转材料、区域内其他项目相关材料等提高现有材料利用率，节约成本。同时，对于便道、栈桥等大临或过渡性工程，按照永临结合进行研究策划，从源头上解决项目临建费用不足的问题。

（六）推进工程公司所属专业化分公司建设

为了降低项目物资、混凝土、钢结构、试验检测、测量等各类生产要素管理成本，提升专业管控水平，中国中铁以集约化、专业化、市场化为导向，推进专业化分公司建设。在工程公司层面统筹原归属项目部管理的各类专业要素资源，分别组建专业化分公司，按照其生产方式和资源管理特点分为加工生产型和技术服务型两类分公司。将专业化公司设定为工程公司内部一级组织，定位为项目成本管理体系的责任主体之一，主要履行保障施工生产、要素集中管控、专业人才培养、成本精细管理及培育内外部市场五项职能，工程公司对专业化分公司进行独立核算和绩效考核。专业化分公司与项目部签订内部承包合同，按照自身专业类别不同分别设置物资供管站、混凝土搅拌站、钢结构加工厂、机械设备租赁站、测量队等分支机构，派驻项目部依据合同约定为项目部提供专业化产品或服务。目前，综合工程公司基本上设置了物资、混凝土、试验检测等必要的专业化分公司。

五、强化项目部主体责任，推进微观成本管理

（一）强化要素资源管控

按照“核心资源、共赢共生，优胜劣汰、严管善待，信守合同、优质优价”的原则，把好“条件创造、资源保障关，交底培训、安全质量关，过程管控、考核评价关，成本管理、合理赚钱关，价款结算、资金支付关，组织建设、人文关怀关”的劳务队伍资源现场管控“六关”，推进全工序分包、流程卡管理、班组化建设，全面提升劳务分包管理水平；推进现场主材集中管控，保障材料有序供应。采用信息技术打造材料管理 “智能超市”，推进物资材料的计划管理、原材料进场验收

检验、半成品加工、配送、签收的全流程的责任落实，实现粗放计量向精细计量转变。对同一区域、同一公司的通用周转料和废旧周转料进行集中管理和市场化经营，减少浪费；提升机械设备使用率，在兼顾业主履约要求的同时，坚持机械设备与劳务资源的统筹调配，坚持先进性、经济性和适用性的统筹测算，推进同一区域不同项目机械设备的动态调配，将机械设备租赁计酬方式由原有的工天精确到工时，整体节约使用成本，严格规范操作和维修，保障安全高效运行；控制现场管理费用，依托"一定编两定额"，推进对费用的事前预控、事中管控，规范各项经费使用，减少费用支出；主动应对"营改增"，一方面规范外部各类分包商管理，在选用时优先选择可以开具增值税专用发票的单位，增加进项税来源；另一方面严格税负抵扣，做到应抵尽抵。

（二）适度主动优化工期

通过对被动压缩工期的样本项目进行工期成本分析，发现平均工期压缩率为19.22%，平均成本增加率为6.21%。依据测算分析结论，提出为避免被动压缩工期，可适度主动优化工期的管理策略。主动提出压缩工期的目标，分析进度压缩工序，综合考虑工序压缩对项目质量、安全、成本的影响，规划新增劳动力及设备的投入，采用新技术、新工艺等技术组织措施，在确保安全质量目标的前提下，实现合理工期下的成本最优。

（三）降低安全质量成本

工程缺陷对成本影响较大，如隧道工程项目交工前缺陷整治成本约为施工过程中缺陷整治成本的1.5倍，通车运营后缺陷整治成本约为施工过程中缺陷整治成本的10倍甚至更多，同时还要付出更多的隐性成本。为此，全公司推行工程首件制、隐蔽工程旁站录影制、工程质量实名制、联合检查签证制、班组长安全质量责任制、安全措施保证制等质量管理制度，落实劳务分包的优质优价和质量黑名单制度，建立质量隐患排查系统，依靠科技手段和先进装备，实现施工过程质量检测全覆盖，预防和及时消除质量缺陷。

六、加强公司与项目部协同，推进宏微观交织成本管理

（一）推进预控管理

针对预控管理中存在的措施不具体、策划与执行两张皮、预控效果差等问题，推进以项目管理策划和项目方案预控、项目责任成本预控为内容的“一策划两预控”管理，实现成本管理链条从“事中事后管理”延伸至“事前管理”，变被动应对为主动管理。公司编制工作指引，突出管理目标、产品清单等19项管理策划重点，制订临时设施及安全设施的标准化手册。建立专家评审制度，组建各类专家团队，对重点项目策划进行集中编制评审，对普通项目策划进行审核把关。同时，要求工程公司总经理必须亲自牵头组织相关专家进行方案预控，重大项目的方案预控必须由集团公司领导亲自牵头组织。建立预控措施调整审批机制，保持刚性执行，避免随意调整；通过过程检查，及时纠偏，保证适中可控；如铁路黄河桥项目通过方案预控管理，原采用5节拼装圆端形双壁钢围堰，优化为3节拼装矩形双壁钢围堰，降低了施工难度和安全风险、缩短了工期，节约成本1361万元。

（二）推进二次经营

中国中铁坚守法律和制度底线，以强化基础建设为抓手推进二次经营。构建涵盖中国中铁总部、二级集团公司等实体公司和指挥部、项目部等派出机构的自上而下、分进合击的二次经营组织管理体系，对项目实行“定目标、定方向、定方案、定方法、定奖罚”的“五定”预控，实行二次经营“重点督导、重点关注、一般关注”的分级督导管理制度；建立中国中铁、集团公司、工程公司三个层级和工经、技术、财务等专业类别专家库，依据项目不同情况对二次经营进行主导策划、精准指导、定期巡检、组织督导，提升二次经营过程工作质量；突出特殊经营，对于重

大的工程项目和重点题材，聚合专家力量进行集中策划，积极参与行业造价标准制（修）定，推进有利于项目成本的标准变化和定额提升。例如，在港珠澳大桥项目上，测定编制了28项166个定额子目，由广东省交通厅发布，成功将项目在成本上的合理诉求变成合同条款和定额标准，并作为该项目补充合同签订的依据。在拉林铁路项目上，组织推进高原铁路岩爆、高地温及软岩大变形等重大课题立项研究和评审，促成了铁总对高原铁路特殊地质条件施工定额测定，为后续造价标准调整和二次经营提供了依据。

七、完善保障机制，保证全要素成本管理持续改善

（一）完善制度体系

针对原有项目成本管理制度体系不健全和不对路的问题，依托项目管理实验室活动，对项目成本管理制度进行了持续的实践检验，进一步完善成本管理制度体系，全面提高管理制度的合规性、操作性、有效性和协调性。其中，股份公司负责对投标、责任预算、成本管理、分包、物资、机械、现场经费、资金管理、审计、绩效考核、考评、激励等指导意见进行修订，负责对市场营销、二次经营、管理机构设置、内部任务和区段划分、专业化公司和人才培养等宏观成本管理对象出台指导意见；集团公司依据股份公司指导意见，对管理策划、收益计取、清收清欠、经济稽查、定员定编等管理办法进行制订；三级公司依据集团公司管理办法，结合自身特点参照制订各类管理办法及实施细则，并对分包结算、工程量收方等管理办法进行修订。

（二）研发信息系统

中国中铁基于自身组织架构和管理模式，自主研发以工程项目为主体、制度流程为基础、责任预算为核心、过程管控为主措、资金支付为关口的工程项目成本管

理信息系统。该系统具有财务凭证制作功能，将工程项目成本管理和财务管理有机融合，工程项目的劳务、材料、机械、现场经费等全部成本费用支出均通过成本系统下发指令，项目部依托系统开展合同管理、方案预控、责任成本预算、验工计价、变更索赔、数量控制、费用控制、收方结算、核算分析、报表统计等日常业务工作，公司则依托系统实现在线实时审批、实时监控、实时预警等功能，并以资金支付为基本控制手段，对项目实施全业务覆盖、全过程管控，真正实现公司对项目成本的事后管理向过程即时管控的转变。

（三）严格考核激励

构建关键成本要素管理 KCI（Key Cost Index）指标体系，主要包括针对公司层面和项目层面的指标体系。其中，公司层面主要有责任成本预算编制质量、责任成本下达率、责任成本预算动态调整和考核兑现率指标；项目层面主要有针对责任成本预算执行效果的责任成本预算节超率、二次经营创效率和项目综合利润率指标。严格落实 KCI 绩效指标的全过程考核，在工程项目开工之初，在施工调查、施工组织方案比选优化和项目管理策划的基础上，在 3 个月内编制完成责任成本预算书，下达责任成本预算指标，签订经济承包责任书，确立 KCI 考核目标指标；过程中每季度对责任成本下达率、考核兑现率指标进行考核，兑现考核结果；每年度对责任成本预算节超率、二次经营创效率和项目综合利润率进行过程预考核，兑现年度绩效；项目完工决算后对责任成本预算节超率、二次经营创效率和项目综合利润率进行最终考核，兑现超欠预算利润指标奖罚。建立协同机制，为了保障公司和项目管理团队在全要素成本管理上的高效协同，股份公司每年度对各工程局，工程局每年度对各工程公司在关键绩效指标 KPI（Key Performance Indicator）考核的基础上，系统建立和严格实施了把成本管理的效果与年度绩效薪酬挂钩的考核机制，建立了把成本管理的效果与各级管理者提拔任用、岗位调整、岗位禁入挂钩，有效保证了全要素成本管理的高效协同和实际效果。创新激励约束机制，公司对一些规模小、工期短、风险可控的项目探索和尝试全额风险抵押、模拟股权分配等超额利润分配和风险分担机制，大大激发了项目管理团队管精、管细、管好项目成本的主观能动性。同时，通过方案计划纠偏、执行过程纠偏、收尾评价纠偏，实现工程项目成本全要素管理的持续改进。

八、案例启示

（一）将宏观成本管理与微观成本管理有机结合

宏观成本管理主要是法人层面的决策和管控，微观成本管理主要是项目层的操作与执行。宏微观成本管理是一个完整的有机构成体，企业最终是以盈利为目的的经济体，加强宏微观成本管理，提高企业市场能力和生产能力，以提高企业的盈利水平。企业层面科学决策，制订企业发展战略布局，建立健全成本管理体系，完善保障机制，提高资源配置效率，项目微观成本管理层面有效提高执行力，认真落实项目管理策划，牢固树立方案决定成本的理念，以落实目标责任成本为出发点，推动微观成本管理。中国中铁提出“微观成本管理很重要，宏观成本管理更重要”的理念。中国中铁认为，只有提高企业层面的宏观成本管理水平，才能带动项目层面的微观成本管理水平提升，实现项目成本管理的帕累托最优。中国中铁在全面践行公司提出的“微观成本管理很重要，宏观成本管理更重要”的工程项目成本管理理念的过程中，以各层级公司为责任主体，推进宏观成本管理；以项目部为责任主体，推进微观成本管理；以公司和项目部为协同主体，推进宏观与微观交织成本管理。强化宏微观分进合击的成本管理意识，形成围绕成本管控的各项业务持续优化氛围，显现出宏观与微观成本管理的行动自觉性，带动企业经济效益逐年提升。

（二）以四级管理职责为基础建立四级责任矩阵

责任矩阵是一种将工作任务分配、落实到项目执行组织的相关职能部门或个人，并明确表示出其角色、职责和工作关系的矩阵。通过责任矩阵，项目的各项工作都能落实到具体的责任部门或个人，确保人人有事做，事事有人管。中国中铁明确股份公司、集团公司、工程公司和项目部四个层级的成本管理职能定位和管理责任，建立四级责任矩阵，采取有效措施，系统推进工程项目以“企业组织全层级、项目管理全过程、内外因素全方位”为主要特点的全要素成本管理。按照“指导、管控、主责、执行”四个责任类别，明确四个层级主体对宏观与微观因素的具体职责，建立责任矩阵，全面修改完善项目基础成本管理流程，形成“项目大成本管理预控流程、项目责任成本管理体系流程、责任成本管理流程、项目经济活动分析工作流程”四项基础成本管理流程。通过建立全层级责任矩阵，优化全过程管理流程，实施全方位成本管控，有效破解长期以来困扰企业的工程项目成本管理难题，提高企业工程项目成本管理水平。

（三）建立保障机制为全要素成本管理续航

完善制度体系有助于全面提高管理制度的合规性、操作性、有效性和协调性，中国中铁针对原有项目成本管理制度体系不健全和不对路的问题，依托项目管理实验室活动，对项目成本管理制度进行了持续的实践检验，进一步完善成本管理制度体系。此外，健全的成本管理信息系统能够对项目实施全业务覆盖、全过程管控，帮助实现公司对项目成本的事后管理向过程即时管控的转变。中国中铁基于自身组织架构和管理模式，自主研发以工程项目为主体、制度流程为基础、责任预算为核心、过程管控为主措、资金支付为关口的工程项目成本管理信息系统。此外，识别关键成本要素，并构建关键成本要素管理指标体系，利用把成本管理的效果与年度绩效薪酬挂钩的考核机制，能够有效保证全要素成本管理的高效协同和实际效果。同时，通过方案计划纠偏、执行过程纠偏、收尾评价纠偏，实现工程项目成本全要素管理的持续改进。

第十章　江南造船：基于模型的数字造船体系构建

江南造船（集团）有限责任公司（以下简称江南造船）隶属于中国船舶工业集团有限公司，其前身是创建于清朝同治四年（1865 年）的江南机器制造总局，被誉为“民族工业的发祥地”和“中国产业工人的摇篮”，是首批 40 家国家级技术中心单位之一，全国首批 6 家技术创新试点企业，也是我国军工历史最悠久、研制军品型号最多、承建数量最大和战略性产品竞争力最强的军工造船企业。江南造船构建基于模型的数字造船体系是服务国家战略、支持国防建设、引领行业发展的战略需求。

船舶行业肩负着为国家安全提供海军装备的重任，中国船舶工业集团有限公司的研制任务具有建造数量大、交付周期短、技术含量高、质量要求严、系统复杂和使用频率高等特点，对提升快速供给能力，高质、高效、安全、绿色研制能力和管理能力提出了更高要求。基于模型的数字造船体系构建与实施，以提升造船质量、效率和效益为目标，以数字化转型为核心，打造基于单一数字模型的船舶研发、设计、建造和管理的全寿命周期数字造船新模式，是引领船舶行业高质量发展的重要支撑，也是实现造船强国的重要举措。

一、明确三轴四面总体思路，搭建数字造船体系框架

江南造船首先制订“战略引领，立足全局；把手工程，型号引领；系统谋划，分步实施；解放思想，创新突破”的推进方针，制订“三轴四面”的总体推进思路；

基于单一数字模型核心思想，对数字造船总体框架进行设计，从顶层指导基于模型的数字造船体系构建与实施。以船舶业务流程（合同设计、基本设计、详细设计、生产设计、工艺设计、建造、工程管理）为主线，对船舶总体、跨专业，以及船体、管系/风管、电气、外舾装、内装的各专业，全面运用基于单一数字模型、系统工程、轻量化设计、体验式设计、智能设计等新的理念方法，结合船舶行业业务实际进行流程再造，以工程应用为导向持续推进优化，如图 10–1 所示。

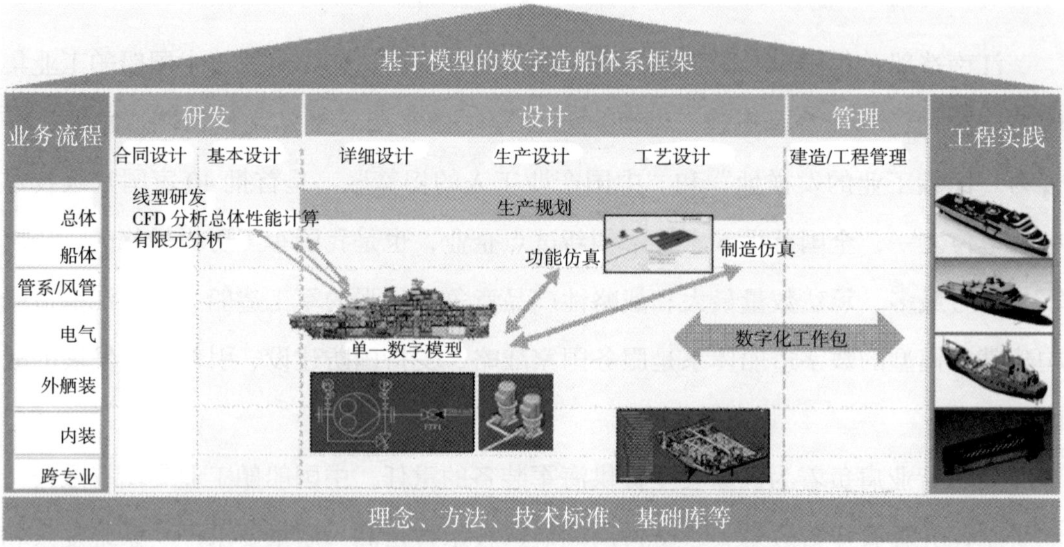

图 10–1　基于模型的数字造船体系框架

在船舶领域，由于行业特性和历史传承，设计与制造相对分离。总体所进行总体设计时，一般较少从建造角度考虑如何合理、高效；到了总装厂，需要再进行生产设计，重新进行三维建模。通过基于模型的数字造船体系构建，将工艺信息、几何信息、管理信息全部加载到模型上去，让模型更为“丰满”。以前在设计阶段，要对舱室的空间可达性、可操作性、可维修性，以及声场、气流场、光场、温度场等舒适性指标进行逐一分析，每项分析都要单独再建模型，耗费大量精力。现在，一个三维模型就可以分析全部要素，船东也可一目了然地看到船舶的整体情况。从纵向看，贯穿造船全生命周期的数字模型，让制造链条更为“顺畅”。基于一个平台，江南造船建立的三维模型，贯穿了从营销、研发到设计、制造再到交付、维修的船舶全生命周期，越往后，内容越丰富。一艘船舶在研发设计阶段呈现点、线、面模型状态，可满足计算机辅助工程分析；在生产设计阶段，呈现完整的实体模型和全息工艺模型；到制造阶段，转变成了工艺指令和数字化工作包指导制造。在整个过程中，以模型作为连接设计制造的桥梁，告别了传统的以“三维建模，二维图纸”的传递方式，设计人员、生产人员和管理人员以模型作为统一交流的语言，从而实现以二维图纸为中心的研制模式向以三维模型为核心的方式转变，逐步建立适用于船舶建造的数字化技术体系和方法论。

二、整合优势资源，创新组织结构

（一）成立公司重大专项团队，实现组织适应性变革

江南造船坚持信息化推进是“一把手工程”，在中船集团的战略指导下，构建公司级重大专项组，具体构成及职责为：第一层，为核心领导层，由董事长亲自挂帅，主要负责顶层总体规划，进行工程总体决策及重大资源协调；第二层，为项目管理层，负责总体组织和全面部署，制订和控制总体阶段工作目标、路线、计划，组织业务流程、方法论研究和实践，制订总体技术解决方案，制订实施激励和市场化方案；第三层，为核心业务层，主要参与业务流程、方法论的研究、讨论、定稿和完善，负责业务流程、方法论在本专业的实船应用；第四层，为技术支撑层，从专业、软件开发、设计应用、生产管理四个方面，参与各专业业务流程、方法论的研究、讨论、试验、优化，制订本专业技术解决方案。公司级重大专项组把设计、制造、管理等有关人员有序、有力地组织起来，发挥整体作用，确保稳步推进，如图 10–2 所示。

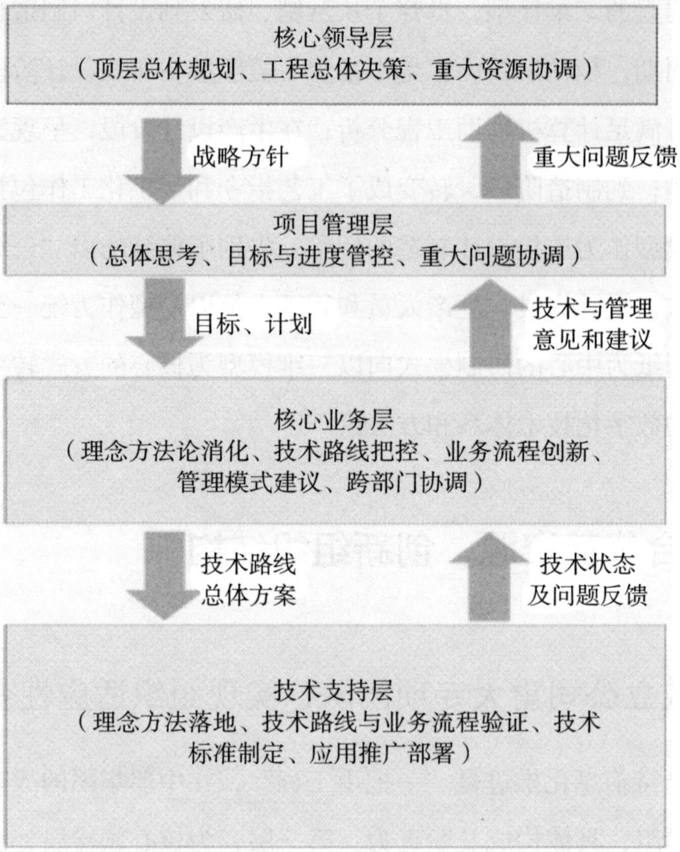

图 10-2 公司级重大专项组组织架构

另外，为进一步推动科技创新、体制创新，强化研发设计能力，江南造船将原设计部、开发研究部、信息技术部等多个部门整合，成立江南研究院（下设信息技术研究所、开发研究所、船体设计所、机装设计所、船装设计所、电装设计所、舱室环境研究所、科技质量室、总师室、博士后工作站、综合管理室等），将业务与信息技术等充分整合，极大地避免了“两张皮”现象。同时，在各生产部门成立了技术管理室，其使命是推进数字化技术变革在现场最后一公里的应用。

（二）成立全球化“特种作战部队”，突破关键技术瓶颈

作为船舶行业数字化转型的先驱，江南造船在推进初始阶段对新理念、新方法

的理解不深入，对新型平台型软件的知识面掌握不全，工作机理了解有所欠缺，类似“挤牙膏”式摸索黑匣子，以至于盲人摸象，不利于长远发展。为推进数字化技术在船舶研制中的应用，项目组联合国外技术专家，成立了一支既懂业务流程，又懂数字化技术的全球化“特种作战部队”（IPT），并编制管理制度，明确团队工作流程和职责。实施团队深入韩国、法国、美国等研发实验室，联合全球软件研发、船舶与海洋工程行业领域的顶尖专家，开展大量的技术研讨、平台测试等，创新定义了船舶研发、设计等流程，大幅提升数字化设计技术在船舶行业应用的成熟度，突破基于三维体验平台的体验式设计、骨架设计、CAD/CAE集成分析、船体全息工艺模型、逻辑到物理的关联设计、管系智能建模、复杂支架柔性设计、舾装参数化模板设计、电缆精确设计、创新设计交付物等设计方法，实现了基于模型的工艺、工装设计等，为船舶全行业的应用部署扫清了障碍。

（三）常态化开展技术交流与合作，掌握先进技术发展方向

为进一步推进数字造船新模式的发展，吸取更为广泛的资源及先进理念知识，江南造船联合各大高校、达索、船级社、总体所等国内外资源开展技术交流与合作。

一是以“产学研”带动创新能力建设。江南造船立足实际，积极探索建立“牵线搭桥、项目合作、共建平台、人才交流”的产学研合作模式，以产学研合作创新促进科技进步。与上海交通大学围绕数字化设计、智能制造及相关多元产业等领域密切合作，联合攻关。与天津大学联合筹建成立院士工作站，积极开展决策咨询、人才培养、技术研发和科技成果转化等工作，增强企业自主创新能力和核心竞争力。

二是持续开展战略合作。为了拓宽视野、加强创新能力，团队持续与国外知名企业构建战略合作伙伴关系，与软件服务商、船级社、设计院等开展战略合作。以“有重点、分阶段、循序渐进地推进”为主要方针，与世界500强软件供应商法国达索集团充分紧密合作，深入达索集团研发中心，开展技术攻关。同时，与国内外知名船舶设计、制造企业及各大船级社保持密切合作与交流。派遣项目团队成员赴德国迈尔船厂、意大利NAOS船舶设计公司等企业学习，双方深入开展基于三维体

验平台的船舶设计技术合作；与 LR、DNV、GL、ABS、BV 等国际知名船级社定期开展技术交流活动；在 86000 立方米 VLGC 船型上与 LR 船级社开展基于模型的三维送退审验证。

三、重构业务流程，研发数字平台

（一）选用新型软件平台，进行系统性评估

国内主流船舶产品设计工具主要为 20 世纪 90 年代引进 CADDS5、TRIBON 等设计软件平台及集团公司自主研发的 SPD 设计软件。这些软件已经接近或达到自然寿命周期，急需更新换代。经过 20 多年发展，现有的设计软件平台不符合未来船舶数字化技术的发展趋势，各方面问题纷纷显现，如技术架构落后，设计效率低，发展停滞；与主流产品数据管理平台集成难，难以支撑研制过程中的业务协同；软件数据管理落后，不能满足大型复杂、高技术产品的研制需要。而且，这些问题已经很难通过更新版本得到彻底解决，部分软件提供商也已经不再对软件进行更新完善。因此，为符合未来船舶行业数字化技术的发展趋势，满足千万级零部件数以上的大数据处理能力，必须对软件平台进行重新选型。另外，江南造船的大型气体液化气船作为江南的主打产品，无论是在市场占位上，还是产品的复杂程度上都是极具代表性的。

通过大量的研究分析，江南造船决定以 83000 立方米液化气船为验证载体，重点针对艏部、艉部、货舱 3 个区域，涵盖 6 大专业共 299 项测试要点，进行系统性测试与评估，最终选择了达索三维体验平台。该平台不仅包含设计软件，还涵盖了产品全生命周期（PLM）平台，提供了一个单一数据源、全数字化、全方位的整体企业环境，同时提供全面而完整的生命周期管理，在未来可有效控制复杂、现代化、先进的船舶设计和建造。未来造船业是数字化的多方协同，具有强大数字化功能的平台必然会成为行业发展的主流趋势。

（二）瞄准数字化转型，重构业务流程

推进业务流程的变革，是形成船舶数字化研发、设计、制造新模式的关键。江南造船运用ISO 9000中关于业务流程再造的定义及方法对原有业务流程进行再造，基于船体、管系/风管、电气、铁舾、内装、跨专业六大专业，紧密围绕AS–IS（现有）业务流程，针对各阶段的输入、输出重复劳动多，导致大量的无价值工作；设计与制造脱节，难以实现高效的变更管理及同步工程；制造效率及资源利用率与国外先进企业比，存在差距等问题，梳理出痛点。在传统的船舶设计过程中，一般是完成合同设计、基础设计后，再开始进行详细设计、生产设计及制造的长周期、大迭代的串行模式。通过对业务流程的再造，江南造船将总体设计院、设备单位、船东共同融入船舶设计过程当中，使从最早期的合同设计、基础设计阶段就能考虑到生产设计的相关工作，同时在三维体验平台建立的三维模型进行工装设计、仿真设计、装配设计、制造设计，形成并行协同的设计、制造流程。减少设计过程中出现的不协调的情况，提早发现设计中忽略的实际制造中的问题，缩短设计、建造时间，让整个设计、制造更加合理有效，提升船舶设计及建造的整体效率及质量。以“东方红3号”科考船、13000吨液化气船、“海巡160”大型航标船等工程应用为导向，变革TO–BE（未来）业务流程，涵盖详细设计、生产设计到工艺设计，形成标准化设计业务流程，构建船舶协同研制环境，梳理核心流程并形成系统构架，运用于工程实践，不断改进优化，改变了过去以图纸文档传递信息的串行设计建造模式，实现了以模型为核心贯穿设计、制造全过程的并行协同研制模式，数字化水平迈入新台阶。

（三）自主二次开发，打造开放式创新平台

虽然三维体验平台符合船舶行业高质量发展的需求，但是该平台作为数字化转型的工具在船舶行业的应用可以说是一个“无人区”，并且该平台船舶与海洋工程行业研发技术需求主要来源于欧洲船厂，当面临中国造船行业特点的时候显得“水土不服”。因此，江南造船对新平台进行大量自主二次开发，使其能够符合中国船

舶行业的需求。江南造船充分结合自身在船舶设计、建造和管理中积累的经验和知识，通过开发形成软件工具集或数据库。

根据江南造船自身的业务模式、产品特点、生产组织及工艺装备等实际情况，在确定工程应用载体后，结合新的业务流程，重点针对三维体验平台缺陷弥补和效率提升，从顶层开始制订二次开发规划，将船舶行业标准知识和设计经验融入业务流程中。最终完成了船体 132 项、管系 / 风管 115 项、电气 44 项、外舾装 46 项、内装 31 项、多专业 37 项共计 405 项二次开发功能，涵盖了数字化设计、数字化制造、数字化管理和数字化支撑 4 个方面，逐步打造了开放式创新平台，确保了数字造船新理念、新方法、新技术在实船上的成功应用。

四、制订实施型号推进计划，精益求精推动技术改进完善

（一）制订“一个型号一个台阶”的型号推进计划

在数字造船体系构建过程中，由于新理念的消化、新技术的理解、组织机构的适应性变化、二次开发的推进等情况，难以一次性完全实现基于模型的数字造船新模式的转变。因此，江南造船根据实际情况，围绕已制订的总体目标，有的放矢，稳步推进。最终，明确以型号工程应用为载体，确定以“一个型号一个台阶，总体规划，分步实施”的原则，建立型号推进计划，逐步形成基于模型的数字造船体系，如图 10–3 所示。

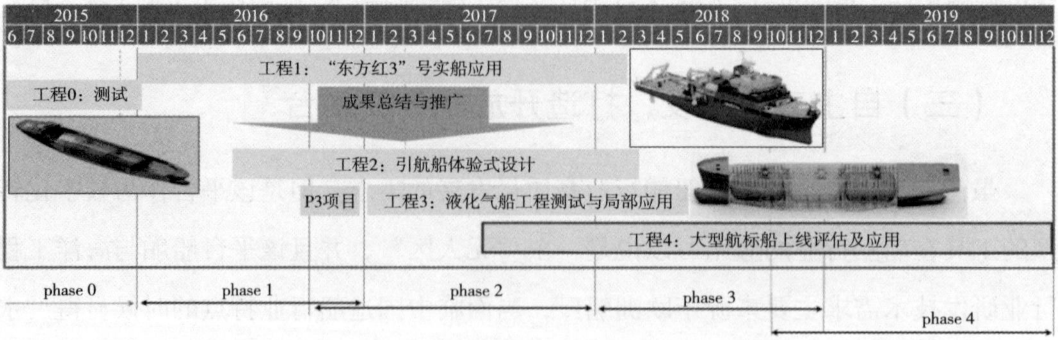

图 10–3　一个型号一个台阶应用推进

以型号为台阶，2016年确定在“东方红3号”科考船上运用三维体验平台进行数字化设计、建造，提前进行可达性、可操作性、可维护性检查，从源头保证设计的合理性；同时，确定在该船的整船管段制造应用三维交付物（以三维模型作为“图纸”交付制造）。2017年，以引航船为载体实施基于三维模型的体验式营销；围绕三维交付物在各专业的推广，在13000吨液化气船液罐部分进行局部应用。2018年，在“海巡160”大型航标船上全专业、全要素使用三维体验平台设计，全船大规模运用三维设计交付物、全过程无纸化建造。2019年，选择由江南造船自主研发的86000立方米VLGC船开展基于模型的从研发、设计到制造的全流程贯通应用（包括CAD/CAE一体化、三维送审等）。

（二）形成基于单一数字模型的体验式设计方法

基于型号推进，江南造船首次提出体验式营销、船舶体验式设计、体验式评审方法。体验式营销，展现给船东的不再是二维图纸加渲染图片，而是基于全三维立体可操作式三维模型，有利于建造人员提前预估安装建造风险、船东提前提出设计、建造要求。船舶体验式设计方法，在设计前期，综合船东、总体设计所、主要系统院所的意见，以“全三维设计+人机工程仿真+计算机辅助分析”一体化设计的方式，使设计人员在三维环境下并行协同地开展各自相关的设计工作，有效地解决施工设计和生产设计模型转换及数据一致性等主要问题。船舶体验式评审，基于“单一数字模型”核心理念，进行数字化设计和VR建造模拟，提前进行空间可达性、设备可操作性和可维护性评估，从源头上提升设计质量、增强用户体验。

（三）推行全过程无纸化建造及质量检查管理

在建造上，江南造船按建造阶段提出三维交付物的方案，通过智能生产终端以三维模型直接指导生产建造与管理，无纸化建造的新模式逐渐成形。在创新设计交付物的设计、应用与管理方面，为保证新方法、新技术的落地，制订了创新三维交付终端应用技术方案，其主要内容为：现场保障优先、结合作业特点、控制投资成本。一要优先保障现场应用，管理逐步改善；二要结合作业环境特点，将移动、便携、固定数字化终端结合应用；三是在技术逐步固化后，控制投资成本，根据生产场地及作业班组需求，配置移动终端，满足现场生产。形成了《多功能便携式三维交付物终端使用管理规定》，通过智能生产终端以三维模型直接指导生产建造与管理，填补三维交付终端应用管理的空白。

“东方红 3”号科考船的整船管段制造实现三维交付物的应用，“海巡 160”大型航标船全船成功实行大规模三维设计交付物建造，为数字化造船开启了新征程。从设计端到建造端，告别了又厚又大、艰涩难懂的二维图纸，一台笔记本电脑就能提供包含零件编号、部位、材料、工艺、工步等所有生产需要的信息，大幅缩减图纸流转、识别、分析及核对的时间；更清晰的三维视角和视图能准确地辅助、指导工人现场作业。

在三维交付应用过程中，完善船舶建造质量检查表单管理，建设数码电子笔表单快速录入系统，节省 90% 的数据录入时间，大大提升了现场建造质量检查的效率，保留检查员的原始笔迹，可以随时浏览每个表单的原始笔迹记录，轻松完成管理工作。

五、健全规章制度，严格过程管控

（一）建立“一条主线、四个递进”阶梯式培训体系

按照“由上至下、持证上岗、理论实践相结合”的思路，根据实船项目推进计划，构建 “一条主线，四个递进”阶梯式培训体系。首先，通过集中基础培训，优化理论知识，确保设计、现场人员基本操作能力水平。其次，根据岗位上的任职人与岗位胜任要求的差异开展专题性培训，对已培训的设计人员进行考核，做到“持证上岗”。再次，以生产性任务为目标，强化岗位胜任能力培养。最后，针对操作流程、应用技巧进行现场指导演练，提升实操能力；通过系统的培训，反复灌输基于单一数字模型的理念、正确方法。完成了各专业培训教材 PPT、设计约定、操作

视频等 100 余份，培训覆盖 1000 余人次，如图 10–4 所示。

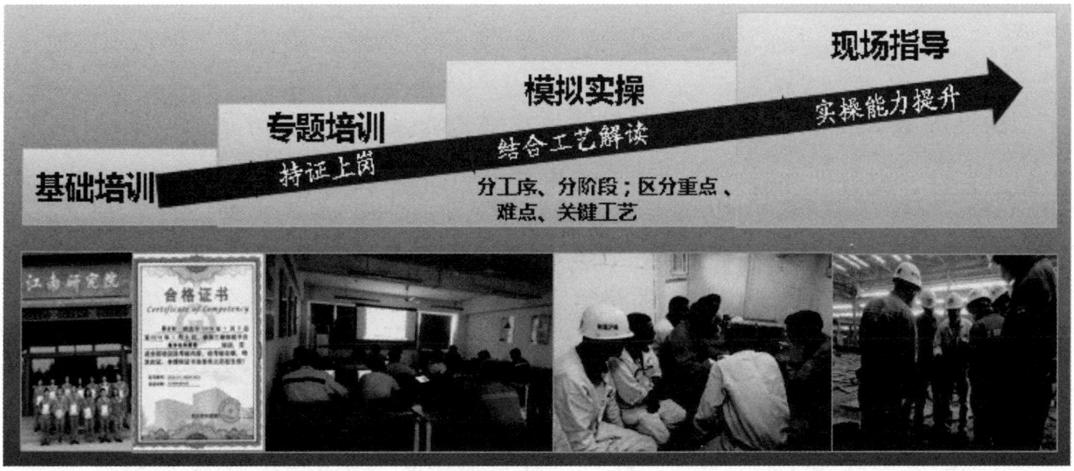

图 10–4　“一条主线、四个递进”阶梯式培训

（二）建立固定例会制度，把握关键决策

为及时发现推进中存在的问题和矛盾，加强过程管控，明确工作重点，以“精心组织，狠抓落实，务求实效”为行动方针，制定公司重大专项团队的例会制度。技术支撑层、核心业务层每周召开一次固定例会，并根据重点工作机动性开展小组研讨。技术支撑层、核心业务层联合项目管理层每两周召开一次项目推进会，参与人员包括公司主管领导、项目型号主师、信息化总师、项目主要负责人等，对型号进展情况、亮点进行总结交流，让团队成员及时了解项目进展，扩大团队之间的信息资源共享。针对研究的新方法、新技术开展专题学习，使管理、技术、施工人员从思想意识上逐步接受基于模型的数字化造船理念。通过 20 余次的专题研讨，250 余次的技术交流，有效保障了三维模型在设计、制造的贯通与应用。通过与船东、船检等多次技术交底，验船师也很快适应了该新模式带来的变化，进一步提升了验船效率。“海巡 160”大型航标船差错率比同物量船舶降低了 60%，质量、技术、安全管控提升明显。

（三）设计基于模型的设计质量控制方法和工具，健全管理体系

为推进基于模型的数字造船质量体系发展，确保三维设计方案及三维设计交付物的适宜性、充分性和有效性，项目组将其纳入质量体系的管理范畴并作为重点推进。江南造船梳理各专业质量检测业务需求，召开基于模型的设计质量评审会10余次。按照江南造船最新版的“质量管理体系程序文件”要求，分析数字造船新技术对质量体系影响因素，修订、完善质量体系文档；分析关键质量控制点，建立关键业务质量审核流程、成熟度管理、三维模型校对及评审方法，开发质量控制工具集；确定三维交付设计方案及交付物评审的材料清单，完成相应材料的编制、内审、修改工作，最终通过船东、CCS、监理、船厂的四方评审。形成涵盖船体及各舾装专业三维交付质量体系评审文件126份，有效保证基于模型的设计质量控制及实施。

（四）开展标准体系建设，打造“有据可依”的规范化管理制度

数字化标准规范体系是数字化技术实施的基础。围绕基于模型的数字造船新模式，建立一批行业共性的标准、基础资源库，提升船舶行业整体标准化能力，为船舶全国大范围协同奠定基础。完成各专业基础资源库构建、管理及各专业建模、现场操作规范性文档26份，《全三维船体设计指南》等白皮书5份，《基于MBD的船舶管路制造三维标注要求》等行业、企业标准规范20余项。

同时，建立数字造船平台信息安全保障体系，针对数字造船软件，开展安全测评和安全保密改造，形成《三维设计系统三员管理要求》《三维设计系统保密改造要求》《三维设计系统保密测评要求》，已成功通过国家测评中心船舶分中心的涉密信息系统测评，可覆盖所有高新产品，填补了关于船舶行业三维设计保密要求的空白。

六、加强成果转化，促进成果共享与传播

（一）完善科研成果奖励及推广方法，促进成果孵化

在基于模型的数字造船模式推进过程中，打通一批技术障碍和关键瓶颈，形成大量基础库和标准规范成果，形成覆盖造船业务全流程的数字造船体系。制定完善《设计和开发评审 / 更改 / 策划管理规定》《知识产权管理规定》等 8 项文件。

围绕“科学谋划、尊重人才、鼓励创新”的工作思路，江南造船完善科研成果奖励制度，优化《科技成果转化的组织实施与激励奖励制度》文件。多渠道、多方式开辟专题栏目，定期开展科技选拔评比工作，对评选出的各类优秀人才，除了给予荣誉奖励外，另给予现金奖励或补贴，有力保障成果孵化。

同时，秉持“统筹发展、产权自主、资源共享、行业通用”的原则，与船舶重工 701 所等船舶行业兄弟单位，共同编制《舰船数字化项目成果共享办法》，加强舰船数字化成果交流与共享，共同推动舰船行业数字化水平的整体提升，促进不同成员单位间的创新能力与知识能力交流互补，解决“知识孤岛”和重复研发问题。

（二）建立数字化造船实验室，促进行业知识共享

建立数字化造船实验室，充分展示江南造船数字化成果，包括数字资产、骨架模型、全息工艺建模、协同管理、三维交付物等内容。主要成果在国防科工局、成都飞机工业（集团）有限责任公司、国家安监局、中国工程院、船舶行业等主要单位展示 200 余次，促进江南造船数字化成果在船舶行业乃至装备制造业的推广。来访单位一致认为江南造船在数字化转型中理念新颖、技术先进、成果丰硕，值得在全行业推广。

七、案例启示

(一)组织结构创新是技术创新的动力源泉

企业组织结构决定组织产出，如果把技术创新看作是组织产出的话，那么技术创新的水平和能力很大程度上受到组织结构的影响。因此，企业的组织应该随着战略的调整而进行适应性变革，企业施行技术创新战略，就应整合优势资源，进行组织结构创新，推动科技创新、体制创新，强化技术研发能力。江南造船正是坚持信息化技术路线，构建公司级重大专项组，明确各层级职责，把设计、制造、管理等有关人员有序、有力地组织起来，发挥整体作用，确保稳步推进。同时还专门成立江南研究院，将业务与信息技术等充分整合，在各生产部门成立了技术管理室，推进数字化技术变革最现场最后一公里的应用。针对技术知识短缺的问题，江南造船联合国外技术专家，成立专门的技术攻坚队，开展大量的技术研讨、平台测试等，大幅提升技术应用的成熟度，突破设计瓶颈。除此之外，江南造船立足实际，搭建产学研合作模式，与高校联合成立院士工作站，推动创新能力建设。并持续与国外知名高科技企业和船舶企业进行战略合作，成立专项组，开展技术攻关。江南造船在信息化战略指导下将组织结构进行适应性变革，技术创新能力得到大幅度提升，为数字造船体系的搭建提供源动力。

(二)业务流程再造是数字化转型关键

在一个企业中，业务流程决定着组织的运行效率，流程再造是指对企业的业务流程进行根本性的再思考和彻底的再设计，从而使企业进一步实现战略需求。流程再造要求企业注重流程关键环节的识别性和可控性，从而使新流程更符合工作的实际。流程再造不是流于表面的、机械的再造流程，而是真实再现企业的工作流，并且将企业的战略及管理理念通过流程再造工作充分体现在每一个新的流程中。[①] 首先，企业应理顺管理核心业务流程，建立全面的业务数据平台，进行数字化、精益化、系统化、标准化的作业任务研究。江南造船通过升级设计软件平台，使其更加符合未来船舶数字化技术的发展趋势，提供了一个单一数据源、全数字化、全方位的整体企业环境，同时提供全面而完整的生命周期管理，在未来可有效控制复杂、现代化、先进的船舶的设计和建造。其次，企业应紧密围绕现有业务流程，针对各个关键环节结合数字化制造需求，进行协同设计、流程再造。江南造船通过梳理核心流程并形成系统构架运用于工程实践，不断改进优化，改变了过去以图纸文档传递信息的串行设计建造模式，实现了以模型为核心贯穿设计、制造全过程的并行协同研制模式，数字化水平迈入新台阶。最后，企业必须对新流程的运行实施监控和改进，不断优化业务流程。江南造船结合新的业务流程，重点针对三维体验平台进行缺陷弥补和效率提升，从顶层开始制订二次再造规划，将船舶行业标准知识和设计经验融入业务流程中，逐步打造了开放式创新平台，确保了数字造船新理念、新方法、新技术在实船上的成功应用。

（三）管理创新是数字化技术实施保障

规范化管理制度和健全的管理体系是数字化技术实施的重要保障。进行数字化转型必须搭建培训体系和制度改革，使管理、技术、施工人员从思想意识上逐步接受数字化理念。江南造船以“一条主线，四个递进”阶梯式创新培训体系为抓手，通过集中基础培训和专题性培训，优化理论知识，确保设计、现场人员实际操作能力水平，反复灌输基于单一数字模型的理念、正确方法。制定公司重大专项团队的例会制度，技术支撑层、核心业务层每周召开一次固定例会，并根据重点工作机动性开展小组研讨，有效保障三维模型在设计、制造的贯通与应用。规范化、标准化的管理体系是技术实施的保障，江南造船将基于模型的数字造船质量指标纳入管理

① 刘蕾. 结合ISO9000：2000的思想精髓实施流程再造[J]. 四川建筑，2009，29（4）：257-258.

范畴并作为重点推进。梳理各专业质量检测业务需求，分析数字造船新技术对质量体系影响因素，分析关键质量控制点，建立关键业务质量审核流程、成熟度管理、三维模型校对及评审方法，开发质量控制工具集；确定三维交付设计方案及交付物评审的材料清单，完成相应材料的编制、内审、修改工作，最终通过船东、CCS、监理、船厂的四方评审，形成基于模型的设计质量控制机制，建立过程管控，有效保证基于模型的设计质量控制及实施。

（四）注重客户需求，进行个性化定制

工业4.0时代的到来，带来的不仅是技术的转型发展，还有就是供需关系转变，曾经生产线追求的是高产量、低成本，但是随着消费者对个性化、响应速度的需求激增，导致同类商品需求量减少，取而代之的是个性化、多样化的需求。因此制造企业必须关注不同用户的需求，进行个性化定制。江南造船便提出体验式营销、船舶体验式设计、体验式评审方法。以往展现给用户的是二维图纸和渲染图片，而基于数字模型的体验式设计方法能够提供全三维立体的可操作式三维模型，用户可提前提出设计、建造要求，设计人员在设计前期，综合船东、总体设计所、主要系统院所的意见，以“全三维设计+人机工程仿真+计算机辅助分析”一体化设计的方式，在三维环境下并行协同地开展各自相关的设计工作，全方位满足顾客需求。同时还基于“单一数字模型”核心理念，进行数字化设计和VR建造模拟，提前进行空间可达性、设备可操作性和可维护性评估，从源头上提升设计质量、增强用户体验。

第十一章　航天科技集团：科研生产流程精细化管理体系构建

中国航天科技集团有限公司（以下简称航天科技集团）作为我国航天科技工业的主导力量，在基础管理与标准化建设方面成果斐然。航天科技集团主要从事运载火箭、卫星、载人飞船、货运飞船、深空探测器、空间站等宇航产品和战略、战术导弹武器系统的研究设计、生产、试验和发射服务，目前拥有 11 个国防科技重点试验室、1 个国家工程实验室、5 个国家级工程研究中心、8 家以航天产品经营为主的大型科研生产联合体（研究院）、14 家专业公司、9 家上市公司和若干直属单位，科研生产基地遍及北京、上海、天津、西安、成都、香港、深圳等地。中华人民共和国成立 70 年来，航天科技集团完成了一系列国家重大科技工程任务，以掌握具有自主知识产权的关键核心技术为目标，取得了数百项标志性成果，创造了以载人航天和月球探测两大里程碑为标志的一系列辉煌成就，为我国的国防建设和国民经济发展做出了突出贡献。

2017 年以来，为履行航天强国建设使命，建设世界一流企业和支撑世界一流军队建设的需要；为适应全品系并行研制、组批化生产，确保质量效率的需要；为满足精细化制度规范，强化科研生产过程控制的需要，航天科技集团根据航天科研生产的流程体系和组织体系特征，以提升航天科技集团的基础管理水平、实现高质量高效率高效益发展为目标，着力解决航天科研生产的流程与制度规范体系中存在的问题，通过创新工作方法，指导开展全面的流程梳理和优化再造，构建与岗位高度耦合的精细化制度规范体系，推进一流航天企业的信息化建设和知识管理模式升级；并以精细化流程管理牵引组织变革，为航天科研生产模式的转型升级奠定坚实基础。

一、坚持问题导向，明确流程精细化管理的总体思路

航天科研生产体系是跨领域、跨组织、跨专业的复杂系统，流程无所不在，流程优化工作牵一发动全身，工程实践过程复杂。航天科技集团充分考虑航天科研生产现行组织体系、流程体系和产品体系特征，面向解决制约质量、效率与效益提升的根本问题，提出：通过航天科研生产流程的持续优化，落实航天科研生产各层级和生产流程各环节的精细化过程控制，并牵引组织变革和信息化平台建设，为包括知识管理的航天科研生产模式转型升级夯实基础。为此，制订循环迭代的闭环工作框架，如图 11–1 所示。

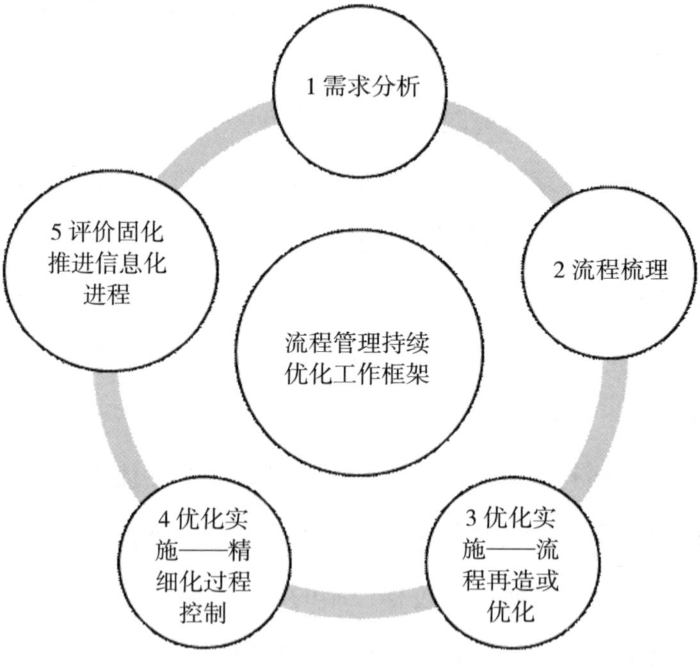

图 11–1　航天企业科研生产流程管理持续优化的工作思路

首先，动态监测影响科研生产流程管理的内外部因素变化，尤其是新技术、新材料、新工艺、新状态、新环境、新设备、新单位、新岗位、新人员等的出现，持

续追踪提出优化工作需求。

其次，根据需求，面向产品—过程—组织三个维度，逐级逐层梳理和分解科研生产流程直到不宜再分解的工步（或环节）并与岗位关联起来，形成覆盖全部产品层级、过程环节、组织的流程清单和对应的岗位清单。并通过流程梳理确定过程节点上要求完整性、流程设计合理性、流程控制精细化程度等方面存在的问题及其成因，确定流程优化改进和控制的具体任务。

再次，针对存在的问题，以过程与岗位匹配为目标，开展流程构建、优化和再造，推行组织变革，优化岗位设置，完善节点控制要求，并按照“1H2B3W 六类规定性”来梳理全部制度规范以实现精细化控制。

最后，结合工程实践，评价方案的实施效果，将有效改进作为常态管理措施，借助技术平台和制度规范加以固化，将不理想的方面作为进一步改进的需求和依据。

二、面向产品—过程—组织三个维度，开展流程梳理

航天科研生产分工布局的突出特点是：产品各层级的科研生产过程的各个阶段，分布在不同的组织中，流程管理和过程控制需跨越组织边界，组织界面多；产品层级间、设计与制造过程间的活动界面多；任务层级越向下所涉及的专业越细、与岗位结合越紧密，是交互、协同和过程控制节点。

针对这种情况，面向产品—过程—组织三个维度，重点关注科研生产过程的逻辑关系、控制要素及节点要求，对流程开展四个方面的梳理，如图 11–2 所示。

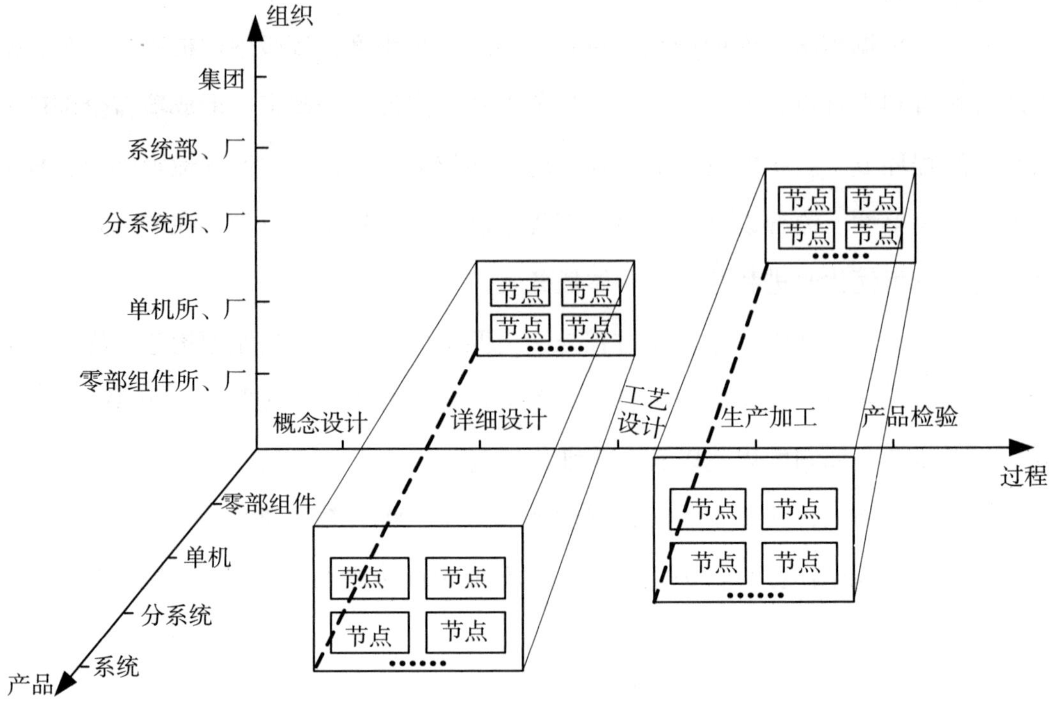

图 11-2　面向产品—过程—组织三维度的流程梳理模型

一是产品梳理。对复杂产品系统的结构进行梳理。按照系统、分系统、单机、零组件等层级，对产品的功能性和产品形成的逻辑关系进行逐级分解，最终形成典型的、最低一级的工作分解结构（WBS）单元即工作包，并依据确定的功能将系统分解成依次形成的各部分硬件和软件产品层次结构，通过绘制产品树描述产品构成情况。通过产品结构梳理，可以发现各个产品层级上支持科研生产效率提升的流程再造优化的空间和途径。

二是过程梳理。对科研生产的过程进行梳理，以能够相对独立开展工作为原则，对科研生产的设计和制造阶段加以细分。通过过程梳理，可以发现各个过程环节上支持控制精细化的流程细化分解和优化再造的空间和途径。

三是岗位梳理。按照流程，对产品形成过程涉及的岗位，按照类别、专业进行全面梳理；对照流程工作内容，逐级逐层对涉及的岗位进行分解，明确每个过程节点的详细工作内容及要求；梳理相关人员的工作职责，编制包含岗位名称、岗位编码、岗位职责、岗位控制要求等内容的岗位控制表，形成岗位清单，明确各岗位工作所涉及的规章制度、标准规范及相关知识。通过岗位梳理，可以发现进一步明晰岗位的专业协作关系、提升控制有效性的岗位设置和组织结构优化的空间和途径。

四是控制要素梳理。梳理每个工序、每个工步、每个操作步骤的“人、机、料、法、环、测”等的控制要素，明确全部流程节点上的岗位控制要求、配套设备设施保障要求、环境条件要求。通过控制要素梳理，发现确保任务落实、提高过程控制有效性的制度规范体系建设要点。

三、匹配过程与岗位，开展流程优化再造

通过四个梳理，决定流程优化再造的方向为：改变按照产品层级来确定组织层级、在各层级分别设置专业厂、所、在厂所内按照专业化分工进行岗位设置的做法，打破组织藩篱，从集团层面全局谋划科研生产分工布局，对航天产品形成所涉及的设计、制造等全流程进行分层细化，形成贯穿专业、机构、岗位的三级流程体系，并通过流程再造牵引组织变革，如图 11–3 所示。

第一，面向协同，优化流程设计，实施全系统打通的流程运行管理。

细化分解形成独立的流程模块。经梳理分析，合并或取消不产生增值效果和重复的流程节点，根据产品结构和专业分工，将流程划分为独立的模块，让机构和岗位完成相对独立的功能。进而，在全系统打通各级流程模块，使其信息互通、不存在管理重叠和管理空白，做到在“一把手”负责、全员参与前提下，优化流程节点间的时序安排，让各独立流程模块之间并行展开。

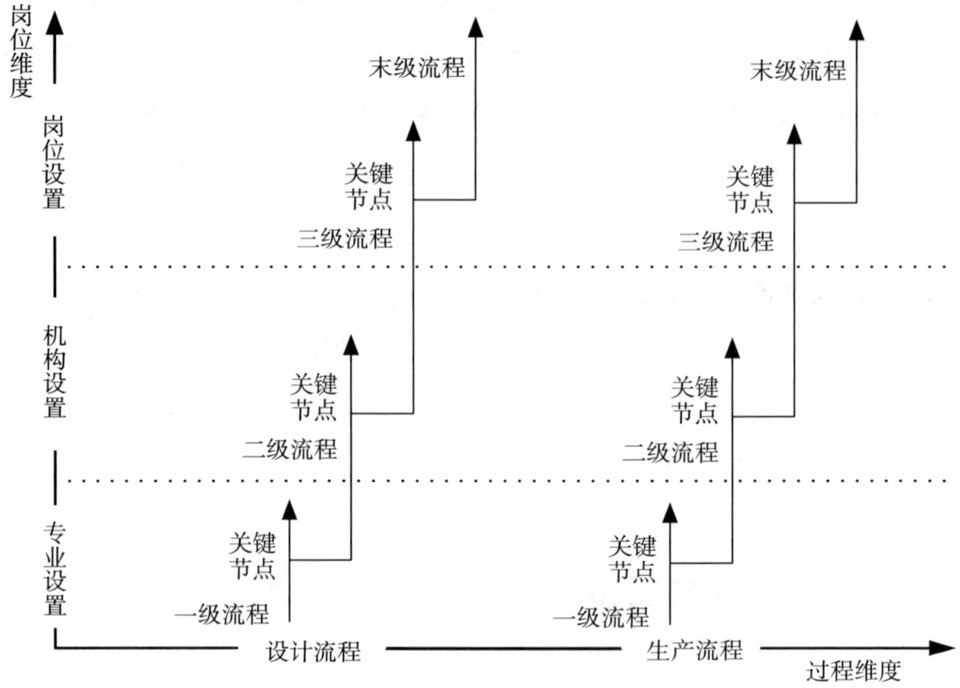

图 11–3 以过程—岗位匹配为目标的流程优化再造原理

例如，在总装测试的传统流程体系中，要求操作者从单发产品的总装开始到测试结束全程参与，这对操作者、检验人员提出极高的能力要求，需同时掌握垂直装配、水平对接及测试技能，极容易引发质量问题，同时造成人员、场地、工装有效利用率不高，生产效率低下。通过梳理，将部段垂直装配工作作为独立模块，由固定人员负责，与水平对接、总装测试并行作业，每个部段装配完成后再交付水平对接工序。而部段的水平对接和产品出厂测试等工作，则按每发次流水作业方式进行，优化后的流程解决了总装测试的能力瓶颈，如图 11–4 所示。

图 11-4　总装测试流程优化前（上）、后（下）

第二，优化生产组织模式，提升系统柔性和效率。

针对航天复杂产品系统的特点，引入模块化和并行工程思想，通过提升部组件、单机等低产品层级上的通用性，来支持高产品层级的共用，以消除冗余环节、改变低效时序、优化生产配套为手段改进组织模式，围绕组织生产模式不断优化生产制造管理，实现提高效率降低成本目标。

第三，推行工艺标准化和去型号化，改善协同关系管理，减少低层次质量风险源。

针对当前科研生产分工布局导致组织与活动界面多而带来的协同关系管理和过程控制问题，通过划分产品层级、对同层级产品归类合并，对制造特征相同或相似的产品进行合并；通过划分专业技术方向，细分工艺方法或专业过程，对使用相同方法或过程的产品进行归类，进而建立产品工艺规范体系，逐级逐步实现从人力密集型、技能型向机械化、自动化工艺过渡，从特殊工艺、独门工艺向通用化、标准化工艺转变，以工艺规范提升科研生产活动中的协同性、一致性和稳定性，提升效率和质量可靠性。

四、构建精细化制度规范体系，提高控制有效性

配合流程梳理，综合审视运载火箭科研生产全过程所涉及的人、机、料、法、环、测等全要素和各类科研生产过程关联，以全面覆盖航天型号全部产品研制各阶段、突出反映航天产品质量管控关键环节、统筹考虑设计，生产，质量及管理之间的关联性和协调性为原则，将航天科技集团的全部规章制度、技术标准规范中的所有规定性，凝练为 1H2B3W，即“谁来做 Who”“做什么 What”“怎么做 How”“如何更好 Better”“底线清单 Bottom”“目标导向 Why”等，指导形成与岗位高度耦合度制度规范体系，如图 11-5 所示。

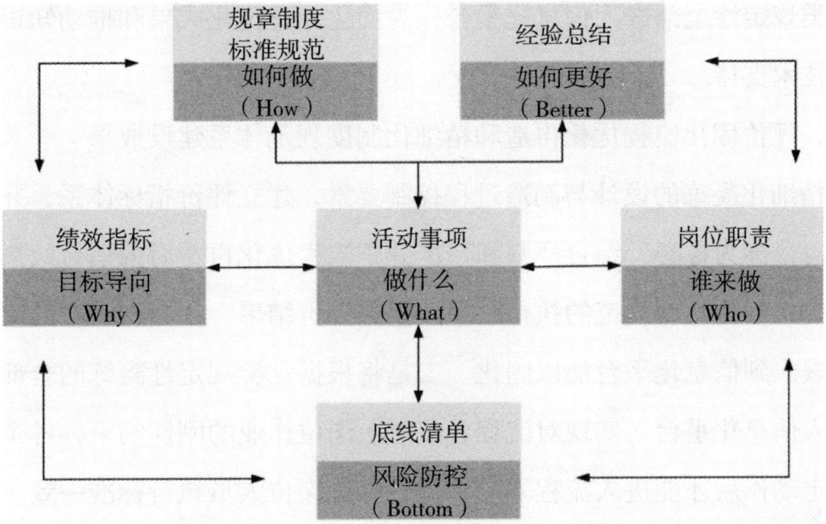

图 11-5　构建精细化制度规范体系所依据的 1H2B3W 六类规定性

制度规范体系是保证质量、效率、效益目标实现的有效工具，其建设方向是与流程岗位高度耦合从而使管理责任具体化、精细化、明确化。

首先，将各类规章制度和技术标准规范文件的具体条目，按照六类规定性，细化分解、凝练形成设计和制造过程的精细化控制要素体系。其次，将经过细化和量化的控制要素，落实到每个岗位，形成对象明确、内容具体、标准清晰、方法科学的精细化制度规范体系。最后，将所形成的与岗位一一映射的制度规范体系，编制成为一本通的“岗位作业书”，以明确岗位的工作内容、控制措施等，确保质量、效率和效益目标提升的责任明晰具体、提升岗位操作的精准性和控制的有效性。

五、固化流程优化成果，推动知识管理模式升级

精细化流程管理体系构建工作和信息化推进工作互为基础、相互促进。精细化流程管理体系构建过程中，需要细化分解科研生产流程和制度规范文件，为信息化建设中搭建基础数据平台、集成设计、工艺、采购、生产、财务、销售、管理等各环节，实现信息和资源实时共享等奠定基础。信息化建设则将优化后的流程及制度

规范的六类规定性全部嵌入信息化平台，为固化流程优化成果和推动知识管理模式升级提供技术支持。

第一，评价固化流程优化再造和精细化制度规范体系建设成果。

围绕精细化凝练的设计与制造过程控制要素，建立评价指标体系，并以质量、效率、效益目标为核心，综合评判和系统分析流程优化再造后的运行效果和作业一本通承载的精细化制度规范的执行效果。根据评价结果，一是将满意的流程优化再造成果，嵌入到信息化平台加以固化。二是将根据六类规定性凝练的全部精细化控制要素嵌入信息化平台，实现对流程各节点上岗位作业的刚性约束，各个岗位只有在完成规定动作后才能进入流程下一步骤，保证岗位人员执行标准一致、贯彻制度彻底，确保控制有效。三是配套开发基于流程的知识库，将有关流程的运行知识和技能进行归类、总结和界定；开发基于流程的表单，涵盖执行流程过程的实际操作规范。并将知识库和表单嵌入信息化平台为员工适时推送，实现共享并规范岗位作业。

第二，推动知识管理模式升级，规避系统性质量风险。

通过精细化的制度规范体系构建和“一本通”岗位作业书的编制，对蕴含在组织流程中的经验进行识别和编码，再借助信息化平台，将明言化的隐性知识加以固化，推动知识管理与经验传承模式的转变，以降低和规避伴随人员流动的系统性质量风险。

由于航天科研生产过程具有非连续、异步分布式特征，知识管理涉及整个价值链上的知识集成和跨组织、跨专业的分享与创新，知识的集成化和系统化十分重要。因此，结合信息技术平台的配套建设，逐步推进科研生产过程中积累的经验与过程数据的模型化、集成化，以实现明言知识的系统化和个人能力的组织化，让知识在价值链上获得最大限度共享，提升组织的知识创造能力，提高质量、效率、效益的保证能力。

六、结合典型实践培育流程文化，夯实组织基础

流程管理持续优化是一项艰巨而复杂的任务,需要相匹配的组织平台作为保障。航天科技集团采取顶层设计、典型实践牵引、流程文化内在支撑的路线，开展与流程管理体系构建工作相配套的组织建设。

一方面，航天科技集团系统部署，强化集团公司系统工程部作为流程管理职能部门的权责，牵头遴选陆基运载火箭部件制造、水下发射运载火箭总装、运载火箭热电池组件、军贸产品及小型运载火箭设计等典型科研生产活动环节，覆盖从战略到战术、从国内到军贸、从总装到部件、从陆基到潜射等各类航天产品，并组建由跨专业、跨产品层级、跨流程环节的200余位专家组成的团队，深入科研生产实际，宣讲精细化流程建设的思路、方法和步骤，推动开展典型实践，让“基于流程优化组织体系是科研生产模式升级的组织基础”等观念在组织中逐渐成为共识。

另一方面，通过岗位作业书逐步将“流程思维”嵌入到员工的日常工作，帮助员工形成以企业战略牵引日常工作的目标思维、岗位活动中顾全横向多领域、纵向多层级的系统思维、在实践中不断积累新经验、发现新问题、提起新优化的发展思维、大胆创新勇于探索的实践思维和全局思考提前预案的底线思维等，推进“流程文化”在企业的落地生根，为各院、所、厂开展以流程管理取代行政指令的管理方式和“流程主导型”组织体系建设奠定基础，为航天科研生产模式的转型升级夯实组织基础。

七、案例启示

（一）以质量、效率和效益为根本目标，确立全局思想

任何企业要想成功，必须以质量为基础，以效率为手段，以效益为目标，质量、

效率、效益缺一不可。面对复杂的航天生产体系，任何局部的改变都会影响整个企业的生产流程。因此，实施组织流程变革的前提是树立全局思维，从整个企业的战略高度出发，构建一套完整的组织生产变革流程。航天科技集团以高质量保证成功、高效率完成任务、高效益推动航天强国和国防建设为企业目标，从五个方面确立了生产流程精细化管理的工作思路，为后续工作打下了良好的基础。全局思想是企业成功的重要条件，简单来说就是战略思想必须从企业的战略视角发现组织的问题所在，坚持问题导向，以解决实际问题为目标，才能从细微处进行不断地改变。组织是一个庞大的机构，不同的部门在具体目标之间可能会存在一定的冲突，这就要求企业必须具备全局思想，正确处理全局与局部、未来与现实的关系，并抓住主要矛盾制订相应规划，为实现全局性、长远性目标确立一套可行的解决方案。

（二）打破组织藩篱，流程再造牵引组织变革

组织变革是指组织根据内外环境变化，及时对组织中的要素（如组织的管理理念、工作方式、组织结构、人员配备、组织文化及技术等）进行调整、改进和革新的过程。企业的发展离不开组织变革、内外部环境的变化、企业资源的不断整合与变动，这些都给企业带来了机遇与挑战，这就要求企业必须关注组织变革。组织结构复杂，不够扁平化一直是我国企业管理效率低下的重要原因，组织层级过多，岗位设置复杂容易导致信息传递不畅，降低组织管理效率。中航科技原来的岗位设置方法是，按照产品层级来确定组织层级、在各层级分别设置专业厂所，在厂所内按照专业化分工进行岗位设置，在构建生产流程精细化管理体系的过程中，改变了这一岗位设置方法，从集团层面全局谋划科研生产分工布局，对航天产品形成所涉及的设计、制造等全流程进行分层细化，形成贯穿专业、机构、岗位的三级流程体系。这种做法使得企业的流程成为独立的模块，不产生增值效果和重复的一些流程节点不再存在，解决了管理重叠和管理空白的问题，同时，各级流程模块之间能够互通信息，使组织结构更加精简、信息传递更加畅通，整个生产系统的柔性和组织管理柔性得到了很大的提升。此外，各个独立模块之间可以并行同时开展专业活动，极

大地提高了组织生产效率。

（三）合理的制度规范是提高管理效率的保障

企业制度规范是实现企业目标的有力措施和手段，它作为员工行为规范的模式，能使员工个人的活动得以合理进行，同时又成为维护员工共同利益的一种强制手段。现代社会，任何企业的正常运营都离不开各项规章制度，合理的制度规范是保障企业正常运营、提高管理效率的重要保障。管理是一门艺术，也是一门科学，既需要领导者的管理智慧，也需要客观的标准。有了规章制度，员工才能理解哪些行为是被鼓励的，而哪些行为是不被允许的。中国航天为构建精细化的生产流程管理体系，统筹考虑设计、生产、质量和管理之间的关联性和协调性，形成了与岗位高度耦合的制度规范体系。“岗位作业一本通”使各个岗位都要有具体的规范要求，实现了科研岗位与生产流程的紧密结合，极大地提高了企业管理的效率。制度规范体系是保证质量、效率、效益目标实现的有效工具，其建设方向是与流程岗位高度耦合从而使管理责任具体化、精细化、明确化。企业做到有章可循，员工做到事事清晰，所有的工作都有人管理，避免了管理重叠和管理空白的现象。管理大师泰勒的思想在今天仍然具有启示意义，建立合理的制度规范，使人员匹配岗位，使得人尽其用，最大可能地提高生产效率，实现企业的多元化目标。

（四）构建信息化平台，加快组织知识的创新能力

随着大数据时代的到来，信息化平台建设在企业中的作用也越来越重要。信息化能够规范企业决策程序化、考核定量化、组织系统化、权责明晰化、奖惩有据化、目标计划化、业务流程化、措施具体化、行为标准化、控制过程化等，通过信息化管理的“软硬件平台”，能为企业直观地了解其工作任务、工作计划、工作业绩、成本控制情况、利润空间、人力资源情况等，也能为企业提供直观性的参考数据，便于其决策、进行优化资源、整合资源、制订战略目标等。同时，信息化建设能够促进组织知识的传播和创新，实现知识在各个部门之间的流通，加强企业内部的信

息分享速度，提高对组织知识的整合、管理。随着时代的发展，知识管理在企业中的作用也日益重要，隐性知识更是企业创新发展的重要来源，利用信息化系统，逐渐积累生产管理过程中的有益探索和经验，使得生产流程中的相关数据得以集成化、模型化，实现组织知识的系统化和个人能力的组织化，让知识在价值链上获得最大程度的共享，提升组织的知识创造和创新能力，从而实现质量、效率和效益的企业目标。

第十二章　中国宝武：重组后的深度整合管理

中国宝武钢铁集团有限公司（以下简称中国宝武）由原宝钢集团有限公司和武汉钢铁（集团）公司联合重组而成，于2016年12月1日揭牌成立，为国有资本投资公司试点中央企业。公司注册资本527.9亿元，资产规模7118.1亿元，产能规模7000万吨，位居中国第一、全球第二。2016—2018年，公司营业收入分别为3096亿元、4005亿元、4386亿元，年均增长率达到19.6%；利润总额分别为70.3亿元、142.7亿元、338亿元，年均增长率达到119.9%。2019年，中国宝武在《财富》世界500强排名上升至第149位，创历史新高，连年被《财富》杂志评为最受赞赏的中国公司，国际三大评级机构标普、穆迪、惠誉继续给予全球综合性钢铁企业最高信用评级。截至2019年6月，全公司员工总数约15万人，集团公司下属全资、控股子公司约460户，其中，宝钢股份、八一钢铁、韶钢松山、宝信软件、宝钢包装为上市公司。

2016年12月，公司正式挂牌后，在国务院国资委等上级部门的指导下，新生的中国宝武迅速投入整合融合工作，以整合发展战略为引领，创新并实践形成了一套“战略引领、快速有序、优势主导、方法创新”的特大型央企集团联合重组的深度整合管理模式。同时，中国宝武实施一公司多制造基地的管理模式，推进钢铁主业的深度整合；充分梳理、分析多元产业的现状，通过回归、整合、托管、出售、关停，推动多元业务的深度整合。与国内、外其他大型企业的联合重组相比，呈现“真整合、快整合、深整合、全整合”的鲜明特点，具有很强的创新性和较强的可推广性。

一、整合发展战略，明确目标实现路径

2018 年 12 月，中国宝武在学懂、弄通、做实党的十九大精神的基础上，结合公司的发展实际，并以首届党代会召开为契机，对战略规划做出进一步完善，形成《中国宝武钢铁集团有限公司战略规划（2019—2021）》。新一轮规划明确了“成为全球钢铁业引领者”的公司愿景和“共建高质量钢铁生态圈”的公司使命，描绘了公司实现发展目标的“三步走”路径。

在公司愿景方面，中国宝武立足产业责任、经济责任，将“成为全球钢铁业引领者”确定为公司愿景。“引领”主要体现在三个方面。一是技术引领，通过技术创新实现在精品、绿色、智慧、成本等方面的领先。二是效益引领，在保持盈利水平世界领先的同时，确保资产效率不断提升，实现高质量发展。三是规模引领，以“全球引领”为目标，增加产能规模、提高市场份额、优化区域布局和产品结构，实现总销售收入的全球领先。

公司使命是“共建高质量钢铁生态圈”。高质量发展的六个维度包括绿色化、精品化、智慧化、国际化、服务化、规模化。共建共享的六个维度包括国家、社会、行业、股东、客户、员工，推动钢铁生态圈的智慧发展。

按照愿景使命，中国宝武以市场机会为导向，充分发挥比较优势，积极培育和发展战略性新兴产业，努力构建平滑周期的业务结构。以“亿万千百十”为战略目标，即亿吨级钢铁产业规模（2025 年）；万亿级营业收入（2035 年）；千亿级营收、百亿级利润的支柱产业；百亿级营收、十亿级利润的优秀企业。为实现上述目标，计划分三步走。

第一步，到 2021 年，“一基五元”布局初步形成，公司基本具备冲击世界 500 强前 100 强的实力。第二步，到 2025 年，钢铁产业实现“亿吨宝武”，多元产业基本成型，公司进入世界 500 强前 100 强。第三步，到 2035 年，钢铁生态圈蓬勃发展，公司实现“万亿宝武”，稳居世界 500 强前 100 强。

在产业选择和资源配置上，在继续发挥钢铁制造业的核心能力和资源优势的同时，充分挖掘公司在钢铁产业链长期经营形成的能力和资源要素，整合培育若干业务做大做强。中国宝武业务组合确定为“一基五元”，即：以钢铁制造业为基础，新材料产业、贸易物流业、工业服务业、城市服务业、产业金融业协同发展。

为匹配国有资本投资公司功能定位与战略发展要求，中国宝武加快改革管理体制，出台了《关于进一步建立和完善国有资本投资公司管理体系的实施意见》，提出要在集团范围内全力建设国有资本投资公司三层管理架构。以“管资本”为导向，按照“职责清晰、精简高效、运行专业”的要求，构建起总部、大产业，市场化、专业化的集团管理构架，形成“资本运作层、资产经营层、生产运营层”的三层管理架构。根据业务组合和产业地域分布特征，在较完善的法人治理结构、较完备的信息化基础条件下，实行战略财务管控模式。

二、围绕整合目标，全面部署重组整合工作

中国宝武对照新一轮战略规划，围绕整合目标，按照“战略引领、快速有序、优势主导、方法创新”全面部署、推进重组整合工作，如下图所示。

战略规划明确了中国宝武“一基五元”的业务组合目标，通过整合聚焦、转型升级，打造以绿色精品智慧的钢铁制造业为基础，新材料产业、贸易物流业、工业服务业、城市新产业、产业金融业等相关产业协同发展的格局；明确了各层级公司功能定位明确、机构设置精简、运行专业高效的管控架构目标，要建立健全与国有资本投资公司相匹配的现代国有企业体制机制，打造“资本运作层—资产经营层—生产运营层”三层管理架构；明确了建立信息系统全覆盖，建立统一研发、统一销售、统一采购的一体化运营体系，确立多制造基地管理模式并实现初步融合的协同效应目标。

为此，中国宝武在实践中形成了“战略引领、快速有序、优势主导、方法创新”的整合总体思路。

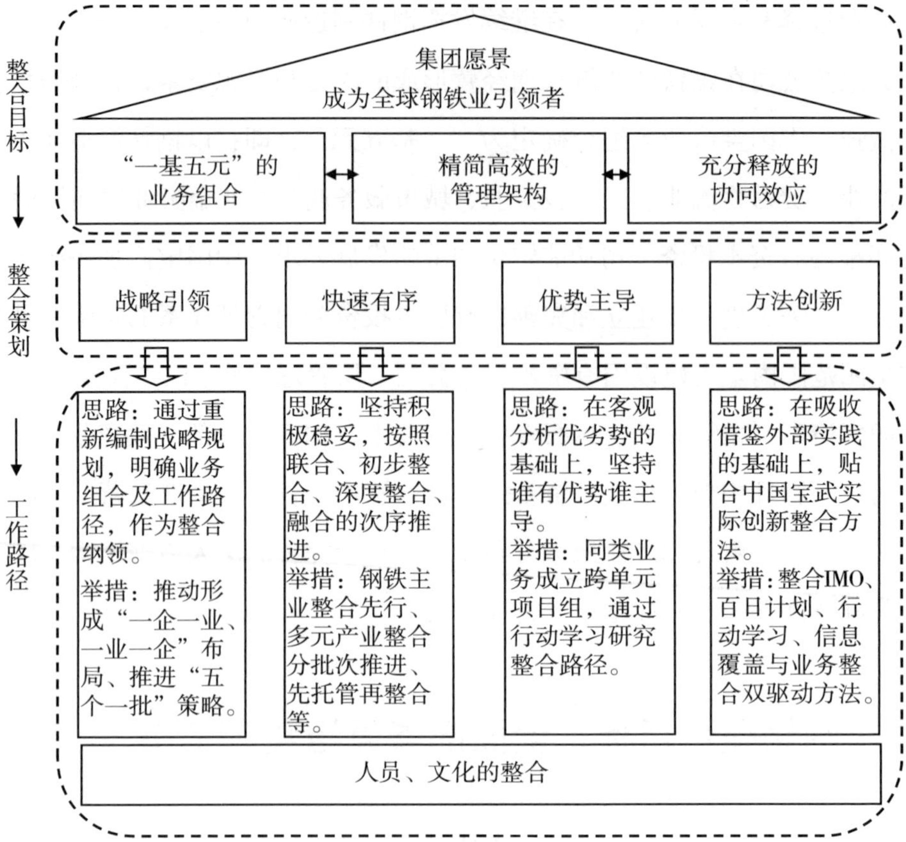

图　中国宝武深度整合管理模式

战略引领。首先要回答“整合哪些、谁跟谁整合”的问题。战略规划所确定的发展目标、业务组合、发展路径等，既为整合融合指明了目标方向，又为整合融合提供了主要路径，是开展深度整合的基本遵循。战略规划明确公司将重点发展的“一基五元”业务组合及“一企一业、一业一企”业务单元布局。因此，纳入整合范围的业务单元必须是集团公司未来将重点发展的业务，跨单元的同类业务原则上都需要整合，对不符合集团发展方向的业务不纳入整合的范畴。通过持续推进同类业务专业化整合，逐步形成边界清晰、范围明确的业务布局，解决资源的重复配置和内部同业竞争，破除重点产业发展的障碍、降低内部交易费用、形成发展合力，实现集团利益最大化。

快速有序。其次要回答“先整合谁”的问题。通过梳理，集团范围内分属于不同单元的同类业务很多，情况也大不相同。例如，全集团8个主要的钢铁制造基地均拥有固体废弃物处置利用相关业务，对这些同类业务开展专业化整合是发展方向，但并不代表一步整合到位。中国宝武选择了“钢铁主业先行，多元产业分批次推进”的整合策略，并在大部分整合项目中，采取了“先托管（管理整合）再交易（资产整合）”的整合路径。因此，随着宝钢股份吸收合并武钢股份工作的完成，2017年2月，宝钢股份的整合工作就快速全面展开。而在前期充分调研、梳理的基础上，直到2017年10月，集团公司才启动第一批多元产业的整合工作。分阶段、分批次开展整合，保证了宝武整合始终能不断取得胜利，并且最大限度地减少了震荡，切实维护员工利益。

优势主导。再次要回答在整合中“谁主导”的问题。整合的目的是“合”，整合后的管理、运行模式必须是统一的，因此，整合必须要回答由谁来主导的问题。中国宝武在联合重组之初就明确了“比较优势”原则。在钢铁主业，宝钢股份以打造具有宝钢特色的“一公司多基地”管理模式为目标，对武钢有限（原武钢股份）进行整合；在多元产业，综合考虑各地区在区位、成本、资源、环境、原有产业基础等方面的比较优势，按照谁有比较优势谁主导的原则开展整合工作。另外，中国宝武也要求，整合的主导方也要向被主导方学习。例如，整合中发现武钢有限在高炉的寿命延长方面明显比上海宝山基地要好，宝山基地也很快投入研究学习。

方法创新。最后要回答“如何整合”的问题。中国宝武整合要借鉴国际上通用的企业并购后整合方法论、学习国内外其他优秀企业的整合经验，但更要结合实际加以创新，形成宝武方法。为此，集团总部、宝钢股份、各多元产业板块子公司在实践中陆续形成了一系列有效的整合方法。例如，符合企业特点的多层级整合推进组织体系、整合百日计划工具、以行动学习为平台推动整合的方法、信息化覆盖与业务整合双向驱动方法、协同效益分析工具等。

另外，中国宝武在推进业务整合的同时，也非常注重人员、文化的整合融合，充分运用多种手段和渠道，促进共识，推动整合工作。

三、打造多基地管理模式，推进钢铁主业深度整合

一公司多制造基地管理模式的核心思想是要建立强大的、集中一贯的总部管理运行体系，最大限度地发挥整体的组织、运营能力，通过对运营流程的直接介入，推动各基地之间的协同运作，并服务好各个基地。

整合伊始，宝钢股份就明确了整合工作的总体安排、推进原则等顶层设计工作思路，将整合推进工作划分为初步整合、年度整合、深度整合三个阶段，分阶段设置工作目标，并编制整合计划。在整合推进之初，中国宝武就明确了以信息系统覆盖倒逼业务整合的指导方针。信息化整合以多基地集中一贯管控模式为指引，采用覆盖、移植等方法，按照“统一语言、统一规则、统一平台”原则，创新项目过程管控方法，形成“三单管理法”（差异清单、问题清单、任务或前提条件清单），推动信息化整合提速。在整合中更是以“三统一”为主要内容，优化配置营销、采购和研发资源。

在统一营销方面，稳妥有序推进营销体系整合，巩固和提升市场份额，优化提高用户服务水平，在保障产销平衡的基础上探索实现与多制造基地相适应的营销管理模式，充分体现销售协同效应，打造最具竞争力的营销供应链。根据工作需要，先后设立了14个工作组，负责具体项目的推进实施，将武钢有限纳入宝钢股份的产销平衡管理体系，全面完成渠道整合、产品整合销售、管理整合、信息化、子公司清理五个方面工作。青山彩涂机组成为首个实现“同品牌、同标准、同质量、同服务”标志性目标的产线。

在统一采购方面，结合原料采购物流管控系统（PLMS）、采购供应链系统（PSCS）覆盖武钢有限，对武钢有限大宗原料采购和设备资材采购业务实施“总部集中管理+属地化服务”的管控模式。坚持“资源、资金、商务、系统”四统一的原则，形成明确的整合路径图，分步实施、平稳过渡，充分发挥总部集中采购优势。

在统一研发方面，按照科技集中管理、协同效应最大化原则，稳妥有序推进研

发体系整合，完善以研究院为核心的研发创新体系，构建“一院多中心”的协同研发架构，建立统一科技管理、集中资源配置、高效服务于钢铁多制造基地技术创新管理模式。武钢有限技术中心的挂牌成立，标志着宝钢股份研发体系完成初步整合，“一院多中心”协同研发架构得以建立。

四、明确整合策略，推进多元业务深度整合

在充分梳理分析多元产业现状的基础上，中国宝武提出按“五个一批”策略推进极致的专业化聚焦整合。对主要服务钢铁但不具有社会化和市场化能力的业务，回归一批；符合战略且集团内已明确有专业化平台公司的业务，由专业化平台公司主导整合一批；符合战略但暂时不具备整合条件的业务，调整管理关系或托管一批；不符合战略但有价值的业务，出售一批；不符合战略且没有创造价值的业务，关停一批。

2018年，在总结第一轮经验的基础上，中国宝武又密集开展了面向全集团的“横向到边、纵向到底”的第二、三、四轮专业化整合。目前，大部分资产整合工作正在顺利实施，多个现代化专业平台体系雏形已现，集团公司范围内“一企一业、一业一企”格局初步形成。

在多元产业子公司全面开展专业化整合的过程中，各公司均结合自身业务特点，创新了各具特色的有效整合方法，取得了良好效果。例如，宝钢金属在整合江北公司金属制品业务过程中，形成以“托管整合”为核心的稳定器建设和以“资产整合”为核心的加速器建设经验。以“百日计划 + 管理对接”为抓手，推动改善与提升，实现托管期间业务顺行和队伍稳定，为资产收购创造条件；建立起以边际贡献分析为核心的经营分析模式，植入阿米巴经营理念，实行统一营销政策；通过对往来账进行账务处理、债转股、人员费用计提等方式调整资产负债结构，在解决历史遗留问题的同时，实现业务轻装上阵，推动在资本层面的整合。

五、统一价值观，推进人员与企业文化的融合

对重组整合而言，文化和价值观的统一是最终实现融合的基本特征。宝钢股份在整合之初，即以“同一语言、同一标准、同一平台、同一文化”为最终目标，按照“根植历史、崇尚先进、由表及里、循序渐进”的原则，迅速策划推进企业文化融合。同时，在全体员工中开展中国宝武价值观征集活动，对原宝钢集团“诚信、协同”价值观进行了丰富，确立了中国宝武“诚信、创新、协同、共享”的价值观。通过定规范、讲故事、搞活动等形式，助推企业文化“入脑入心”，着力在贯穿结合融入和落细落小落实上下功夫，引导员工自觉遵守和践行。

另外，公司还以“行动学习”方式开展培训，透过一些有共性的热点项目如“提升设备功能精度管理、无人化仓储能力提升”等难点问题，开展了一系列专题实战培训项目。在研修过程中安排内、外部专家进行导入培训，同时邀请厂部级领导担任项目导师，指导项目开展、辅导人才成长，积极组织学员赴各基地进行现场诊断及轮岗交流。通过这些实战型、研讨型的培养项目，学员们在学习中互动交流、对标找差，实现了优秀经验的共享，促进了管理技术进步及文化的融合，也推动了重点工作任务有效落地。

六、案例启示

（一）坚持目标导向，创新路径引领

坚持目标导向就是以实现目标为方向；创新路径引领就是在明确目标后，根据多方现实情况进行的方法创新，最终实现目标。中国宝武作为国有资本投资公司试点企业，以钢铁报国为使命责任，服务国家战略、优化国有资本布局、提升产业竞争力。为此，公司明确了“成为全球钢铁业引领者”的愿景，并制订了战略规划，

明确了业务组合目标，管控架构目标及协同效应目标等。中国宝武将整合融合与规划落地有机结合起来，整合融合成为实现规划目标的重要路径。在实践中，更是坚持目标导向与问题导向相统一；在整合中，明确回答“整合哪些、谁跟谁整合”“先整合谁”“谁主导”及“如何整合”等关键问题，并在目标实现和问题解决中结合实际加以创新，形成宝武方法。通过中国宝武深度整合的扎实推进，既为公司各项生产经营工作的顺利开展创造了有利条件，又为公司整体经营业绩连续翻番做出了贡献。

（二）以主业为中心的多元业务创新深度整合

主业与其他多元业务相辅相成，主业的整合创新发展为其他业务提供基础和保障，多元业务的深度整合有利于主业的高质量发展。重视主业与多元业务的深度整合对于公司的创新发展具有重要意义。对于钢铁主业发展，中国宝武通过重组整合，优化了钢铁经营资源配置，从战略高度统筹了钢铁生产基地布局；有利于在采购、营销、研发、产品、生产、管控等方面挖掘大量协同效益；有利于巩固在国内碳钢板材市场的领导地位，扩大国际市场话语权，具备与浦项、新日铁等世界一流企业相当的能力。对于多元产业发展，通过联合重组后的专业化整合工作的深入推进，有利于产业聚焦、向外发展和市场竞争力提升，快速成长为与钢铁主业协同发展，最具竞争力的绿色、智慧钢铁产业生态圈。对于重组后的集团总部，中国宝武更加具备条件按照国有资本投资公司的功能定位，向管资本转型，深化改革，实施体制机制创新，打造钢铁领域世界级的技术创新、产业投资和资本运营平台。

（三）以人为本，创新文化融合

在文化自信和引领时代发展的当今，把管理从“成本控制”型资源管理转向充分发挥人的主观能动性上来，已成为新时代实现人力、知识、技术、信息与其他生产要素相统一的“人本管理”企业文化发展趋向。在深度整合过程中，中国宝武坚持以统一价值观为抓手，着力推进人员与企业文化的融合，积累了丰富的整合融合实践经验，培养出一支“敢打硬仗、能打胜仗”的整合融合专业队伍，形成了一套并购后整合融合理念、方法、工具体系。例如，通过发起成立四源合钢铁产业结构调整基金，成功实现对重庆钢铁的重组，助力其涅槃重生。整合融合能力成为中国宝武国有资本投资公司的核心竞争力之一，中国宝武深度整合实践为其未来持续开展钢铁行业并购重组、持续引领中国钢铁行业转型升级打下了坚实的基础。

第十三章　内蒙古电力公司：基于开放竞争的混合所有制增量配电管理

内蒙古电力（集团）有限责任公司（以下简称内蒙古电力公司）是内蒙古自治区直属国有独资特大型电网企业，是独立于国家电网、南方电网的第三个输配电功能齐全的电网企业，负责建设运营自治区中西部电网，供电区域 72 万平方千米，承担着自治区 8 个盟市工农牧业生产及城乡 1429 万名居民生活供电任务。同时，向华北电网、陕西榆林和蒙古国供电。2018 年，公司资产总额 1067.66 亿元，实现售电量 1953.38 亿千瓦·时，营业收入 775.96 亿元。在中国企业 500 强榜单中名列第 249 位，中国服务企业 500 强名列第 98 位，居内蒙古自治区 30 强企业首位。近年来，内蒙古电力公司积极探索混合所有制增量配电管理实施路径，并在国家批复的增量配电业务改革试点率先进行实践应用，取得良好效果。

在创新实践中，内蒙古电力公司结合地区经济社会发展实际及行业发展现状确定管理指导思想及目标。通过优化完善混合所有制下的公司股东构成，内蒙古电力公司科学开展了混合所有制增量配电网项目公司的股权划分，创新了运营体系。同时，内蒙古电力公司将垄断性业务和竞争性业务有机结合又相对独立运营，形成了两种业务相互补充、彼此支撑的新型运营管理模式。为构建增量配电业务配套服务体系，内蒙古电力公司还建立跟踪反馈机制、动态考核机制，开展关键环节风险防控，促进与完善基于开放竞争的混合所有制增量配电管理模式创新过程。

一、明确指导思想和基本原则，树立管理目标

内蒙古电力公司按照自治区党委政府要求，秉承高质量发展及“全新责任蒙电”定位，在深刻理解认识电网企业公用、公益属性和保障服务定位的基础上，站在讲政治的高度，结合蒙西地区经济社会发展实际、电力工业发展现状，提出三个主要指导思想。一是着眼落实国家改革要求和自治区改革总体部署、更好地支撑自治区经济社会快速发展、更好地服务自治区大局。二是着眼解决自治区电力深层次矛盾和问题，推动自治区电力工业健康有序发展。三是着眼促进开放竞争、资源共享，电网公司不在其中谋求利益，勇担改革使命、落实各项改革任务。

在指导思想的统领下，内蒙古电力公司结合地方各市场主体改革意愿、目标及要求，充分开展关键要素分析，明确了基于开放竞争理念的增量配电管理“五个坚持”原则。一是坚持公平开放，引入各类资本。按照资本构成，依据公司法和现代企业制度构建混合所有制项目公司，推动混合所有制改革与增量配电业务改革相结合。二是坚持市场原则，协同协调。遵循电力工业技术经济规律和电的商品属性，推动市场在资源配置中发挥决定性作用。三是坚持电网统一规划、安全稳妥。四是坚持优质服务，健康发展。满足电力用户多元化服务需要，提升市场化服务效能。五是坚持特定功能，保底服务。坚持增量配电网对所覆盖营业区提供基本公共服务供给，更好承担电力普遍服务、社会保底服务责任和公益性服务。

根据指导思想和基本原则，内蒙古电力公司提出基于开放竞争理念的增量配电管理目标。一是保持电网公平开放，优化电网结构，保障地区电力安全可靠优质供应。二是促进竞争，有效提升增量配电业务试点园区电力资源配置效率，保持企业合理用电成本。三是向用户提供优质用能服务，更好履行社会普遍服务和保底服务。四是保障市场中各类企业健康和可持续发展，持续提升电网拉动地方经济发展能力。

二、创新体制机制设计，优化运营体系

作为电力产业链中核心环节的企业，内蒙古电力公司着眼助推电力产业的良性竞争和健康可持续发展，大力配合地方政府，积极与市场主体共同商讨，在充分了解各方主体改革发展诉求的基础上，与区域内包括地方政府、发电企业、电网企业、用电企业在内的多元化市场主体共同构建符合改革要求和市场发展需要的体制机制。一方面，调动各市场主体积极性，总体优化和调控区域内各用能主体，系统优化电力资源配置能力。另一方面，通过吸收不同资本改革诉求、价值理念和对市场的理解判断，借鉴合作各方的专业优势，形成全新的增量配电业务体制机制和运营管理模式，保障增量配电业务高质量发展。

在开放竞争的增量配电业务理念基础上，内蒙古电力公司按照国家明确的“鼓励电网企业与社会资本通过股权合作等方式成立产权多元化公司经营配电网”的原则参与改革，在增量配电业务领域引入竞争，组建增量配电网的投资运营主体，参与市场竞争，有力促进市场主体多元化。一是优化完善混合所有制增量配电项目公司的股东构成。内蒙古电力公司会同区域内包括中央资本、地方资本（自治区和旗县两级）、民营资本在内的多元化市场主体，合作组建混合所有制项目公司。二是科学开展混合所有制增量配电网项目公司的股权划分。内蒙古电力公司按照国家相关政策文件精神，与各市场主体共同协商，提出在试点地区配电网资产分布的基础上，协商确定股比构成，支持试点园区内无资产又必须参与配售电公司的其他相关方现金入股，实现责权对等。

三、明确业务边界，推动业务有机衔接

配电网具有支撑保障区域经济社会发展的特定功能性（公用性、基础性、公益性），具有较强的自然垄断属性。而售电环节则为用户提供个性化和定制化的各类

市场化服务，竞争属性突出。内蒙古电力公司与各市场主体深入协商，在增量配电业务混合所有制项目公司的组织架构和运营模式上进行创新，提出将增量配电业务环节中的垄断性业务与竞争性业务即有效分离又协同协调的管理思路，具体做法是由合作组建的混合所有制项目公司出资组建成立两个子公司：一个是配电公司，另一个是售电公司。在职责上，配电公司负责增量电网规划、建设、运营和管理等相关职能，保障电网安全可靠供电，履行社会保底供电和普遍服务等职责；售电公司则根据自身发展实际需要和用户用电状况，依托发电企业发电资源优势，以及社会资本的灵活性，负责全部竞争性业务，包括用户合同管理、综合能源服务、节能服务、用能咨询、交易代理等职能。在科学划分并推动垄断性业务和竞争性业务相对独立运营的同时，内蒙古电力公司注重两项职能有机衔接，确保整体业务的高效协同推进。一方面，通过垄断性业务保障电网的安全可靠供电，为发展竞争性业务打下坚实的网架基础；另一方面，竞争性业务通过市场化手段，及时将市场信号反馈垄断性业务，不断优化电网规划布局，提高电力资源配置效能，满足用户多元化用能需求。两者高效配合，形成市场环境下相互补充、彼此支撑的新型运营管理模式，如图 13–1 所示。

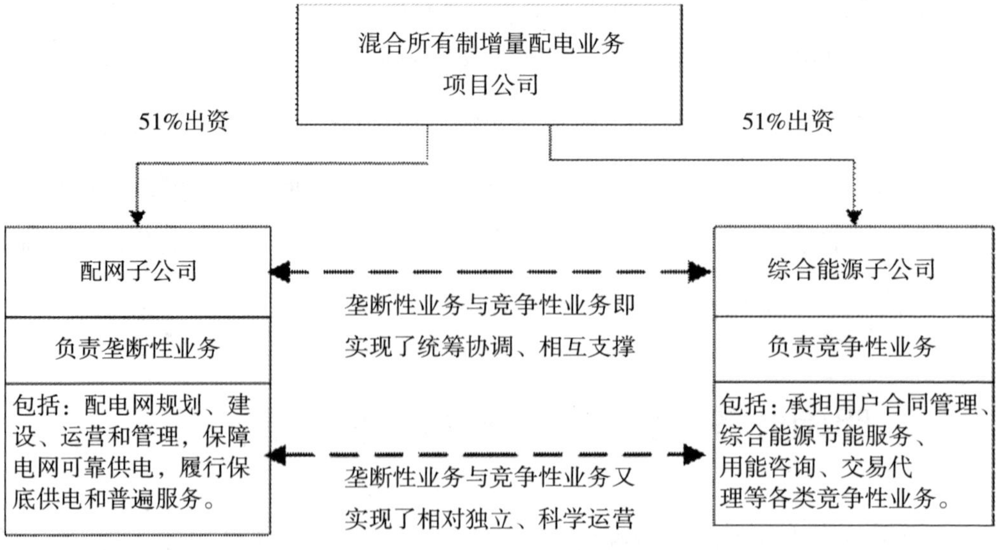

图 13–1　分别设立子公司实现业务独立

四、厘清增量存量关系，推进增量配电业务改革

处理好增量配电业务改革试点地区存量与增量的关系，是落实好增量配电业务改革工作的难点和关键点。在清晰划分存量电网与增量电网营业区域边界的基础上，内蒙古电力公司发挥电网技术管理专业优势，提高认识、更新观念，全力支撑增量配电业务改革，厘清存量与增量之间的物理网络边界和管理职能，明确责任、权利与义务，研究制订增量配电网与主网间的调度协议、安全协议、并网协议、供电协议、结算协议等法律协议文本，规范增量配电网与存量电网间"网对网"关系，构建不同主体间协调协同运营管理电网新模式。

按照《内蒙古自治区电力体制改革综合试点方案》要求，为更好地推动增量配电业务改革落地，内蒙古电力公司牢牢把握"稳妥起步、试点先行、分步实施、规范运作"的原则，按照国家和自治区已经出台的相关政策要求，与各市场相关方经过多轮磋商，最终与鄂尔多斯市人民政府、华能北方联合电力公司、亿利资源集团有限公司四方签署《框架协议》，四方单位以混合所有制方式组建润达能源管理服务有限公司，如图 13-2 所示。

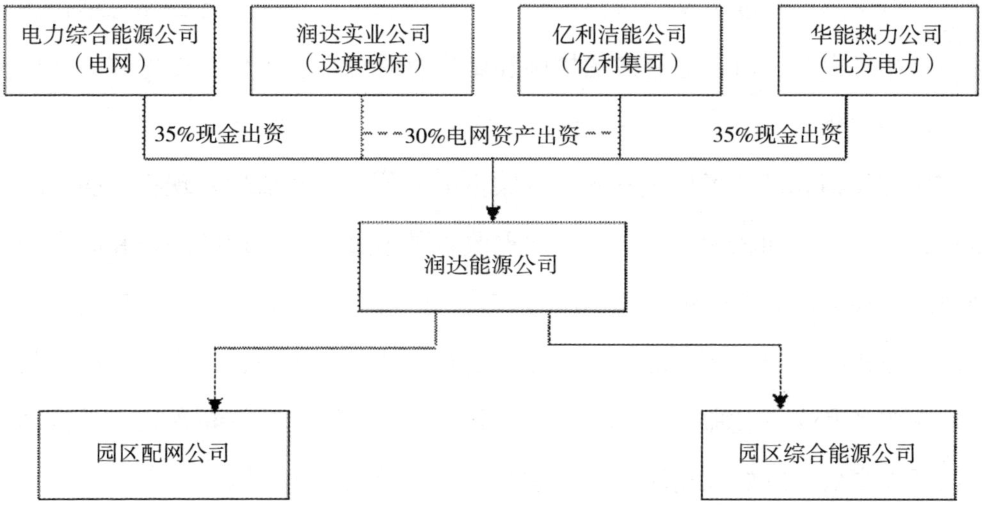

图 13-2　润达能源公司组织架构

按照垄断业务和竞争业务分离的原则，润达能源公司分别设立配网公司和综合能源公司。两公司均按照公司法及现代企业制度运营管理，积极开展市场预测、负荷预测、价格测算，协助企业参与多边交易市场等专业化服务。企业运营过程中，强化全员绩效管理，推行薪酬与经营效益挂钩，充分发挥绩效管理效能，全面建立市场化运营机制。

五、定期动态评估，促进循环改进

为促进与完善基于开放竞争的混合所有制增量配电管理模式创新过程，内蒙古电力公司建立跟踪反馈机制、动态考核机制，开展关键环节风险防控，构建增量配电业务配套服务体系。

为了全力支持、促进和推动改革试点进程，内蒙古电力公司作为达拉特经济开发区增量配电业务改革试点项目公司的出资方之一，建立项目推进月报机制协调机制，随时关注、跟踪改革推进情况，不定期召集相关方召开推进会和协调会，积极协调解决推进过程中的相关事宜。

同时，内蒙古电力公司对配合改革试点开展工作的相关分公司、子公司建立考核机制，科学制订年度、季度考核细则，从目标制订、实施、考核和总结提高四个方面不断循环提升，对行之有效的措施和做法及时总结、提炼，使先进的管理机制和方法得到固化。

在跟踪反馈和动态考核过程中，内蒙古电力公司及时梳理发现存在的风险点和异常点，以异动和问题为导向，针对试点改革推进过程中发现的问题和制度漏洞，加强风险管控。同时不断创新营销服务方式，坚持市场化导向，以客户为中心，设立专门服务机构，通过精准对接，制定灵活有效的服务策略，探索提供供电延伸服务、定制服务和人性化服务，利用“互联网 +”、智能电网等新兴技术，推动营销服务向智能高效、友好互动转变，构建全新的增量配电业务服务体系。

六、案例启示

（一）优化多方资源配置利用

优化资源利用配置不仅仅是内部的资源利用优化，更是协同外部力量，综合利用，全方位高质量发展的过程。新时代的企业应是注重经济效益和社会效益的高水平企业，应有效发挥自身优势，参与促进整体经济的高质量发展。内蒙古电力公司通过联合发电企业、电网企业、地方政府出资企业、民营企业等市场主体，解决目前增量配电业务改革推进过程中存在的诸多问题，有效推进改革落地实施。在实践中，内蒙古电力公司在承担好电网企业社会普遍服务和保底服务职能的基础上，提高增量配网投资效率和运营效率，提升增量配电网安全、经济、可靠供电服务水平。通过协调电网规划，优化电网结构，保障地区配电网的安全经济可靠运行，推动国有电网资产的保值增值，避免社会资源闲置浪费；推动试点地区电力资源的高效配置，保持合理电价水平；推动提升供电服务质量，保障电力社会普遍服务和保底服务；推动地方政府整体产业规划和增量配电网合理布局，更好发挥电力资源集聚效应，帮助地方吸引更多企业入驻园区，带动园区产业规模化协同化发展，助力地方社会经济的低碳、协调、健康发展，具有一定的经济效益和社会效益。

（二）创新合作方式，共融共赢

国有经济在经济发展中占主导地位与市场在资源配置中发挥主导作用相结合是中国特色社会主义市场经济的典型特征。混合所有制改革是两者能够有效结合的重要机制。将民营资本引入国有经济的运行中，能促使国有企业真正走向市场，成为平等的市场竞争主体，提升资产运营效率、增强创新能力，实现放大国有资本功能、提升国有经济市场竞争力的目的。内蒙古电力公司通过创新融合国有企业与社会资本合作形式，将国有资本系统、全面、规范等方面的优势与民营资本灵活、高效、创新等方面的特点进行有效结合，实现国有企业和民营企业在推进增量配电业务过程中开放竞争与资源共享，通过创新体制机制，打造国有资本与社会资本的“混合动力”，进一步放大国有资本功能，激发企业活力，促进企业高质量发展。同时，各市场主体依托各自专业优势，按照划分业务范围，建立协作共商机制，市场各主体话语权及核心利益得到有效保障，形成多方市场参与主体共商共建，共同维护市场公平公正的良好产业环境，以及合作共赢的良好局面。

（三）加强过程管控，推进精益化管理

精益化管理带来了全新的思维方法和理念，使各种元素在各流程之间尽可能以最快、最协调的形式互为传递，从而实现精益化管理目标。通过构建与实施基于混合所有制改革的增量配电管理，并定期动态评估持续改进提升，内蒙古电力公司改革业务管控显著加强、专业沟通协调更加顺畅、责权利匹配更加强化，考核激励更加科学有效，管理精益化得到提高，管理机制和组织机构得到健全优化，管理理念和价值认同进一步落地生根。特别是建立实施全新的增量配电业务运营模式，形成具有蒙西电网特色的增量配电管理模式，为内蒙古电力公司全面树立“全新责任蒙电”品牌做出积极贡献。这一管理模式特点突出，具有较强的扩展性与示范性，在操作层面能够落地实施，对深化增量配电业务改革具有良好的示范推广应用价值，能够为全国其他地方电网企业在增量配电业务领域转型发展提供参考借鉴。

第十四章　中核集团：构建国际化的风险管理体系

作为国家核能发展与核电建设的国有重要骨干企业，中国核工业集团有限公司（以下简称中核集团）正在积极实施国际化经营战略，以核电“走出去”为龙头，带动核设备、核燃料、核环保、核技术应用等全产业链“走出去”，主要通过制订国际化战略，科学防控风险；建立并持续完善国际化风险管理体系；灵活应对核电“走出去”的政治风险；采用最高标准确保安全技术风险可控；集中力量管控海外工程建设风险；采用集团运作应对融资风险等创新性实践，积极推动风险管理工作适应国际化经营理念，不断健全风险管理体系，完善风险管理流程，实现风险管理与具体业务的深度融合，加快稳健引领核电“走出去”。近年来，我国核电产业一直处于高速发展中，科技进步速度加快，创新能力不断增强，努力打造具有自主知识产权的核电品牌，从而形成了后来居上的强劲竞争力。[①] 截至 2018 年年底，中核集团资产总额 6943.6 亿元，拥有 700 多家成员单位，2018 年实现营业收入 1520.35 亿元，利润总额 158 亿元，全面优于国资委年度考核目标，连续 14 年获得国资委考核 A 级。

一、制订国际化战略，科学防控风险

（一）制订国际化经营战略

国际化是中核集团重要的战略方向，为此中核集团专门制订了国际化经营

① 李鑫. “21 世纪海上丝绸之路”框架下中国核电“走出去”战略研究［D］. 北京：中共中央党校，2016.

“十三五”规划，明确要打造海外开发平台，大力推进核电“走出去”，以核电出口为龙头，带动核能全产业链“走出去”。提出到2020年，集团公司海外业务收入在集团主营收入占比超过20%，实现产业全球化布局，国际化经营的核心竞争力显著增强，全面实现“世界一流”的企业目标。在核电“走出去”方面，力争“十三五”期间新出口6台百万千瓦级核电机组。专题规划明确了中核集团“走出去”的路径，确定了以核电为龙头，以核电带动其他相关产品与服务“走出去”的宏伟蓝图，并将国际化经营风险防控能力作为需重点提升的能力之一，通过建立健全集团、成员单位国际化经营风险管控体系，落实集团国际化经营风险管控主体责任，持续提升国际化经营风险防控能力和水平。

（二）建立国际业务市场开发平台

为统筹中核集团各板块单位之间的海外业务关系，加强和整合集团内部“走出去”资源，形成合力，实现“走出去”工作“一盘棋”，中核集团将分散在集团公司各产业板块的海外开发业务进行了整合，将中国中原对外工程有限公司（以下简称中原公司）专门设立为中核集团海外业务专业化公司，并对有关成员单位进行归口管理，打造成集团公司海外开发平台，形成集团公司全产业链的对外开发的合力。建立了集资本运作、市场开发、境外工程承包、研发设计、对外贸易等功能一体的海外开发平台，提升了集团公司对海外开发风险整体管控能力。

（三）构建海外核电市场信息智库

中核集团成立了战略规划研究总院，作为集团核电“走出去”专业智库。提供基本情况和重大问题研究，长期跟踪国外核领域最新动向，常年出版《国外核市场动态》《国外核新闻》等刊物，分析国外领域动态信息，为中核集团研判国际市场情况、应对国际核领域突发事件、开展对外合作提供支撑。针对“一带一路”沿线和周边的重点目标国的基本国情、经济形势、电力市场、核工业现状、核电发展政策和计划、竞争对手动向等问题开展系统、深入的跟踪调研；针对20多个非重点目标国的核电现状、政策和未来计划等内容进行了概略调研，为中核集团海外核电市场开发提供了良好的信息支撑。

（四）发挥整体优势支持保障

一是全产业链保障。中核集团拥有完整的核工业全产业链，具有强大的科技研发能力，凭借着雄厚的技术实力和完整的产业链，围绕核电“走出去”能够提供铀矿地质调查、铀矿采冶、核燃料供应、设备制造、核设施退役后处理等“一站式”服务，为核电“走出去”奠定坚实的产业基础，也为核电“走出去”各类风险的有效管控提供了有效的支撑。在以核电为龙头带动其他产业“走出去”的同时，也通过核工业其他产业链的“走出去”工作，为核电“走出去”开拓市场。

二是国内外资源统筹保障。在核电“走出去”过程中，充分发挥集团公司在技术、设备、人才、管理等方面的优势，多渠道、全方面保障海外核电项目的顺利推进。建立国内外核电项目经验交流共享机制。将国内项目建设和管理中遇到的问题和经验反馈到海外核电项目，以便海外核电项目部提前制订预案。

二、建立并持续完善国际化风险管理体系

核电项目的风险管理是一个系统性的过程，风险管理体系的构建应围绕项目的总体目标，明确相应的风险管理内容、管理标准，配套相应的风险识别、分析、应对等工具。[①] 未来，全方位、全过程、动态的风险管理将成为项目风险管理的发展趋势，因此，风险管理体系的构建也应顺势而为，根据项目风险管理目标的变化，进行持续的完善。

① 蒋乐．关于构建核电项目风险管理体系的设想［J］．企业改革与管理，2016（15）：11-12.

（一）构建“四位一体”的核电“走出去”风险管理组织体系

中核集团确立了集团总部领导、专业化公司负责、成员单位组织实施、海外项目部具体落实，四位一体、上下联动的“走出去”风险管理组织体系。明确了中核集团总部、专业化公司、成员单位、海外项目部各级组织在“走出去”风险管理体系中的管理职责，并按照“业务谁主管、风险谁负责”的原则，将风险管理责任层层落实集团总部各部门、产业板块、成员单位、海外项目部。集团总部层面，董事会是“走出去”业务的决策机构，负责确立“走出去”风险管理总体目标和任务、总体风险偏好和风险承受度，并按照决策权限，审批中核集团“走出去”重大项目及事项。中原公司作为国际化经营风险防控的责任主体，负责组织建立健全本板块的“走出去”风险管理体系，组织开展板块“走出去”风险管理日常工作。开展“走出去”项目及业务的成员单位具体负责组织实施“走出去相关项目的风险管理工作”。各核电海外项目部负责建立海外项目风险管理体系，具体落实风险管理措施，并定期按要求进行报告。

（二）建立分级、分层的核电“走出去”风险管理制度体系

中核集团制定了分级、分层的核电“走出去”风险防控制度体系。在集团公司层面，以《中国核工业集团公司全面风险管理办法》《重大项目（事项）专项风险评估及程序性合规审查办法》《关于建立中核集团“走出去”风险防范机制的指导意见》等，对核电 “走出去”风险管理做出明确要求；专业化公司层面，中原公司制定了《全面风险管理办法》《重大项目（事项）风险评估暂行规定》《重大项目（事项）风险评估程序性合规审查工作程序》《在建核工程 TOP10 管理程序》等风险管理制度，明确了核电“走出去”风险管理的要求。各成员单位按照要求结合自身实际制定了本单位“走出去”风险管理有关制度；海外项目部层面，中核集团各海外核电项目均在项目管理大纲的基础上，制定和发布了本项目的风险管理制

度和程序。

（三）确立全过程的核电“走出去”风险管理流程体系

一是实施重大项目全方位尽职调查流程。中核集团在核电“走出去”项目前期，充分开展尽职调查，论证项目可行性。建立了内外部专业机构合作机制及收集核电“走出去”项目关键内外部信息的机制，和全球知名投资银行、律师事务所、会计师事务所等建立了良好的合作关系，同时，充分发挥国家驻外机构和公司驻外办事处的作用，制订商务调查清单收集外部信息。组织对相关信息进行全面分析和测评，通过中介机构审查、项目建议书及可研报告专家论证，多维度对项目进行论证。

二是实施重大项目专项风险评估流程。在核电“走出去”重大项目决策前深入开展专项风险评估。按照集团公司《重大项目（事项）专项风险评估及程序性合规审查办法》，核电“走出去”项目在项目立项、可行性研究、合同谈判等决策前阶段组织开展评估，全面评估项目面临的主要风险，并在决策前提交专项风险评估报告。在开展风险评估的基础上，要提交项目专项风险评估报告，对项目面临的主要风险进行分析，包含项目基本情况、项目风险分析、风险防控应对措施、风险评估结论及总体意见等，并对项目面临的主要风险进行分析和提示，确保对项目风险做到心中有数。

三是实施重大项目决策前风险审查流程。中核集团坚持对于核电“走出去”等重大项目决策前对专项风险评估情况实施程序性合规审查。在项目主办部门完成风险评估，提交决策之前，各级风险管理部门按要求组织对项目的风险评估情况开展程序性合规审查，重点审查是否按要求开展了专项风险评估，重大风险揭示是否客观，风险应对措施和方案是否切实可行等，重点把控项目风险评估质量、提示重大风险。对风险揭示不够全面的项目，要求有关单位重新进行评估。

四是实施重大项目风险动态跟踪与管控流程。中核集团确立了常态化风险管理机制，强化项目过程风险管控。海外核电项目部按照“业务工作谁主管、风险管理谁负责”的原则，严格落实风险防控责任，定期评估风险，按月编制“TOP10 风险管理月度简报”、按季度发布“风险评估季报”、定期报送“风险管理报告”，对重大风险进行动态分析、预警和管控，直至风险关闭。

（四）分析研判核电“走出去”重点风险体系

为了有的放矢地做好风险应对，中核集团组织对核电“走出去”开展了系统风险评估，分析研判了核电“走出去”面临的主要风险。一是政治风险，据有关机构统计分析，2005—2014 年发生的 120 起“走出去”失败的案例，其中 25% 的案例失败是因为政治原因，由于核电项目自身的敏感性，受到国际政治环境影响更为明显。二是核安全及技术风险。目前国际社会及公众对核安全的关注极高，确保核安全风险受控是核电“走出去”的前提条件，核工业属于技术密集型高端行业，面临的安全和技术风险比较突出。三是工程建设风险。国际核电工程项目投入金额巨大、建设周期长，施工难度大，影响因素众多，且受到东道国工业基础水平的制约，工程建设风险极为突出。四是融资风险。核电项目需要巨额投资，目前中核集团核电“走出去”项目大部分是在经济欠发达的国家和地区，目标国资金严重不足，融资困难，能否协助妥善应对融资风险，对项目能否顺利“走出去”至关重要。

此外，核电“走出去”过程中，还面临法律与合规风险、人力资源风险、利率汇率风险、文化融合风险、运营风险等各类风险，这些风险相互交织，错综复杂。中核集团通过对风险的系统评估，明确了核电“走出去”风险管理的重点，为在重点领域采取有针对性的风险管理措施确保风险管控效果奠定了基础。

（五）实施计划完备、动态调整的核电“走出去”风险应对体系

中核集团在核电“走出去”过程中，坚持“业务工作谁主管、风险管理谁负责”、风险应对与具体业务相融合的原则，明确业务部门的风险应对责任。针对不同风险，各业务部门和业务领域，结合具体风险状况，综合考虑本单位及项目的风险偏好和风险承受度，确定风险规避、风险转移、风险控制等风险管理策略，制订

风险应对方案，明确风险管理的负责人，分解确定具体行动项及措施，每一个行动项及措施的具体目标、责任人、时间节点、需配备的资源等，并组织实施。风险应对方案实施过程中，业务部门要根据风险变化实际情况，动态调整具体措施，确保风险应对及时、有效。对涉及集团层面重大风险的事项，在风险应对过程中，由集团公司领导牵头，组织制订风险应对方案，组织协调集团内外各方力量进行应对。

三、灵活应对核电“走出去”的政治风险

由于核电的特殊性和敏感性，政治风险是核电“走出去”需要首先考虑的风险。为此，中核集团将政治风险作为核电“走出去”风险管理的重要内容。

（一）以优秀业绩深耕传统友好国家市场

对于巴基斯坦等传统的友好国家，中核集团深耕其核能市场，充分发挥政治环境的优势，不断扩展和巩固市场。中巴核能合作是中巴构建“全天候”战略合作伙伴关系的重要组成部分，受到历任中巴两国领导人的亲切关怀。两国政府于1986年签署政府间和平利用核能协定，在核能领域开展了良好的合作。中核集团出口巴基斯坦的恰希玛核电站已经成功并网发电，投产运营至今，安全指标和运行业绩良好，得到国际原子能机构的好评，为当地的经济发展、环境保护做出了重要贡献，被誉为“南南合作”的优秀典范。良好的业绩为持续的合作奠定了坚实的基础。

（二）高度重视新兴市场目标国政治环境风险预判

对于新兴国际市场，中核集团在考虑进入目标国市场时，高度重视并研究目标国的政治体系、宪法、选举制度等，积极掌握和关注国家政策和法规的变化，并进行合理预测。尤其是在市场开发的早期阶段，深入研究目标国的政治制度，其宪法、总统和议会的职能、选举制度等，研究主要党派政治主张，以及背后的利益集团，

执政党和在野党在核能领域的态度等，保证中核集团对目标国的国情、市场有充分的了解和预判，为规避和应对项目政治风险奠定基础。

（三）根据目标国政治局势变化积极调整风险应对策略

中核集团及时跟踪分析目标国政治局势的变化，对项目的影响情况进行详细分析并做好预案。如在阿根廷核电项目中，中阿核能合作得到了原总统克里斯蒂娜的支持，并签署了阿根廷重水堆项目商务合同。随后阿根廷政府换届，马克里总统上台，新政府上台后更换了阿根廷核电公司的负责人，要求对重水堆合同进行重审，推翻原有的合同模式，对该项目的推进带来一定的不利影响。对此，中核集团加强对当地局势的分析，制订相应预案。积极与新政府进行沟通，利用阿根廷总统访华契机，与其就推动核电站早日开工建设，商务和融资工作进行了深入交流。通过一年多的谈判，2017 年 5 月 17 日，中核集团与阿根廷核电公司正式签署了重水堆和“华龙一号”压水堆总合同。

（四）借助政治资源防范海外核电市场开发风险

中核集团充分借助各类资源争取政治支持，通过高层协调、国际交流等方式，推进海外核电项目进展。根据目标国及项目情况，提前储备相关资源，积极向有关政府部门汇报，制订提请政府协助的事项和策略。推动高层互访，保障高层协调机制常态化实施，借助政府高访等有利契机，推进开展核能市场开发。发挥政府活动、国际交流互动等平台的作用，为项目推进创造条件。如在与阿联酋合作中，中核集团积极参与 2016 年 8 月阿联酋青年大使代表团实习工作。在与马来西亚合作中，中核集团与马来西亚校企联合，帮助马来西亚培养核能人才，为双方后续的核能合作奠定基础。

四、采用最高标准确保安全技术风险可控

（一）坚持“安全是核工业生命线”理念

中核集团坚持“安全是核工业的生命线”的安全理念，以国家总体安全观为大局，坚持从高从严标准，管控全产业链条全过程，提高从严监管能力，推动核事业持久安全健康的发展。将“安全”“责任”作为中核集团的核心价值观，不断渗透到全体员工的行为和工作之中。坚持人的生命高于一切，牢固树立以人为本，把不牺牲生命为代价作为一条不可逾越的红线。积极培育核安全文化，牢固树立“人人都是最后一道屏障”的理念，建立科学、系统、主动、超前、全面的安全隐患排查体系，使安全防范工作一环扣一环，防患于未然。坚持“尊重自然、绿色发展”的环保理念，注重持之以恒的技术探索，不断创新优化生产方式，减少对环境的危害，实现企业与自然环境的和谐共生。在核电建设和管理过程中，中核集团始终将安全管理放在工作的第一位，以严、慎、细、实的工作作风，采取切实有效的措施确保核安全，力争做到万无一失。

（二）采用最高安全标准确保本质安全

“华龙一号”是在我国30余年核电科研、设计、制造、建设和运行经验的基础上，根据福岛核事故经验反馈及我国和全球最新安全要求，研发的先进百万千瓦级压水堆核电技术，实现了先进性和成熟性的统一、安全性和经济性的平衡、能动与非能动的结合，具备国际竞争比较优势。作为中国核电“走出去”的主打品牌，“华龙一号”以“177组燃料组件堆芯”“多重冗余的安全系统”和“能动与非能动相结合的安全措施”为主要技术特征，采用世界最高安全要求和最新技术标准，满足国际原子能机构的安全要求，满足美国、欧洲三代技术标准，其安全指标和技术性能达到了国际三代核电技术的先进水平，为核电走出去奠定了坚实的技术保障。

（三）提前布局防范海外知识产权风险

中核集团高度重视海外知识产权布局，结合“走出去”技术路线提前开展筛选和分析，提前统筹布局，争取获得主动权以保护自身知识产权。一是开展专利“排雷”，进行专利侵权检索，采用主动规避和破解壁垒两种手段进行风险防范活动。二是海外“布雷”。对拥有较强的核工业实力、有较为完善的专利保护法律体系且对其有明确出口意向的国家，提前开展专利布局，防控竞争对手利用专利为核电“走出去”造成技术壁垒的风险，为“华龙一号”走出去创造了良好的条件。

（四）不断提高中国标准的国际影响力

中核集团积极在海外推广华龙技术标准。一是参与国际权威机构审查，以争取在“走出去”过程中获取优势。如中核集团与 IAEA 签署 GRSR（IAEA 反应堆安全审查的简称）审查的协议，启动并通过了 IAEA 对“华龙一号”（ACP1000）的审查，这也是我国自主三代核电技术首次面向国际同行审查。二是通过参与经合组织核能署的“华龙一号”MDEP（多国设计评价计划），形成共同技术立场，提高“华龙一号”国际认可度。三是加强与目标国用户和监管机构交流，与巴基斯坦原子能委员会（PAEC）、阿根廷核电公司（NA–SA）、沙特核能和可再生能源城、伊朗和约旦等国的原子能委员会通过会议、培训、现场参观等方式开展了频繁的技术交流，推动国际社会对于中国产品及技术标准的认可。

五、集中力量管控海外工程建设风险

在海外建设核电，面临的条件通常比较恶劣，当地资源匮乏，核工业基础配套设施落后，电力缺乏，设备物资运输困难，劳动力资源匮乏。面对层出不穷的问题，中核集团海外项目团队勇于创新，克服各种困难，使海外核电项目建设有条不紊地进行，工程进度、质量、安全、投资各类风险得到有效管控。

（一）开工前组织开展同行风险评估和沙盘推演

同行评估过程中，中核集团组织行业领域内的专家，运用现场巡视、活动观察、文件查阅和人员访谈等方法，对项目整体管理、采购与合同管理、设计管理、设备和材料管理、施工管理、信息和文档管理、培训和授权、质量保证、进度管理、成本控制、安全和环境管理、风险管理等领域开工前准备工作进行深入客观的评估，形成评估结论，提出工程项目待改进项和改进建议。根据评估结果，形成同行评估整改计划，根据重要程度和关注程度对行动项按一、二、三星进行分级管理，并进行回访及跟踪，确保整改措施的落地。

在“华龙一号”沙盘推演过程中，中核集团主要针对“新设备、新厂家、新工艺”进行沙盘推演、模拟，在设计领域、采购领域、施工领域开展了多次演练，特别是针对以往其他项目中经常出现问题的主泵、DCS 等关键设备进行了推演。中核集团通过组织沙盘风险推演，识别核电项目建设相关领域的问题和风险，制订应对措施，为项目建设安全、质量、进度、投资控制受控提供了坚实的保障。

（二）采用蒙特卡罗等先进手段进行风险量化管理

在核电项目实施过程中，风险因素非常多，风险信息千头万绪，在风险定性分析的基础上，准确的定量分析对于管理者做出有选择的、科学有效的管理决策非常重要。中核集团在核电项目管理中，加强了量化分析手段和工具的运用，取得良好成效。以核电项目工期风险的量化分析为例，中核集团组织专家进行风险分析后，确定乐观工期、最可能工期、悲观工期，再利用蒙特卡罗方法来分析出项目建设的预期工期。以 X 号机组为例，加入风险量化分析后的总工期概率分布曲线如下图所示，在图中选取总工期实现概率 80.13%，对应总工期为 62.49 个月。

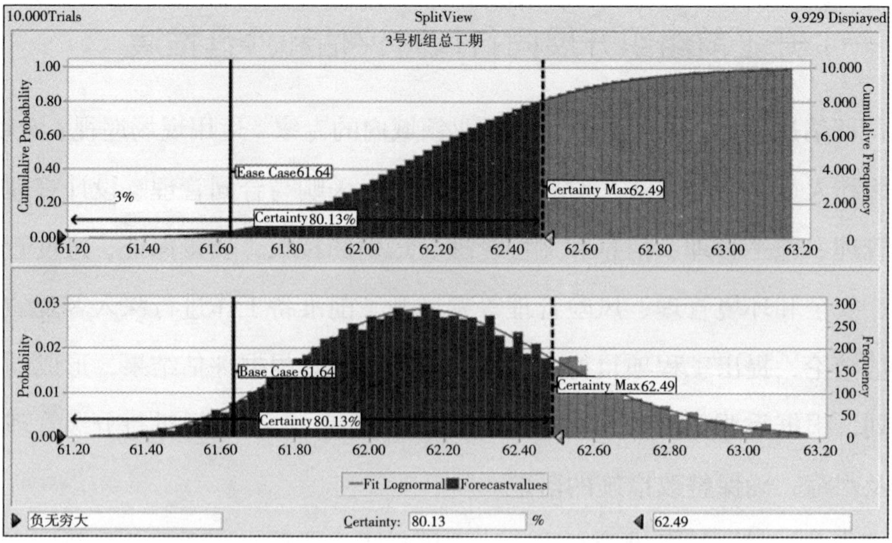

图　总工期概率分布曲线

（三）运用新技术、新方法有效应对进度风险

创新一直是中核集团核电项目建设过程中的灵魂。在国内外核电项目建设过程中，中核集团实现了大体积混凝土浇筑技术、双层安全壳施工技术、开顶法施工技术、大型模块化施工技术、三代核电主系统数字化安装技术等大量新技术、新成果的突破和应用，提高了核电项目建设的新水平。特别是在海外“华龙一号”K2、K3 项目建设过程中，经过充分论证，中核集团引入了不同于传统施工方法的主设备预引入法，先安装主设备后进行穹顶吊装，显著缩短项目建设关键路径工期。该方法的成功实施，预计可以创造 14 亿元的经济效益。持续的创新实践，使 K2、K3 项目核岛主管道焊接这一关键路径上的工作分别被提前了 7 个月和 8 个月，整体缩短了“华龙一号”核电站的建设工期，提高了工程安全性和经济性，增强了“华龙一号”的国际竞争力。

（四）采用 TOP10 方法管控项目各层级风险

项目 TOP10 风险管理是指按照项目具体风险发生的可能性及对项目的影响程度和紧急程度进行综合评价，确定对项目目标具有重大影响的风险和问题，并进行重点管控的方法。经过多年的实践和探索，TOP10 风险管理模式已经在中核集团海外核电建设项目中得到广泛使用，并在核电工程建设项目重大风险管控方面发挥了良好的作用。中核集团海外核电项目 TOP10 分为领域 TOP10、项目 / 采购经理部 TOP10、公司 TOP10 等不同层级。在各层级 TOP10 确定过程中，根据风险发生的可能性、对项目的影响程度、紧急程度三个维度进行评估。各层面对于识别出来的 TOP10，通过召开风险管理会议、专题会议等形式，明确责任人，确定应对措施并组织实施。必要时，针对重大风险成立专项工作组重点跟踪，严格管控，确保了项目各领域重大风险管控效果。

（五）强化海外核电项目建设现场风险管理

一是建立了清晰的境外工程建设风险管理流程，每年项目各部门制订风险管理计划，定期进行风险核查、更新业务风险数据库，并按要求向项目控制部报告风险分析表；项目控制部根据各业务部门的风险情况，定期编制项目风险分析报告，明确风险管理策略和应对方案，经项目总经理批准后发布；各业务部在各自业务领域实施具体的风险应对措施，并定期将实施情况反馈项目控制部，项目控制部对各业务部门的风险管理措施落实情况进行监督和跟踪，实现对风险的闭环管理。

二是充分利用信息化手段，加强项目现场人员及安全风险管理。在巴基斯坦 K2、K3 项目中，采用入场门禁信息化系统，大大提高了工作效率，确保了工程建设进度。同时，中核集团还采用了安全监控系统对项目现场进行安全管理，在项目部办公楼的监控室由中巴双方值班员共同值守。项目保持了从开工以来安全生产无事故 2000 多天的良好记录，展现了世界一流的工程建设水平。

六、采用集团运作应对融资风险

融资支持是出口核电技术获取竞争优势、实现成功出口的重要保障。在核电“走出去”过程中，中核集团充分发挥集团优势，采用集团化运作手段，积极协助海外核电项目落实融资方案，有效应对融资风险，取得良好成效。

（一）合理制订债务融资方案，控制融资成本风险

中核集团利用现有“两优”贷款条件，尽可能多的争取“两优”贷款，努力降低项目融资成本。中核集团与国内的政策性、商业性银行建立了高效的工作沟通机制，根据项目需要有效配置各类贷款，为核电“走出去”提供了有力的资金保障。如在阿根廷项目上，在确定“一个合同、分步实施”的大策略后，中核集团成立了专门的核电项目融资工作组，前后与阿根廷财政部进行了多次项目融资会谈。同时，融资工作组协调工商银行、中国出口信用保险公司与阿根廷财政部就核电项目融资做了深入交流。通过努力，原则上可以为包括两个项目的 EPC 合同总价的 85% 提供融资，保证两个项目可以分阶段实施。

（二）加大股权融资力度，防范融资渠道风险

中核集团积极开拓融资渠道，通过发行股票或者债券的方式，从香港等市场融资或在上海自贸区设立投资平台；引入外国投资者，通过提供股份、技术、设备、服务参与等方式，让外国投资者共同参与中国出口核电站的建设项目，从而建立我国核电出口最广泛的融资基础。2019 年，中核集团与阿联酋企业签署谅解备忘录和建设财资及投融资中心合作协议，筹备成立中核集团设立在海外、辐射全球的全产业链运营和投融资平台，共同探索建立“一带一路”倡议下的中国核工业产业 + 金融 + 海外市场的发展模式，为核电走出提供融资保障。

七、案例启示

（一）明确国家层面的战略方向对引领核电“走出去”至关重要

核电属于战略性产业，动辄成百上千亿元的投资，经济拉动效应显著，且核电工程是一个巨大复杂的系统工程，同时核电“走出去”对我国有效践行“一带一路”倡议具有战略性重要意义。核电“走出去”涉及设计建造、设备生产、燃料供应、相关技术转让、人才培训、安全运行和配套服务等一系列环节，它的成功是国家力量和意志的集中体现。因此从国家战略的高度进行顶层设计和全力推动，建立适合我国国情和企业现状的“走出去”机制，加强组织、领导与协调，综合运用政治、经济、外交等手段，对引领核电“走出去”至关重要。

（二）大力研发自主品牌是推动核电“走出去”的核心竞争力

我国“华龙一号”示范工程——中国核工业集团公司福清核电五号机组的反应堆压力容器水压试验取得成功，标志着我国完全具备了自主设计制造三代核电装备的能力，为“华龙一号”全球首推的顺利建设打下了坚实的基础。自主品牌是核电市场竞争中的关键要素，它不仅指拥有自主设计与建造能力，也是一个国家的政治、经济、科技、工业等综合实力的体现，代表着该国核电和核工业体系的整体水平。通过自主创新拥有自主品牌能有效降低核电运行及建设的各类风险，为我国核电“走出去”参与国际竞争赢得更多筹码。

（三）满足市场需求是核电成功“走出去”的关键因素

由于不同国家开发核电的需求不同[①]，如大多数国家核电项目融资困难，建造成本高低、能否解决融资挑战是其在选择核电堆型、确定合作对象时的关键甚至决定性因素；有些国家有一定工业基础和实力，希望在引进核电的同时，发展本国核工业；另外许多新计划开发核电国家面临人才短缺。针对不同国家实际情况，采取灵活的合作模式，并帮助解决项目融资、人才培养、核废物管理等关键问题，帮助用户尽量减少风险，才能抓住市场机遇，成功走出国门。因此，根据不同国家的实际情况，采取针对性的风险管控措施和灵活的合作模式，尽量减少管理过程中的风险和问题，是中核集团有效管控风险，引领核电成功“走出去”的关键因素。

① 张萌. 世界核电出口国经验及对中国核电“走出去”的建议［J］. 中国核工业，2015（8）：11-18.

第十五章 海尔集团：基于平台的社群营销管理

作为领先于全球的白色家电生产商，海尔集团在互联网时代的经济发展条件下顺应时代潮流，逐渐成长为具有全球竞争力的“物联网生态品牌”。集团旗下已形成上市公司4家、独角兽公司2家，在全球拥有10大研发中心、25个工业园、122个制造中心的全产业链布局。形成了以海尔、卡萨帝、统帅、美国GE Appliances、新西兰Fisher & Paykel、日本AQUA、意大利Candy七大智能家电品牌构成的品牌生态系统，产品及业务遍布全球160多个国家和地区。2018年，海尔集团实现全球营业额2661亿元，同比增长10%；全球利税总额突破331亿元，同比增长10%。其物联网生态发展的战略布局也使其成为“2019年Brand Z全球最具价值品牌100强”中第一个且唯一的“物联网生态品牌”。2015年，“顺逛”平台以微店形式上线运营，在2016年年底推出“OSO”模式，实现了线下商城、线下专卖店及微店的“三店合一”模式，运用互联网平台技术，聚焦社群交互功能，搭建起消费用户、行业领域专家、微店主、社会化品牌及海尔集团资源为一体的智慧家庭社群生态。为围绕海尔产品及服务产生的利益相关者构建了全面的智慧解决方案，进一步提升了海尔集团作为物联网生态企业的品牌价值。

一、打破组织边界，以用户个性化需求为目标构建平台化经营模式

（一）树立利益相关者思维，将客户纳入供应链管理

在认识到企业与用户之间系统关联性的同时，集团以利益相关者思维对既有供应链系统进行价值与结构重构。打破供应链的组织边界，拓展了产品价值链的延伸范围，使企业的供给端与需求端逐渐实现融合。

海尔集团基于“人单合一”的营销模式打造“大顺逛平台”，是对以采购、制造、分销构成的传统供应链模式的探索实践。以产品流通过程作为供应链纽带，将线上店、线下店、微店集成于平台信息系统中，实现了产品用户对产品及服务的全过程管理。5 万名以上线下店主、170 万名以上线上微店店主、1000 万名以上终端用户共同构成了“大顺逛平台”的客户群体，扩大了产品顾客概念的范围，通过供应链延伸与拓展实现了对所有产品利益相关者的全面管理。同时，企业价值链网络范围的进一步扩大也为构建基于用户价值提升的“物联网品牌生态”系统提供了组织保障与用户规模基础。通过将顾客纳入供应链管理过程，企业改变了原有与客户之间的零和博弈关系，降低了与用户之间信息不对称的程度，实现了以产品中心的供应链管理向以顾客为核心的管理创新转化，更加符合互联网经济时代的发展趋势，如图 15–1 所示。

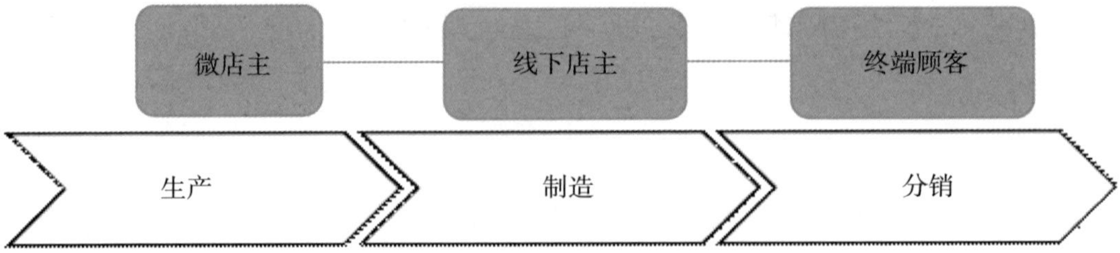

图 15–1　加入客户的供应链管理

（二）建立平台经营模式，紧跟市场变化

建立“大顺逛平台”，集团旨在提供产品的个性化生产和服务的经营模式。为适应快速的市场变化，依托平台化商业模式实现以顾客需求为核心的即时管理及全面的决策机制，并在此基础上实现了经营模式的转变。

线上商城可实现快速下单购买、问点平台可提供店主与用户的一对一服务。同时，集团搭建了面向顾客的客户渠道管理服务平台如“巨商汇”，实现了客户与企业在线上线下的直接对接，有效降低了交易成本，提升沟通效率。通过将用户资源、渠道资源、服务资源和信息资源整合在平台系统中，使企业紧跟市场需求的变化。创新性地搭建了以“顺逛”为主要交互平台，集合了“用户中心”“云设计”“巨商汇”“易理货”“智慧云店”“E-store”“卡卷系统”及“H-work”多种管理工具（见下表），将产品原料采购、工业设计、生产制造、产品推广、售后服务、终端销售、库存管理、资源投放、人事管理等进行全产业链的大规模集成，在保障每一个价值增值环节效率提升的同时实现了基于不同管理职能间协同关系的内部规模经济。对用户来讲，“大顺逛平台”实现了对用户、家庭的数字化管理和定制化服务；对经销商客户来讲，大顺逛提供了产品展示、订单下达、财务对账、库存、融资等多维度的数字化显示、数字化管理和服务；对员工来讲，大顺逛则提供了从业绩显示到办公场景数字化的平台服务。为企业创造多利润点、为顾客创造终身价值、为分销网络提供便利、为员工创造机会，进而构建具有自组织能力的平台化经营和管理模式，为建构海尔的“品牌生态系统”提供了顾客资源、信息渠道、技术支持、组织保障及平台架构。

表　大顺逛平台数字化营销管理与服务工具

领域	工具	价值
用户管理与服务	顺逛	交互每个用户
	用户中心	服务每个家庭
	云设计	定制每个户型
客户管理与服务	巨商汇	管理每笔订单，服务每个客户
	易理货	管理每个乡镇
客户管理与服务	智慧云店	管理每个型号
	E-store	管理每笔库存，每笔零售
	卡券系统	管理每台资源投放
员工管理与服务	H-work	服务每个员工

二、开创“三店合一”，以一体化服务提升顾客全过程体验质量

（一）以客户为中心，实行“三店合一”

将线下店、线上店、微店相互融合，以“三店合一”实现信息互通，资源共享，旨在实现实体空间与虚拟空间的融合。融合后的平台系统通过数字化体系实现对用户消费场景的重构，通过实体店与虚拟店的信息互通、融合，解决建店成本高、营销不精准等问题，打造用户随时随地消费的场景，实现用户在哪里，销售就在哪里。该体系让微店发挥社群交互的优势，成为实体店的营销团队和线上入口，实体店则在资源信息上与线上网店、微店保持同步，并承担起提供售前售后体验的重要角色，从而确保微店、电商、店商三大渠道都能满足用户需求，同时解决了传统电商与实体店互相抢用户、互相比价的矛盾点，实现多种营销渠道的共创共赢，如图 15-2 所示。

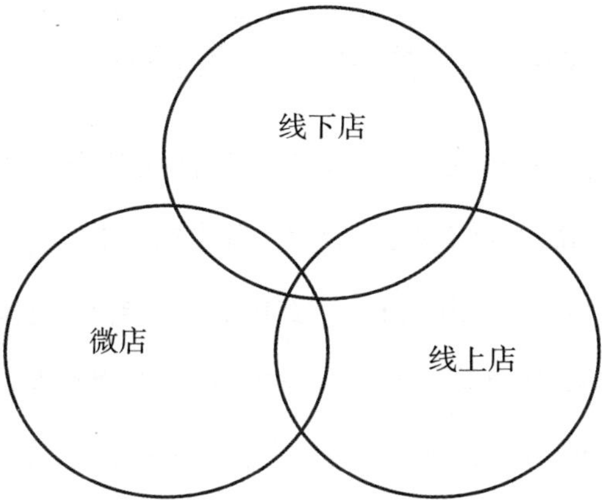

图 15–2　“三店合一”平台模式

（二）构建“四网融合”，实现互联互通

依托海尔集团 30 多年的资源积累，集团将营销网、物流网、服务网及信息网进行整合，实现了“四网融合”，将传统营销方式升级为虚实融合的营销服务体系，实现信息互通、资源共享、效率提升。

营销网将线上与线下营销渠道相互融合。形成了以城市专卖店作为区域营销中心的多级营销网络，使营销深入到县级、乡镇及村级市场，扩大了区域营销范围。物流网以“分布式三级云仓网络”为主要结构，将货仓、物流中心、运输专线、入户送装服务集合于物流网络体系中。以网络化物流结构降低物流成本，并通过人、车、库与用户的即时信息交互实现订单“可视化”管理。服务网是海尔集团提升用户体验的重要组织结构。以云数据为支持，集团推出了“全流程智慧服务体系”，实现以产品为核心的自诊、自检、自报修流程，在全国 17000 多个售后服务网络的支持下，10 万多个“服务兵”在线抢单，为提升服务质量提供了保障。信息网是营销网、物流网、服务网的技术支持。通过实施“数智化”战略，实现了用户、客户和员工的全程出点信息数字化，提升了围绕产品的全员化数字体验。

（三）打通地域限制，推进全覆盖经营

集团不断推进市场开拓的脚步，通过“大顺逛平台”构建自城市向乡村逐步深化的市场纵深战略布局。以跨区域网络的构建实现精准营销与范围扩张的平衡。以专卖店为节点，不断向二级市场和三级市场扩展经营范围。在营销范围上，深入社区、建材市场、装修公司等；在营销主体上，将直销员、服务兵发展为创客，实行全员零售；在营销渠道上，形成“县级专卖店—镇级专卖店—村级微店主”的三级分销渠道。仅以潍坊高密科润专卖店为例，已在当地发展 30 个村，建立起基于 138 个微店主的社群交互体系，目前高密润科专卖店已经发展到了 5000 多万元的销售规模。实现了跨区域、多渠道、全员参与的全覆盖经营模式。

三、建立用户社群，以价值共创方式实现价值双赢

（一）建立用户社群，创造品牌推广新渠道

第一，以用户社群为载体，通过社群内容发酵持续创造用户口碑。以产品为核心，挖掘和创造围绕产品和品牌的传播话题，打造易理解、易记忆、易实践的讨论话题。如洗衣机“立硬币”的话题传播，以简单的操作方式、易于理解的表达准确将海尔洗衣机静音的产品特征表现出来，并以挑战接力的方式使产品特征得到广泛传播，提升了品牌形象与产品在用户心中的可靠度。

第二，升级用户服务体系，以全流程用户关怀替代传统售后管理。“大顺逛平台”借助互联网等技术，建立起全流程的用户即时交互体系，实现消费者身份从进店的顾客到消费的用户，再到全流程交互的“终身用户”的升级，为“三店合一”体系提供同一底层的用户资源体系。通过升级服务体系，用户可以将对产品的体验即时反馈，将自己的创意、设计和建议等直接转化为产品的定制化过程及服务的改进过程中，提升了用户体验和企业运营效率。

（二）依托社群互动，实现价值共创共享

集团提出“企业唯一的选择就是跟上用户点击鼠标的速度”，就是通过依托社群互动实现价值共创共享的重要方向。社群平台上的大量用户互动信息已经成为企业发展和未来成长的重要资源。通过将传统的专卖店等销售体系转变为用户交互、用户体验的触点网络，聚集用户资源搭建用户社群，打破企业边界，通过用户交互实现企业与用户融合创新，共创品牌口碑，并实现消费者由匿名顾客到交互用户再到终身用户的迭代升级，颠覆传统的企业与用户之间的零和博弈，实现企业与用户的价值共创共享，并通过持续创造用户个性化体验，创造终身用户，实现企业与用户的共赢。社群互动旨在使企业获得更多关于产品和品牌的信息，基于大数据的分析手段，企业可准确把握需求变化。对顾客来说，社群互动的价值创造在于两方面：一方面，社群互动信息可及时转化为商品和服务的改进，回应顾客的消费诉求，为顾客创造消费体验的改进；另一方面，社群中的顾客在获得产品和服务反馈的同时构建了具有归属感的品牌社区，可增强以品牌社群为联结的群内客户归属感。对企业而言，社群互动的信息资源是企业发展的战略资本，同时，所构建的品牌社群也为企业圈定持续用户群体，培养忠实用户奠定了平台基础，也有助于实现基于品牌忠诚度的粉丝经济。

通过社群互动，用户和企业双方都实现了各自重视的价值，建立了以互联网平台为载体，以品牌社群为形式、以互动讨论为方法的价值共创共享体系。

（三）重视反馈信息，及时实施管理改进

定制化生产是互联网制造业的创新特色，“大顺逛平台”在实现信息交互的同时也为满足用户的定制化需求提供了平台保障。通过对用户社群信息的获取和分析，对产品进行升级并提升产品质量；对服务进行改进，提升用户体验。在产品升级方面，推动从企业研发转型为用户交互首发迭代，以用户需求作为产品设计生产的概念支撑，在获取用户需求的基础上将用户的需求与企业内的研发资源和互联工厂无

缝对接，快速迭代产品升级，快速满足用户的需求。在用户体验方面，为顾客提供成套、定制化、全场景智慧家庭解决方案，通过社群交互为用户量身定制智慧生活场景。并结合 5G 技术，将全套定制方案赋予智能化技术支持，使互联网即时通信和物联网技术直接作用于用户体验的提升方面。将用户信息反馈作为企业重要战略资源，在对产品和服务进行持续改进的基础上实现管理创新。

四、紧跟技术变革，以互联网思维打造品牌生态

（一）建立技术驱动型职能整合管理模式，实现集成化品牌生态

以互联网技术为基础，将生产、营销、售后服务、产品技术改进、营销战略决策及消费偏好管理与监控整合于平台化的商业模式中，实现品牌生态的集成化。“大顺逛平台”作为社群交互的新零售平台，也是以技术发展为驱动的管理创新工具。信息交互的即时通信技术为企业提供了大量用户信息；平台化的移动终端技术为信息的传递提供了广泛的渠道；定制化的生产技术为用户反馈价值的实现提供了制造动能；大数据分析和处理技术为产品智能化提供了实现的可能。技术与管理作为两条并行的动力机制，围绕“大顺逛平台”分别引导企业创新并持续改进，将以海尔为主要品牌，集合旗下 7 大智能家电品牌的品牌生态进行全球化布局。通过技术驱动与管理创新的互动实现集成化品牌生态的构建，并在“智家定制”的战略原点下打造食联生态、衣联生态、住居生态、互娱生态等物联网生态圈，为全球用户提供定制化、场景化美好生活解决方案，打造全球领先、开放共赢的物联网生态品牌，如图 15–3 所示。

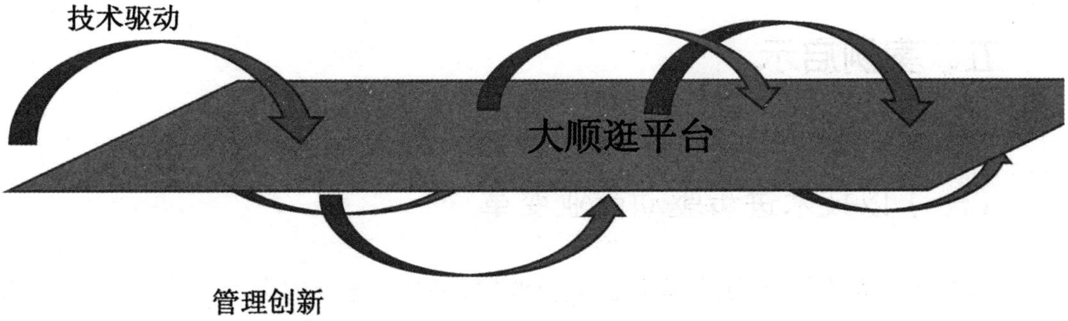

图 15-3　技术管理互动性平台生态模式

（二）建立顾客中心型资源整合管理模式，实现品牌生态化转型

集团始终以人为本，以顾客为中心，以顾客需求为己任。将顾客纳入供应链管理过程中，打破组织边界，建立以顾客需求为中心的供应链管理模式和产品订单化生产方式。产品制造方面，顾客的需求可通过社群交互直接体现于定制化制造的产品中。产品交付方面，为用户提供“一站式”服务，以产品的“成套送装一体”解决了多件家电产品的送货及安装多次电话联系、多次上门预约等问题。售后服务方面，拥有 17000 多个售后网点，10 万个服务兵，实现三级市场全覆盖；以全过程管理实现售后问题的全过程实时响应机制。在物联网技术发展的趋势下，运用大数据技术实现决策管理数据化、科学化，开创“人单合一”模式，将客户与产品绑定管理，其目的在于颠覆传统的以企业为中心的营销模式，通过零距离的用户社群交互倒逼企业产品创新、服务创新，持续满足用户个性化需求，最终建立起企业与用户、攸关方共创共赢的物联网生态。实现集团从传统家电制造企业转型成为开放的创业平台、共创共赢的物联网生态平台。

五、案例启示

(一)以技术进步驱动商业变革

互联网经济条件下的品牌生态是企业紧跟技术进步的发展方向，新一代信息技术深入融入社会经济各行业、各领域，深刻改变人类的生产生活方式。作为全球500强的家电企业，海尔集团紧跟技术进步的方向，依托互联网技术和物联网技术建立了基于产品的互联网生态平台管理模式。基于互联网和物联网的发展，“大顺逛平台”通过数字化管理服务工具，有效推进了营销管理和服务体系的线上线下虚实融合，全面提升企业运营效率，实现与有关方共创增值、共享利益。以技术进步驱动商业变革，使企业始终紧跟时代进步和经济发展的步伐。

(二)以客户需求引导企业发展

将客户纳入供应链管理中，通过“大顺逛平台”将线下专卖店、线上微店、线上网店整合在以顾客为中心的信息空间内。构建了以信息社群为主体的营销管理模式，以信息互联的方式将营销网、物流网及服务网整合于信息网络中，实现了营销渠道的“三店合一”及营销方式的“四网融合”。在社群信息交流的过程中实现品牌传播与发酵，以顾客需求为企业改进的方向，不断进行产品改进、服务改进、管理改进。为客户创造全程服务体验，提升客户价值。

(三)以管理创新布局品牌生态

以技术革新作为驱动力，不断更新“大顺逛平台”的功能，使其在满足顾客需求的同时促进企业自身的管理创新，不断更新管理工具。通过平台的信息整合能力，为顾客提供“一站式”服务，通过“整套家电智慧方案”“一对一线上客服”“买送装一体”“人单合一”的管理创新方式，充分发挥了互联网时代的平台商业模式的效率优势，构建了海尔以顾客为中心的物联网生态品牌发展愿景，为顾客、为企业、为利益相关者创造了价值，也为中国家电企业管理创新提供了可参考的路径。

第十六章　天津 LNG 公司：核心技术的国产化战略

中石化天津液化天然气有限责任公司（以下简称天津 LNG 公司）是中国石化天然气有限责任公司与天津市南港开发公司合资注册的新能源公司。公司主要从事液化天然气接收站与码头的建设和运营；液化天然气、天然气、液化石油气及石油化工产品的存储、加工和销售；冷能利用装置的建设和运营等。公司定员 111 人，实际到位 96 人，平均年龄 35.6 岁。具有本科以上学历 92 人，占比 96%；具有研究生学历 37 人，占比 39%。2018 年 3 月投产至今，天津 LNG 公司资产总额 78.15 亿元，累计实现收入 26.23 亿元，利润 14.56 亿元。公司成立以来，荣获中国石化集团公司优秀管理团队，中国石化集团公司优质工程奖，荣获天津市首批十佳“海河工匠”优秀企业培训基地等。

一、明确国产化思路，用户引领运营模式

国产化需要自主创新来实现，在科技创新的基础上探索出适合自身的运营模式。企业的自主科技创新是科学与技术的创新，包括设计、系统集成和设备制造的创新。[①] 天津 LNG 接收站通过对国内引进的 10 多座 LNG 接收站进行系统分析，在消化、吸收的基础上，确立国产化总体思路：公司作为业主单位，主导和组织实施国产化战略，根据 LNG 接收站国产化需求，结合国产化的技术难点，组织设计单位、

① 刘海锋，张薇，陈俊丽. 直接空冷系统“国产化”及发展模式探讨［J］. 华电技术，2008（4）：15–18.

科研院所和生产厂商，如下图所示。

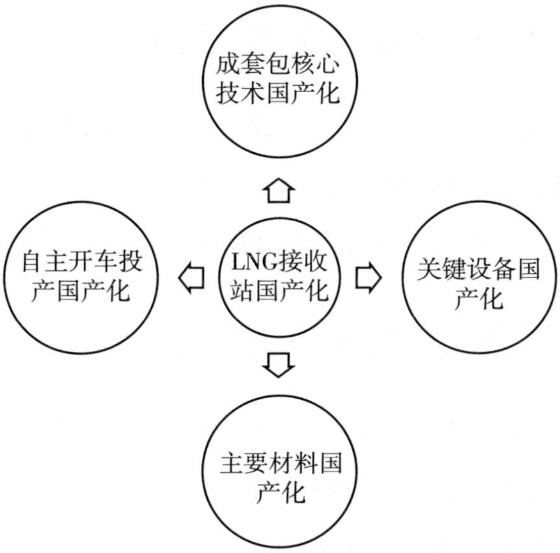

图　天津 LNG 接收站国产化框架

在中国石化集团公司统一领导和部署下，天津 LNG 公司与 EPC 承包商共同成立国产化项目办公室，在广泛调研、充分准备的基础上，组织国内实力雄厚的设计单位、科研院所、生产建设单位和设备材料供应商，以国产化为共同目标，组建项目群管理团队，下设项目攻关组，从六个方面确立国产化联合攻关的路径。

（一）LNG 成套包核心工艺技术和关键技术项目攻关

中国石化设计公司（SEI）等设计单位和科研院所，成立成套包核心工艺技术项目攻关组，通过建模和系统软件，研究工艺流程模拟技术，对国内引进投产的 LNG 接收站进行全流程实控模拟，负责开发具有完全自主知识产权的成套包核心工艺技术。

（二）LNG 关键设备国产化项目攻关

公司通过公开招标，由中圣集团等设备制造商联合组建关键设备国产化项目攻关组，通过搭建中试试验平台和测绘分析评价，负责海水汽化器（IFV）、浸没式燃烧汽化器（SCV）等关键设备的国产化研发和制造。

（三）LNG 主要材料国产化项目攻关

公司组织鞍钢、南钢等材料供应商，联合成立 LNG 超低温主要材料国产化项目攻关组，通过对进口主要材料进行比对、分析和实验，制订国产化材料行业标准及规范，负责 9Ni 钢板、低温钢筋等主要材料国产化研究和生产。

（四）LNG 国产化自主设计项目攻关

公司组织 SEI、中交二航院等设计单位，成立国产化自主设计项目攻关组，通过对核心工艺技术数据库、接收站物料能量平衡模拟方法、冷排水数学模型等进行专题研究攻关，进行基础设计和详细设计。

（五）LNG 自主建设

中国石化工程建设公司、中核集团等施工建设单位和监理单位，成立自主建设项目部，依据施工设计，合理划分单位工程，制订单位工程施工作业程序、规范、标准和要求，开展施工法、气顶升工艺、焊接工艺等评定与研究，落实总体施工方案和专项施工方案。

（六）自主开车项目攻关

由业主单位组建自主开车、自主运营项目领导小组，组织各专业人员进行系统学习和培训，聘请业内专家进行全程指导和审核，编制总体试车方案，操作规程和应急预案，开展模拟演练，实现自主开车、自主运营。

二、产学研一体化平台，工艺技术国产化

在当今的知识经济时代，企业要实现快速、可持续发展， 必须要有高新科技

作为支撑，要拥有自己的生产科技创新体系，也要有自己的研究实体和研究团队。① 我国实现产业能级提高的关键在于产学研一体化的程度。就产学研一体化的实质而言，就是以深度专业化为核心进行产学研各要素的整合。② 天津 LNG 公司搭建产学研一体化平台，发挥各单位的协同公关效应，推进 LNG 接收站成套包工艺技术国产化。天津 LNG 接收站国产化设计从 2012 年开始立项，作为中国石化集团公司重点科技攻关项目，由国产化办公室组织科研院所、设计单位和天津大学等高等院校进行攻关。到 2018 年正式投产，历经 6 年时间，天津 LNG 接收站一举实现了多项关键技术国产化，国内首次自主创新开发应用了 BOG 再冷凝工艺技术、LNG 储罐隔震技术、新型 LNG 气液在线分离技术和自主创管道新型保冷技术等核心技术。重点对 LNG 接收站的工艺技术、运行状态、主要参数、控制条件等进行全流程模拟，掌握每一个参数的变化及相应的影响因素，获得完整的物料、能量平衡数据和物性参数，建立 FEED 设计数据库。

科研院所重点对接收站工艺流程模拟技术、BOG 高效再冷凝工艺技术、吹扫自动化在线分离技术、节能技术、储罐储运及安全设计技术、储罐罐容动态计算方法等进行研究攻关。

三、专业团队联合攻关，分阶段国产化

天津 LNG 公司联合国内多家设备制造厂商和材料供应商，共同研究制订实施国产化的具体方法和路径，提出 LNG 接收站关键设备和主要材料国产化的需求目标，以需求侧主导国产化工作。由业主、SEI、江苏中圣高科技产业有限公司（以下简称中圣）、南京钢铁股份有限公司、鞍钢股份有限公司组成天津 LNG 接收站设备材料国产化的大型联合技术攻关团队。团队细化分工，成立了调研团队、设计团队、研发团队、试验团队、材料团队。五个团队分工协作、攻坚克难共同完成关

① 张亮，黄怀忠. 创建产学研平台打造科技创新企业［J］. 中国高校科技，2011（6）：29–30.
② 朱文奇，郭兵. 制度创新与产学研一体化程度的提高［J］. 广西社会科学，2009（7）：48–52.

键设备和主要材料的国产化工作。调研团队主要负责研究分析目前世界上 LNG 接收站关键设备和主要材料的技术现状；设计团队主要负责研究设计路线、确定工艺参数及制订相应的设备材料配套方案；研发团队主要负责设备材料的数值模拟研究方法、搭建计算模型；试验团队主要负责设计制造小型样机、搭建中试试验系统、检验设计方法的可靠性；材料团队通过在试验研究中获得大量材料数据的基础上，对材料的部分指标进行提升优化，完成主要材料技术规格书和供货技术条件，根据试验团队的试验结果，选择符合 LNG 设备和工艺要求的材料。

调研准备阶段，对进口设备全部资料及相关文献进行翻译、整理和归纳，对进口设备及备品备件进行测绘、检测和材料分析，对使用过程中的磨损规律、消耗定额等技术数据进行统计、分析和评价，对损坏备件进行测绘，进行失效形式分析，制订改进创新方案；在研发试验阶段，通过搭建中试试验平台，模拟多种工况反复进行试验，验证设计方法的准确性和可靠性；在工业化设计阶段，输入实际工况，利用系统软件对超临界状态下 LNG 物性参数进行模拟计算，将计算结果导入仿真程序中进行反复迭代计算，最终确定各种工况条件下所需设备技术参数；在工业试验和工业化应用阶段，密切观察和监测运行工况，进行优化、改进和完善，实现了浸没燃烧式气化器（SCV）、海水气化器（IFV）、BOG 再冷凝成套设备、可抽式斜流海水泵（1600LK-32）、LNG 装车撬、封闭式地面火炬等关键设备国产化。

在比对分析阶段，通过对进口材料进行理化分析和工艺试验，确定进口材料的主要成分、性能、微观结构、可加工性及应用范围，制定国产化材料的行业标准；在比对验证阶段，通过对国产化材料进行理化分析和工艺试验，检验国产化材料能否达到行业标准，能否满足应用性能和要求；在批量试投阶段，通过小批量生产，检验生产加工过程的稳定性和可靠性，实现了 9%Ni 钢板、低温钢筋、低温预应力材料、保冷材料等主要材料国产化。

四、统筹布局，集约化利用资源

天津 LNG 公司采用项目建设与生产运营统一管理，发挥建设运营管理优势，从前期规划设计到施工建设，以满足生产运行管理为根本，按照“功能齐全、设施完善、优化创新、国际一流”的要求，实行项目关键环节过程管控。

在整体规划上，充分借鉴吸收国内外 LNG 接收站成功经验和成熟作法，兼收并蓄、开拓创新，以打造国内领先、国际一流为目标，打破传统思维，适应发展要求，按照“功能化整合、区域化集成、局部优化、生态建设”的总体要求，进行统筹规划。兼顾发展需要，建成 3 万 ~ 26.6 万立方米 LNG 船码头。在满足 8 万 ~ 26.6 万立方米大型 LNG 船接卸功能的基础上，还具备兼顾停靠 3 万 ~ 26.6 万立方米小型 LNG 船装卸功能，为实现小型 LNG 运输船在内海、内河流域水上长距离运输创造了条件。一期、二期工程同步规划，二期部分工程先期实施。在一期工程建设过程中，二期工程的地下工程、部分配套设施，一步实施到位，为二期扩建工程快速有效进行创造了条件。优化总体布局，打造生态站场。天津 LNG 接收站一期工程临建设施，按“永临结合、多功能开发利用”原则进行规划建设，既满足一期工程临时办公需要，兼顾远期发展避免重复建设，又开发成为集培训基地、办公场所、运动场所和职工食堂为一体的多功能循环经济区；立足创生态文明示范区进行规划建设。践行绿色生态发展理念，为职工创造舒适优美生活办公环境。从运行管理基础设施的完善改进，到节能减排等主要经济技术指标的设计修订，均做到细之又细、心中有数。在施工建设上，既要满足建设规范标准要求，更需满足室内标准化、室外标准化运行管理要求。

建设运营统一管理模式，是将项目建设管理和生产运行管理由一个管理团队全过程负责实施，实行项目关键环节过程管控。为避免设计缺陷和过度设计，提高概算的准确性，在基础设计阶段，严格对 15 项过度设计进行核减，对 11 项缺项、漏项进行增补；在详细设计阶段，重点对能否满足高效运行和平稳操作进行审核；在施工建设阶段，重点对能否满足验收要求、政府监管要求及一流站场高标准要求等进行监管，有效避免项目建设与运行管理“两张皮”现象。

针对天津 LNG 接收站特殊的地理环境和建设条件，分单元、分阶段细化优化施工方案，对重点工程、重点部位、关键环节、主要工序、重大风险作业等组织编制专项施工方案，进行专家评审把关；对 LNG 储罐罐顶平台、钢穹顶结构和部分单体工程，采用可操作可复制的模块化设计和施工，提高施工质量和施工效率，提升现场施工管理水平。使用 Project 控制软件，将数百项关键施工作业程序进行编程排列，强化项目总体统筹计划控制；针对水工作业风险评估中最高等级的深基坑施工，采用“减少深基坑地连墙施工期位移”“深基坑支护工期优化”“地连墙 + 井点降水”技术，确保深基坑施工作业的安全和质量；接收站“地连墙 + 定点砂桩 + 降水管井 + 排水板 + 夯实”地基处理工艺，有效解决站场地下液化问题；“大体积混凝土保温及循环冷却系统”成果应用，成功化解冬季零下 15℃低温环境下 LNG 储罐承台浇筑难题，有效延长混凝土施工作业期。

五、优化方案，实现自主开车投产

天津 LNG 接收站是中国石化首座具有完全自主知识产权、国产化率最高的 LNG 接收站，大量新工艺、新技术、新设备、新材料的应用，给开车投产增加了诸多不确定因素，带来了较大困难和风险。公司立足自身，充分借鉴、消化、吸收国内 LNG 接收站在开车投产过程中的经验、教训和成功做法，邀请国内 LNG 接收站运行操作经验丰富的一线技术人员和相关专家，深入分析探讨开车投产过程中的关键步骤、关键阶段、关键环节、影响因素和操作要点，在完全熟悉掌握开车投产方式、方法、手段、措施、机理和基本规律的基础上，完善开车投产具体保障措施。

为确保自主试车投产有序进行，公司组建试车投产“领导组、指挥组、专家组、专业组与开车队”的“四组一队”组织机构，领导组负责项目试车投产全面工作，确定试车投产的总体原则和目标；指挥组负责试车投产总体计划和进度，负责重大问题判断与决策；专家组负责对试车投产技术文件、试车方案进行审查；专业组负责编制试车投产实施细则，负责解决试车投产中各类专业技术问题；开车队负责投料试车方案的具体实施。

针对投产过程当中可能发生的过滤器堵塞、冰堵、管道腐蚀、火炬共振等问题，严把清洁施工关，严把吹扫干燥三级验收关，严把工艺控制过程量化关，严格工艺措施和工艺纪律；针对投产过程中可能出现的 BOG 长时间放空损失，提前对 BOG 再冷凝回收系统进行液氮预冷和 V01 流量、压力、液位进行模拟操作演练，减少 BOG 放空损失，实现接收站安全平稳投产一次成功，并创造了试车投产的多项纪录。

六、搭建信息化平台，提升自主运营管理水平

天津 LNG 公司承担着生产经营和冬季天然气保供双重任务。针对公司人员新、投产时间短、系统运行缺乏长周期满负荷运行考验客观实际，从优化生产运行、强化信息化管理等方面提升运营管理水平。

公司精心组织、周密部署，制订了“三提前”“二优化”和“三落实”的生产运营方案。对生产经营过程中可能出现的复杂状况和问题提前进行具有前瞻性的预判，提前进行有针对性的预防，提前进行可操作性的安排和演练；对全年生产运行计划、各项管理指标、提质增效的具体措施进行整体系统优化和实施过程中随时调整优化；对影响全年目标任务完成的关键环节，落实生产调度和生产指挥协调系统的责任单位和责任人，落实各单位的具体任务和目标，落实关键设备和关键控制的操作要点和操作方法。

公司紧紧围绕安稳长满优运行和冬季天然气保供的核心任务，进一步明确细化工作界面、工作职责、工作流程和工作标准，建立健全设备运行动态分析、维护、备品备件等管理制度；实行应急管理考核持证上岗，强化应急演练，提高全员应急处理能力，使全场失电等极端工况下应急处置时间由 90 分钟缩短至 20 分钟。

公司搭建以 CCR 为中心的信息化平台，按照生产指挥可视化、生产运行自动化、

运行分析数据化、安全控制连锁化的总体要求，实现生产现场视频监控全覆盖，实现技术指标和工艺数据自动采集、自动生成和自动分析，实现安全自动连锁控制。

七、打造学习型团队，储备复合型人才

打造学习型团队，培育高素质人才队伍，是推动企业科学发展、创新发展的强大引擎[①]。中国 LNG 产业起步较晚，缺乏技术和管理人才，天津 LNG 公司以打造中国 LNG 人才孵化器为目标，开展全员、全岗位、全专业综合技能普及培训，建立有效培训激励机制，着力为企业发展培养复合型人才，着力提升企业的核心竞争力，着力实现企业与员工共成长，着力打造企业特色培训文化，着力为我国 LNG 行业储备和输送人才。

培养 LNG 技术和管理人才，是支撑我国 LNG 项目建设和运营的基石。天津 LNG 公司把人才队伍建设作为公司壮大发展的根本，打造学习型团队，提高全员综合能力和素质。为实现一流人才的培养，公司制订了“全员综合技能普及培训”“技术与管理综合能力提升培训”“定向课题研究与专家级培训”等分阶段培训计划，大力培养复合型人才，使公司成为中国 LNG 人才的孵化器。

选拔优秀专业技术人员，成立工艺、设备、电气、仪表四个专业组，自主编制培训教材和培训课件。课件编制和审定人员即当学生又当老师，通过专业互补互学和“头脑风暴”，做到专业课件层次清晰、要点明确、重点突出、图文并茂，明确每个单元四大专业所学内容的重点、难点、要点和关键知识点，达到“知识全覆盖、要点必掌握”“人人听得懂、个个学得会”的培训效果。

公司立足天津 LNG 接收站现有装置，紧密结合自主开车投产过程中积累的经验和平稳生产运行中的操作规程，按照“生产人员必须学、管理人员提倡学、服务人员鼓励学、外协人员开放学”的培训原则和思路，开展全员无差别培训，培训内容、学习深度、考核评定等均执行统一标准，同动员、同待遇、同要求、同标准、

① 任建成．打造学习型团队培育高素质人才队伍［J］．理论学习与探索，2012（4）：64-65.

同考核。公司精心课程设置，精细优化课件，通过线上、线下双轨学习，结合理论与现场反复印证，采取集中授课、小组分讲、一对一辅导、现场答疑等形式，通过课后作业加深印象，通过闭卷考试和现场认知考核检验结果，使学员真正做到学有所获、学有所知、学有所悟、学有所用。

天津液化 LNG 公司打破传统专业分工和专业界限，推进全岗位、全专业综合培训，将工艺、设备、电气、仪表四大专业融为一体、有机结合，提高全员快速准确分析判断生产过程中遇到的各种问题，做到岗位互通、专业互补，为接收站平稳运行、安全运行和高效运行奠定基础。企管、财务、行政、党务等机关管理人员，通过专业技术培训，提高服务生产的能力、效率和自觉性，做到生产人员跨岗位学，经营管理人员跨专业学，为转岗、轮岗及一专多能、一岗多能创造条件。

为真实检测培训效果，有效激发员工学习热情，天津 LNG 公司严格培训考核，建立有效的培训激励机制，将培训考核和岗位调整挂钩。每个单元和系统培训结束后，对于成绩合格以上学员，根据综合分数，分别颁发优秀学员证、良好学员证和合格学员证，并对考核优异的学员进行表彰奖励，使学员获得学习成就感。同时，培训成绩也为公司员工岗位调整及晋升提供依据，为专业技能提升培训遴选人才。

八、案例启示

（一）探索用户主导式国产化运营模式

传统的“国产化”是一种较为封闭条件下的国产化，强调在制造业中逐渐以本国产品替代同类产品的进口，这种“进口替代”显然与今天的生产全球化，通过国际分工获得利益不相协调。如今的生产全球化的“国产化”概念是以知识产权主导生产全球化的“民族工业”概念。[①]

① 黄焕山. 论本土化、国产化与生产全球化［J］. 武汉冶金管理干部学院学报. 2001（11）：3–5.

天津 LNG 国产化并非闭门造车，而是在需求主导下，通过联合多家企业进行技术攻关，成立了调研团队、设计团队、研发团队、试验团队、材料团队。同时从多个方面探索实现国产化联合攻关的路径，实现了 LNG 接收站的四个自主：自主设计、自主建设、自主开车和自主运营。拥有了一批 LNG 接收站核心专有技术，打破了国外技术壁垒和技术垄断，增强了我国在 LNG 产业领域的国际话语权和竞争力，促进了民族工业和民族制造业的发展与进步。

（二）搭建产学研平台，分阶段国产化

在当今的知识经济时代，企业要实现快速、可持续发展，必须要有高新科技作为支撑，要拥有自己的生产科技创新体系，也要有自己的研究实体和研究团队。① 天津 LNG 公司搭建产学研一体化平台，发挥各单位的协同公关效应，推进 LNG 接收站成套包工艺技术国产化。天津 LNG 接收站国产化设计从 2012 年开始立项，作为中国石化集团公司重点科技攻关项目，由国产化办公室组织科研院所、设计单位和天津大学等高等院校进行攻关。历经 6 年时间，天津 LNG 接收站一举实现了多项关键技术国产化，国内首次自主创新开发应用了 BOG 再冷凝工艺技术、LNG 储罐隔震技术、新型 LNG 气液在线分离技术和自主创管道新型保冷技术等核心技术。

关键设备和主要材料是天津 LNG 国产化攻坚的关键环节。天津 LNG 公司就主要关键环节分阶段、明确任务，实现联合攻关，通过分阶段国产化，最终实现关键设备、主要材料等核心技术和关键环节的国产化研发生产。

（三）优化资源利用，储备复合人才

当今世界的发展是以科学技术为先导的发展，而科学技术的发展倚赖于科技创新人才。天津 LNG 接收站国产化率达到 90.7%，取得了国家专利 26 项，发明专利 13 项，中石化专有技术 16 项，工艺技术和主要指标达到国际领先水平。作为中国石化首座具有完全自主知识产权、国产化率最高的 LNG 接收站，大量新工艺、新

① 张亮，黄怀忠．创建产学研平台打造课件创新企业［J］．中国高校科技，2011（7）：29–30.

技术、新设备、新材料的应用，给开车投产增加了诸多不确定因素，带来了较大困难和风险。天津 LNG 公司从自身出发，在整体规划上，充分借鉴吸收国内外 LNG 接收站成功经验和成熟做法，邀请国内 LNG 接收站运行操作经验丰富的一线技术人员和相关专家，深入分析探讨开车投产过程中的关键步骤、关键阶段、关键环节、影响因素和操作要点，兼顾发展需要，从运行管理基础设施的完善改进，到节能减排等主要经济技术指标的设计修订，实现资源优化利用。

中国 LNG 产业起步较晚，缺乏技术和管理人才，天津 LNG 公司明确建立中国 LNG 人才孵化器为目标，通过打造学习型团队，自主编制培训教材和培训课件，采取多种形式开展全员培训，开展全岗位、全专业培训，建立量化考核、综合评定取证机制，培养了一大批高水平 LNG 专业人才队伍，提升了企业的核心竞争力，实现企业与员工共成长，同时打造了企业特色培训文化，为国内拟建 LNG 接收站提供了技术支撑和人才储备。

第十七章　首发生态：生态修复专业化的转型升级

北京市首发天人生态景观有限公司(以下简称首发生态)是北京市首都公路发展集团有限公司(以下简称首发集团)下属全资子公司，成立于2000年，为国家级高新技术企业和中关村高新技术企业。首发生态大力落实首发集团生态环保产业发展，致力于成为“交通领域生态环保专家”和“山水林田湖草一体化修复治理专家”。

首发生态依托于首发集团优势，在交通领域生态环保方面开展大量探索和实践，总结形成多项成功模式，在广州、四川等区域推广应用。利用自身丰富的道路景观管护、园林景观、湿地景观、海绵城市建设、矿山、裸露坡面植被修复经验及技术优势，围绕“绿色公路”，取得一系列核心理念和技术，打造形成近自然生态修复、环保智能运营及绿色资源经营三个体系。2018年，首发生态实现主营业务收入4.09亿元，实现净利润3085.9万元，取得市政总承包三级资质和环保工程三级资质，获批两项发明专利、1项实用新型专利。

首发生态顺应国家生态文明战略发展、推进生态修复产业快速发展、适应创新驱动实现企业高质量发展的需求；立足高速公路绿化施工与养护基础，以做大园林绿化景观业务奠定转型升级基础、做优生态修复业务拓展转型升级路径、做强科技创新增强转型升级新动能、做广协同发展构建转型升级局面、做精人才队伍支撑转型升级速度、做实环保文化续写转型升级篇章为抓手；实现企业经济结构的转型升级，提升企业核心竞争力，推动企业高质量、可持续发展。

一、制订实现生态修复专业化的转型升级战略

首发生态明确指导思想，确定战略为从高速公路绿化到生态修复扩展。首发生态结合自身优势和行业位置，深入分析行业发展趋势和资本市场趋势走向，确定“打造成高品质的园林绿化施工承包商、高水平的绿化养护服务商、高起点的生态修复运营商、高效率的生态环保科技转化平台”的战略目标，提出“做大园林绿化景观业务、做优生态修复业务、做强科技创新能力、做广协同发展、做精人才队伍建设、做实环保文化建设”的战略路径。具体措施主要包括如下六个方面：一是抓住大规模国土绿化机遇，继续扩大园林绿化业务规模，为转型升级奠定基础。二是调整业务结构，从高速公路绿化养护向裸露坡面植被修复、湿地景观修复、屋顶绿化修复、公路海绵城市建设、资源循环利用业务转型升级。三是形成科技上的创新驱动机制，编制战略发展科研子规划，成立独立研发机构，建立专业化外部智囊，提供转化机制和转化平台，提供转型升级的新动力。四是建立联盟上的协同发展格局，与行业标杆、同行、上下游伙伴结成联盟，形成优势互补的新格局。五是促进人才队伍的共同发展，建立分层级、全方位的人才培养体系，确保转型升级的人才需求。六是建立环保理念，深化环保文化建设，踏实企业转型升级之路。

二、践行“首善标准”，做大园林绿化景观业务

为更好地发展生态科技、更快地开展生态修复，首发生态在转型升级、增强新动能的同时，紧抓大规模国土绿化行动和森林城市建设契机，积极践行首善标准，不断扩大园林绿化市场规模，为新业态的发展和新动能的增强注入了有力支持，进一步夯实了转型升级基础。全国大规模国土绿化行动是林业行业落实生态文明建设的重要举措，是贯彻习近平生态文明思想的生动实践。行动指出到 2020 年，建成 200 个国家森林城市、6 个国家级森林城市群、360 个国家园林城市，为企业做大

园林绿化景观业务提供广阔的市场空间。

首发生态深入贯彻习近平总书记对北京城市总体规划重要讲话精神，切实提高政治站位，筑牢首都生态系统的基础，立足首都高速公路绿化建设，提高首都生态建设水平，创建园林绿化“首善标准”，即精致景观、精湛技术、精细管理、精诚团队、精心服务。精致景观是指坚持干一项工程、树一个品牌、留一方美誉的观念，打造人文因素和环境因素相结合的景观；精湛技术是指通过机械化、智能化技术提质增效；精细管理是指通过在工程上进行分级管理、标准化作业实现高质量发展，达到一分钟不耽误、一秒钟不放松；精诚团队是坚持把支部建在项目上，发挥党员先锋模范作用，凝聚团队力量，使企业精神扎根于团队；精心服务是指坚持服务为先，在夏季防汛、冬季防火、重点保证时期，雷厉风行完成服务保障任务。在绿心公园建设项目设计规划时从宏观层面，首发生态坚持生态与人文并重的理念，通过种植园林植物增加绿化面积，以“水清郁林涧，悠然满潞城”为设计主题实现大尺度绿化建设，为营造层次丰富且稳定的密林植物群落，形成生物多样性，种植 73 种乔木、36 种灌木及 40 种地被植物在内的 149 种植物，体现了精致景观。首发生态以精细管理在施工作业中科学搭配树种，又按照“乡土、长寿、美观”等原则，营造不同植物特色的公园，在园区内采用土壤修复技术，体现出精湛技术，真正让这里变成了“会呼吸”的绿色公园。首发生态在绿心项目部设立了独立党支部，在工程实施期间开展党员活动、加强对于绿心建设的宣传力度，因为公司拥有了这样的精诚团队才使得使企业精神深深扎根于员工心中。首发生态坚持精心服务，在义务植树活动，确保服务保障与工程进度双保证。首发生态践行“首善标准”，承接雁栖湖示范区、延崇冬奥高速绿化建设等工程，持续做大做实园林绿化景观业务。

三、打造五大助力，做优生态修复业务转型升级

（一）创“国家标准”，做强裸露坡面植被修复业务

第一个助力是创国家标准，做强裸露坡面植被恢复业务。首发生态从高速公路边坡植被修复起步，逐步向裸露坡面植被恢复发展。先后主持编制了北京市地方标准、林业行业标准和国家标准。《裸露坡面植被恢复技术规范》针对基础设施和矿山资源利用导致的坡面损毁和植被损毁，构建出以“集排水、固土、建植和养护”为核心的技术体系，系统解决了困难立地条件的植被恢复问题，为解决区域生态环境修复问题提供了有力支撑。这一标准是生态修复行业首个国家标准，也是首个由企业作为主编单位的植被恢复标准。在编制国标和不断实践的基础上，首发生态根据生态文明建设需求，进一步升级“近自然修复”理念，通过模拟周边植物群落结构，实现生态系统演替，构建与周边自然界无痕对接的坡面植被恢复系统。目前，近自然生态修复理念正在北京冬奥项目上应用实施。

首发生态立足高速公路绿化建设工程，针对北方地区困难立地条件，进行坡面植被恢复工程，基于丰富施工经验，提出“地貌重塑、土壤重构、植被重建、景观重现、生物多样性重组”的“五元共轭”技术体系，从土壤、植被、景观等多维度进行生态修复，编制北京市地方标准、林业行业标准和国家标准，并于 2017 年获批国家标准《裸露坡面植被恢复技术规范》主持编制任务，将施工技术创新优势转化为标准，培育竞争优势，指导裸露坡面植被修复业务的开展。在延崇高速建设过程中，公司组织技术人员根据坡面所处环境特点，划分不同立地条件区域，提前排查所在山区乡土植物，建立种植资源库并进行引种驯化，策划不同固土技术措施，形成“近自然恢复体系”理念，打造交通部首个绿色高速公路生态修复示范工程。

（二）创“生态系统”工程，做优湿地景观修复业务

第二个助力是创“生态系统”工程，做优湿地景观恢复业务。湿地是地球之肾，也是当前生态环境修复的重要内容。首发生态以水环境治理为基础，通过修复植物群落，构建动物栖息地，配合宣教等功能，建设观鸟平台、栈道等，修复湿地完整的生态系统。

首发生态密切关注国家“水十条”提出的水源涵养林建设与保护、湿地保护与修复、滨河（湖）带生态建设，通过水体—土壤—植被构建修复工程核心，将水环境、植物群落、动物栖息地与人文休憩功能相结合，修复生态系统并恢复其功能，在2016年，成功中标野鸭湖国家级湿地公园建设工程，不断提升施工技术和工艺水平，提炼和总结管理模式和经验，以湿地群落植被重建、恢复自然栖息地、建设适宜环境等先进设计理念和施工技术，完成国家级湿地公园建设。在此基础上，完成东南郊湿地公园、南海子湿地公园和四川柴桑河湿地公园，以生态系统修复理念，不断做优湿地景观恢复业务。

（三）创“微气候”特色，做精屋顶绿化修复业务

第三个助力是创“微气候”特色，做精屋顶绿化修复业务。首发生态着眼“生态修复、城市修补”的双修概念，突出精细化设计与施工，做精屋顶绿化修复业务。把握国家大力发展建筑节能及地方政府推进城市空间立体绿化建设的机遇，通过北京市标准《屋顶绿化规范》参编单位的技术和话语权优势，把握国家大力发展建筑节能、海绵城市的发展机遇，提高屋顶绿化业务市场占有率。首发生态在新建或符合条件的已建建筑屋面、阳台及室内打造微型花园，将屋面改换为绿植覆盖的屋面，使建筑物室内冬暖夏凉，营造健康、自然的工作休憩环境，改善城市热岛效应，降低城市排水负荷，改善建筑屋顶“微气候”。首发生态通过大兴区屋顶绿化建设工程，对7家单位共计21个老旧屋顶进行包括防水铺设、园林铺装、园林喷灌、绿化种植、园林小品等工程内容。通过普通防水层，耐根穿刺防水层，水泥砂浆保护层，排蓄

水板，隔离过滤层一层层施工工序的铺设来完成园林喷灌、园林铺装、绿化种植等工程。

北京市六里桥高速公路指挥中心屋顶绿化工程先后被北京屋顶绿化协会评为“北京屋顶绿化优质工程”，北京市园林绿化局、园林绿化企业协会评为精品工程。工程主要为屋顶花园、屋顶水系及地下车库屋面绿化。公共游憩式屋顶花园，可满足大厦办公人员休息、活动所需。将廊架设计在承重结构上，通过合理布局，把廊架、园路、木塑地板广场雨绿化植物很好地结合起来，形成规则式与自然式两种不同风格的花园，用以丰富屋顶花园的观赏效果和满足人们游憩需要。工程建造之初必须要设置周密完整的储水排水系统，还要充分考虑楼顶高空的风向、日照，乃至冬季的温度。6 层楼顶的中线位置上，不仅以低矮耐寒耐阴的金银树为主，同时还专设了风挡，降低自然环境的影响。此外，冬季北朝向的位置，还将会设置双层保暖棚，有效降低寒冷天气的干扰。在此基础上，首发生态通过大兴区各委办局屋顶绿化建设工程，对 7 家单位共计 20 个老旧屋顶进行种植绿化、铺装、小品、阻根防水等工程，严格把控施工质量，提供屋顶绿化工程设计施工养护一体化服务，逐渐积累客户资源，带动地产景观业务，与地产景观业务协同发展。

（四）创“循环利用”新集成，做专公路海绵城市建设业务

第四个助力是创“循环利用”新集成，做专公路海绵建设业务。海绵城市建设的目标是将 70% 的降雨就地消纳利用。处理好桥区绿地与雨水收集利用技术关系是落实海绵城市和绿色交通的重要措施之一。高速公路和城市道路是良好的雨水汇水面，径流系数高，利用价值高，将其进行收集利用，是生态的可持续发展模式。海绵城市建设核心是雨水的有效管理，即下雨时吸水、蓄水、渗水、净水，需要时将蓄存的水“释放”并加以利用。高速公路是良好的雨水汇集面，汇水面积大，径流系数大，产生径流多，利用价值高。如果对路面雨水采取适当收集和处理措施，即可实现雨水的资源化循环利用。这对于北方半干旱地区严重缺水的用水现状而言，无疑是一个可持续的、科学的发展模式。

京台高速公路项目工程总占地约35万平方米，道路及护坡面积约24万平方米，绿地面积约9万平方米。通过前期现场勘测，测算桥面硬化面积收集雨量，得出基本数据，采用技术可靠、效果稳定的处理工艺和设备，实用性和先进性兼顾；运用有灵活性和可调节的处理系统，以适应水质、水量的变化；使用自动化操作从而达到管理、运行、维修方便，减少操作劳动强度。工程规划设计桥上雨水通过雨水立管排至U形排水沟，在沟的末端附近设置旋流沉砂井，经旋流沉砂处理后进入雨水收集池，雨水经全自动自清洗过滤器过滤后进入紫外线高效消毒后送入清水池，喷灌系统从清水池取水。结合周边绿地现状及操作空间埋设蓄水池，公用清水池，从而满足使用要求。运行过程中通过技术采集并统计降雨量信息，水池内部液位信息和回用雨水量信息等，对雨水收集效率进行监测。京台高速公路工程项目中收集的雨水大多为屋面雨水，水质较好，故通过简单的物理处理便可回用。京台高速雨水收集系统的建立，为我国高速公路大面积绿地雨水收集利用积累经验，项目成果在北京市高速公路范围内进行推广实施，并在北方高速公路范围内进行广泛实施，达到生态节水效果。

（五）创“低碳环保”新措施，做实资源循环利用业务

第五个助力是创“低碳环保”新措施，做实资源循环利用业务。我们利用城市里的枯枝落叶，加工研发绿色有机铺设材料，形成新材料应用。这种完全利用职务废弃物为原料的新型材料具有高强度、适水、耐盐、阻燃、色彩丰富等特性，应用范围广泛，实现了绿地废弃物的循环利用，解决了枯枝落叶不能焚烧消纳和利用难题。

首发生态以科学发展观为指导，紧紧围绕建设“绿色北京”战略部署，以资源为基础、以科技为支撑、以市场为导向，坚持生态效益、社会效益和经济效益的前提下利用绿化养护形成的枯枝落叶，加工研发成绿色有机铺设材料，形成新材料应用，做实资源循环利用业务，解决了绿地废弃物处理难的问题，避免生物质资源的浪费。

首发生态根据苗圃基地、桥区绿地、公园、街道、林地所产生的树枝、落叶、绿化修剪物和林地抚育、采伐等产生的绿地废弃物资源，将树枝及落叶等绿化废弃物进行统一收集、分类、处理和加工，合理布局处理和加工站点。开展利用绿地废弃物转化成新型酚醛树脂木质复合材料（地砖及高速公路防眩板、隔音屏等）、育苗容器、喷播基质及有机肥等生态产品的研发，推进技术创新，实现绿化废弃物循环利用关键技术的突破。首发生态独立研发的植材砼已上市销售，经国家建筑工程质量监督检验中心和北京北建大检测技术有限公司检测，符合混凝土路面砖国家标准，满足混凝土路面抗冻性表面盐冻要求，达到了建筑材料及制品燃烧性能分级标准。植材砼以植物废弃物为主要原料，具有高强度、透水、耐盐腐、耐盐冻、气候适应性强、阻燃、色彩丰富等特性。现已广泛应用于云林领域，如园林步道、城市树穴、立体绿化结构；交通领域，如公路中央隔离带、主辅隔离带、排水边沟、护坡、桥下空间；海绵城市建设领域等，实现绿地废弃资源循环环保利用的功能。通过“植材砼”在五环路景观提升改造等 3 项工程上应用 5.6 万平方米，使企业成功做实了资源循环利用的业务。

四、整合优质资源，开展生态修复研究与开发

（一）编制“十三五”科研子规划

围绕生态修复业务战略布局，编制企业科研子规划，回顾“十二五”期间科技发展情况，分析“十三五”科技发展环境，明确科技发展指导思想及目标、发展领域及任务、发展路径和发展保障措施，以“资源共享、优势互补、协作创新、合作共赢”为宗旨，确定 4 大科技研发领域，即生态修复、海绵城市建设、屋顶绿化和绿地废弃物再利用，提出优化科技创新机制体制、大力推进生态环保研发基地建设、加快创新引领、提升能力建设 4 条路径，建设核心技术研发体系，培育转型升级核心竞争力。

（二）成立独立研发与设计机构

首发生态认真贯彻落实国务院《关于深化科技体制改革加强国家创新体系建设的意见》，加快建立企业为主体、市场为导向、产学研用紧密结合的技术创新体系的意见，成立科研设计所。作为科技研发和管理机构，在公司发展战略框架下，挖掘并整合公司内外的科研资源，以市场为导向，打造首发生态核心竞争力；规范科研工作的有序运行，确保科研工作顺利开展，提高科研工作效率；提升科技实力；提高科研水平及科研团队建设，完善科研项目管理机制；建设技术标准化体系。设计工作室作为公司业务单元，隶属于科研设计所，负责工程项目图纸会审把关、将科技研发新成果与工程设计相融合，推进核心技术应用范围。在雨水收集与再利用项目中，经过科研人员前期试验，设计人员通过提供雨水收集、净化设备和灌溉系统的一体化解决方案，展示专业技术实力，增强市场开发能力，带动施工业务发展。

（三）借助外部智囊力量

引进科研院所高端智脑，提供专业化意见建议。首发生态在 2015 年年底建立技术专家库，首批成员共 13 位，涵盖边坡植被恢复、屋顶绿化、生态修复、湿地等领域。专家库成员于 2016 年首次参加内部科研项目可研报告评审工作，对项目的可行性、实验方案的可操作性进行点评，并提出相关改进建议和意见，为项目实施提供新的思路和方法，保证项目实施的科学有效性，也开阔项目人员的视野。自此，首发生态专业技术委员会多次联合专家库成员对科研项目立项、中期、结题等重点环节进行评审和指导工作，对项目的创新性和科学性已有显著提升作用。

（四）建立生态修复研发中心

首发生态基于转型升级技术的研发与转化需求，创立独具特色的生态修复中心发展模式，建设生态修复研发中心及技术示范区，其中包括研发试验区、室外实验及展示区。在研发实验区，设置人工模拟降雨试验区，为裸露坡面植被恢复技术提供基质稳定性试验支撑，为新型立体绿化基质提供保水保肥数据。建设生态环保专业实验室，高速高效的检测功能可满足植物生态、土壤生态、水生态方面的检测需求，后期将积极推进实验室资质认证工作，作为第三方检测检验机构参与市场竞争。

（五）与高校开展“政产学研用”合作

首发生态围绕生态修复专业化发展，与北京林业大学签订战略合作协议，已与3个团队建立合作关系。在河湖治理、土壤修复等生态修复领域，开展多渠道科研合作，建立“政产学研用”合作创新战略联盟。借助研发中心场地优势和实验室检测优势，探索以人才为基础、科技为依托、项目平台为载体、产业化为目标的合作机制。利用林大及矿大等高校及科研机构的品牌与专业力量，委托课题、设奖学金、建研究生工作站、推行双导师制、开展科技项目与人才双培养，目前获得成果3项，均已进行应用转化。

五、建立广泛商业合作，实现协同发展

（一）优势互补广泛建立商业合作

首发生态以互利共赢打造转型升级新格局，正视自身的优势和短板，紧紧抓牢在生态修复上的技术优势和施工经验，践行优势互补、互利共赢、共同发展的路径，壮大企业在新时代背景下的发展优势。首发生态已与地矿企业签订战略合作协议，在国土空间修复上形成技术优势互补的新格局，形成地貌重构、景观恢复的技术的强强联合体。首发生态联合央企申报绿地废弃资源循环利用项目，发挥枯枝落叶循环再利用产品的优势，进一步提升产品的核心技术含量，扩大产品使用范围。

（二）提升产融互动能力

首发生态充分利用首发集团投融资平台和投资公司“领头雁”作用，紧跟园林

绿化施工养护、矿山修复、土地整理项目，落实抱团“走出去”合作机制，即通过首发投资以投资拉动首发集团的产业单位走出首发集团、走出北京。首发生态与首发投资等进行对接，在集团内部形成定期沟通机制，首发生态负责提供行业内建设项目成本估算清单，首发投资负责评估项目预期收益，共同开发集团外部项目。目前，首发生态通过产融互动形势已获得四川仁寿县湿地公园建设项目，正在开启四川新都区道路景观提升项目。

（三）创建与参与产业联盟

首发生态通过对市场和行业调研，认识到生态修复市场发展速度与行业成熟度存在一定不匹配性，认识到合作伙伴与产业联盟的作用。首发生态突出在植被修复方面的技术优势，弥补自身在地质勘察等方面的不足，与相关地质企业签订战略合作协议，在技术研发、市场开拓等方面达成一致合作意向。通过在技术领域的交流、市场项目领域的共享，与地矿总公司、中国城市发展研究院等 42 家从事国土空间资源领域的科研院所、高校、企业和社会团体联合发起成立的国土空间全产业链服务平台，首发生态借助战略合作关系成为创始单位，并成为其副理事长单位。在国土空间发展、保护与生态修复技术创新及推广方面发挥特长植被修复技术的特长，发挥植被恢复国家标准主编单位的优势，协助建立国土空间资源保护与利用团体标准体系。借助产业联盟平台优势，首发生态已被推荐成为绵阳市生态修复技术咨询与施工合作单位，为政府部门决策提供咨询意见。首发生态利用产业联盟资源优势，以技术创新需求为纽带，以契约关系为保障，协同创新、推动创新，形成具有自主知识产权的产业标准、专利技术和专有技术，加速推动国土空间技术的产业化运用，提高国土空间资源保护与利用的整体技术水平，逐渐实现共赢共荣。

六、融合专业优势，加强专业人才队伍建设

（一）建设多层次高技能人才队伍

首发生态根据转型升级工作特点，将高技能人才队伍分为科研层高技能人才、设计层高技能人才和技术层高技能人才。各层级人才都设置一位领军人物，其领军人物具备传承能力，属于知识技能型人才，既具备较高的专业理论知识水平，又具备较高操作技能水平，能够将所掌握的理论知识用于指导生产实践，创造性地开展工作，同时具备一定的团队管理能力。科研层高技能人才领军人物为科研设计所所长；设计层高技能人才的领军人物为设计主管；技术层高技能人才领军人物为总工程师。各层级高技能人员还包括技术型人员和复合型人员，技术型人员具备较高的操作技术水平，复合型人员具备一定的理论功底、掌握多门操作技能及一门较高的操作技能。

（二）建立各序列高技能人才队伍合作机制

首发生态提出，创新成果转化应用过程需要高技能人才进行融合才能有效实现。在各层级工作开展中，高技能人才可不断流动，在特定环节发挥较高技能水平，解决操作难题或在多个环节一直跟进的有一定理论基础，掌握一门以上操作技能，能够从事多工种、多岗位的复合型工作，将掌握的知识及时地、有效地、高质量地带入下一个环节，实现转化目的。

在科研立项阶段，科研人员依据企业转型升级等要求开展科研立项，生产技术方面由技术层高技能人才领军人物组织该层人员进行初始申报，并进行技术创新分析，提交到科研层高技能人才进行审核，科研层高技能人才结合市场行情、技术先进性等因素，出具立项意见。在开展雨水收集利用技术研发中，首发生态工程事业部技术负责人积累十余年施工技术经验，对施工现场非常熟悉，对高速公路雨水未

能很好地利用提出想法，科研设计所经过反复论证，并就立交桥建立雨水收集系统对建设海绵城市的意义、技术空白点、市场空间做出分析，给出建议，确定立项课题。在科研实施阶段，由科研层高技能人才与技术层高技能人才联合编制课题实施方案，根据具体情况，由双方任何一方作为课题负责人开展课题研究，组建科研实施小组，小组成员中至少有一名技术层高技能人才，以确保科研成果转化落地。科研成果转化运用阶段，参与科研实施阶段的技术层高技能人才需根据科研成果转化方式引进有针对性的技术层高技能人才。

（三）搭建多元化高技能人才培养平台

成立专业技艺工作室。首发生态组建工作室团队，确定具有一定团队管理经验的高技能人才作为带头人，其他各层级高技能人才作为成员，吸收接纳其他技能人才作为储备培养对象。例如，成立科技工作室、金剪刀工作室等，为各工作室设立活动场所、保证资金投入，开展创新研发、推广成果应用、技术交流等。定期邀请行业专家、技术专家做技术指导和交流，提高工作室先进性。定期举办论坛活动，鼓励高技能人才开展岗位创新，开动脑力做小发明、小创造，在活动中进一步碰撞火花，设置创新奖激发创新热情。

完善硬件建设。聚焦企业战略要求，建设融研发、生态产品展示和人才培养为一体的生态研发基地，组建满足生态基础研发工作需要的实验和研发团队，推进研发中心对外开放。依托科研项目的实施和研发基地的建设，在实践中培育人才。优化核心研发高技能人才的结构和能力，让企业具有中、高级职称的研发及技术技能人才担任项目负责人，带动青年员工投身生态事业，形成合理科技创新人才梯队。

（四）为高技能人才搭建展示平台，发挥引领示范作用

首发生态以项目管理、班组建设、团队建设为重点，为高技能人才搭建展示平台，举办“小单元、大能量，小班组、大文章，小故事、大文化”系列活动，形成高技能队伍特色文化。针对高技能队伍中的青年员工，组织青春献礼党的十九大、

员工身边的故事等“青春讲堂”，引导青年修炼内功，营造展自我促发展的工作氛围。通过媒体、“互联网 +”等宣传方式，利用企业文化微信群持续记录和宣传高技能队伍精彩瞬间，弘扬正能量，展现高技能人才的精神风貌。

七、建立企业环保文化，获得客户高度认可

在产业结构调整和转型升级过程中，首发生态更加注重企业环境保护意识形态的转变和管理水平的提升，在适应当下环保高标准、严要求下，环保文化建设迫在眉睫。

首发生态将环保文化建设作为企业建设的一部分，把员工教育培训、制度制定、设备配置、生产经营、环保观点与人本思想相整合，构成一个项目渗透、相互关联、横向到边、纵向到底的文化体系。通过整体的作用，多渠道整合，规范化操作和协作化管理，从而达到环境安全的目的。在设备配置中，首发生态加快机械化进程，由柴油为主的机械更新为环保型机具。在生产经营中，充分发挥粗航信绿地废弃物再利用产物，落实循环经济特点。

八、案例启示

（一）制定行业标准，推动业务全面转型升级

标准化可以规范社会的生产活动，规范市场行为，促进资源合理利用，简化生产技术，为调整产品结构和产业结构创造条件，从而引领经济社会发展，促进相关产品在技术上的相互协调和配合。企业通过参与制度行业规范和国家标准，可以提高企业在行业内的影响力，彰显企业实力和行业引领的作用。

首发生态从高速公路边坡植被修复起步，逐步向裸露坡面植被恢复发展。先后主持编制了北京市地方标准、林业行业标准和国家标准。并在编制国标和不断实践

的基础上，进一步升级“近自然修复”理念，通过模拟周边植物群落结构，实现生态系统演替，构建与周边自然界无痕对接的坡面植被恢复系统，打造绿色高速公路生态修复示范工程，成为行业标杆。

在推动生态修复转型升级上，首发生态密切关注国家在生态建设方面的政策和导向，依托原有业务和科技创新依托，做细做精生态修复业务。具体包括：建立湿地修复生态系统，做精屋顶绿化修复业务，创立公路雨水循环利用系统，研发绿化废弃物循环再利用技术，通过多种方式推动业务升级，打造核心竞争能力，发挥行业引领作用。

（二）开展资源整合与商业合作，促进创新和协同发展

根据资源基础论，企业组织都是独特的资源和能力的结合体，这一结合体形成了企业竞争战略的基础。在外部环境日益复杂而多变的情形下，企业需要不断对其资源和能力进行动态更新，而建立企业内、外的资源整合与业务合作，是建立动态能力的必由之路。首发生态通过不断挖掘并整合公司内、外的科研资源，规范科研工作，不断提高其工作效率和科技实力。它在企业内部成立独立研发与设计机构和生态修复研发中心，同时建立技术专家库，借助外部智囊力量，对科研项目立项、中期、结题等重点环节进行评审和指导工作。并与高校开展“政产学研用”合作，签订战略合作协议，开展多渠道科研合作，建立“政产学研用”合作创新战略联盟。

除此之外，首发生态积极开展商业合作，利用自身在生态修复上的技术优势和施工经验，走优势互补、互利共赢、共同发展的路径。与地矿企业签订战略合作协议，并联合央企申报绿地废弃资源循环利用项目，建立强强联合体，同时参与产业联盟创建，进一步扩展自身发展路径。首发生态还利用首发集团投融资平台和投资公司优势，践行共融发展抱团走出去战略，促进了产融能力的提升。

（三）建立多层次人才队伍，完善激励机制

越来越多的企业开始意识到，人才是企业发展最重要的资源，直接关系到企业

在市场竞争中的地位和可持续发展的潜能。首发生态高度重视人才工作，根据转型升级的工作特点，将高技能人才队伍进行分类，分为科研层、设计层和技术层，分属不同层人员可不断流动。科研层高技能人才领军人物为科研设计所所长；设计层高技能人才的领军人物为设计主管；技术层高技能人才领军人物为总工程师。各层级高技能人员还包括技术型人员和复合型人员，技术型人员具备较高的操作技术水平，复合型人员具备一定的理论功底、掌握多门操作技能及一门较高的操作技能。

成立专业技艺工作室，定期举办论坛活动，鼓励高技能人才开展岗位创新，开动脑力做小发明、小创造，在活动中进一步碰撞火花，设置创新奖激发创新热情。建设融研发、生态产品展示和人才培养为一体的生态研发基地，组建满足生态基础研发工作需要的实验和研发团队，推进研发中心对外开放。同时为高技能人才搭建展示平台，举办系列活动，形成高技能队伍特色文化，营造展自我、促发展的工作氛围。通过以上做法，打造了良好的人才发展氛围，实现了有激励的自我发展和多通道的上升机制，吸引人才、打造人才、留住人才，促进企业始终保持竞争力，实现可持续发展。

第十八章　江苏辉源：集成化家电供应链服务管理

企业的价值实现是企业管理创新的目的，集成化供应链管理创新旨在以专业化的供应链服务完成对供应链的全程控制和精益管理，进而实现围绕产品的所有利益相关者的价值提升。江苏辉源供应链管理有限公司（以下简称辉源）依托于互联网技术，采用物联网搭建优势资源的整合平台，为家电制造客户提供专业化供应链管理服务。辉源业务范围全面覆盖核心客户的原材料、生产、销售、终端四个环节，打破地域、资源、行业等因素的局限，为客户企业提供全程化、集成化供应链服务解决方案，帮助客户锻造高效精益的供应链，提升客户企业核心竞争力和可持续发展能力。辉源年营业额逾 400 亿元，年利润额 6000 万元，拥有 400 余名员工，下辖 38 家分（子）公司、100 多个国内、外区域分支机构，构建了覆盖 30 个城市的散装网，72 个城市的冷链网，108 个城市的普货网及 400 家直营门店 4000 个销售渠道，与 137 家世界 500 强企业建立了战略合作伙伴关系。已发展成为一家具备专业的管控能力、健全的信用评价体系、为全社会成员提供就业机会的平台服务型集团，是供应链标准制定企业、中国供应链企业前三强、中国物流百强企业、冷链物流前十强、综合实力百强企业，江苏省地标企业。

辉源采用集成化管理的思想、方法和技术，通过透彻分析客户现有经营模式和需求，实施采购代理、金融服务、运营管理、仓储管理、物流运输等，包含负责原料采购贸易、仓储管理、物流干线、赊销授信等业务，为家电供应链上下游企业提供集成化和协同化管理服务，降低家电供应链的运营成本、增强家电供应链高效供应，提升供应链生产与交付能力，实现供应链各方的价值创造与提升。

一、明确集成化供应链服务的总体思路

辉源通过对家电供应链管理的现状进行分析和梳理，发现家电供应链管理中存在着物料采购与生产需求不匹配、供应商质量控制和服务水平不高、供应链信息共享不及时、供应链金融服务缺位等问题，因此，自2008年起，辉源开始进行战略和业务调整，有效整合采购、制造、分销等活动，从原材料采购到终端销售的全过程，为客户提供高度集成化、综合化和规范化的价值提升服务。一是为制造商提供准时制采购，帮助制造商实现零库存；二是在供应商、制造商和分销商之间提供“集、配、送”物流服务，降低供应商、制造商和代理商的仓储、物流和配送成本；三是为供应商提供金融服务，增强供应链终端市场投入能力；四是搭建供应链信息平台，支撑客户业务拓展能力，如图18-1所示。

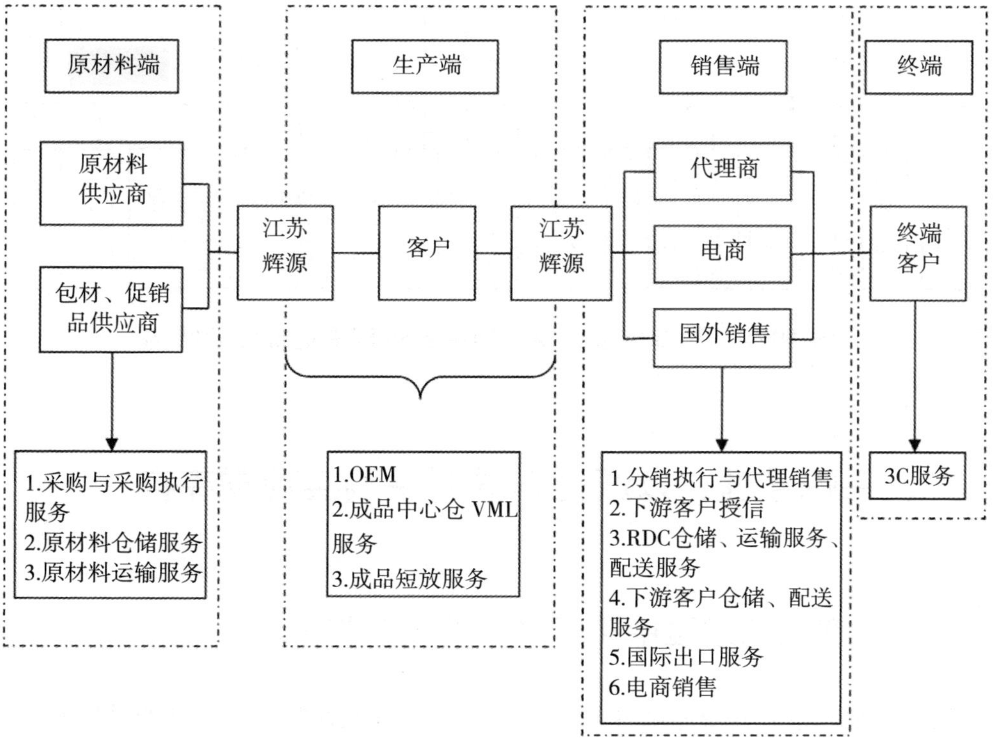

图18-1 辉源集成化家电供应链管理服务总体思路

为实施上述目标，辉源对组织结构和活动进行系统变革，聚焦特定领域，围绕家电产品和产业链上下游关系，以业务和资源对应形成项目，以项目贯穿形成供应链服务平台设置采购业务部、计划部、赊销部、运营部、物流部、信息部、人事行政部、财务部及知识管理部这九大业务部门，全面覆盖客户的原材料、生产、销售、终端这四个环节。在集团条线管理原则下，各职能部门承担针对经营生产驱动项下的各经营、生产条线和单元的服务、支持和管控职责，并在专业性、规范性上接受监督审核。通过对生产经营过程的物料流、管理过程的信息流、交易过程的资金流和决策过程的决策流进行有效的控制和协调，达到全局动态最优，如图 18–2 所示。

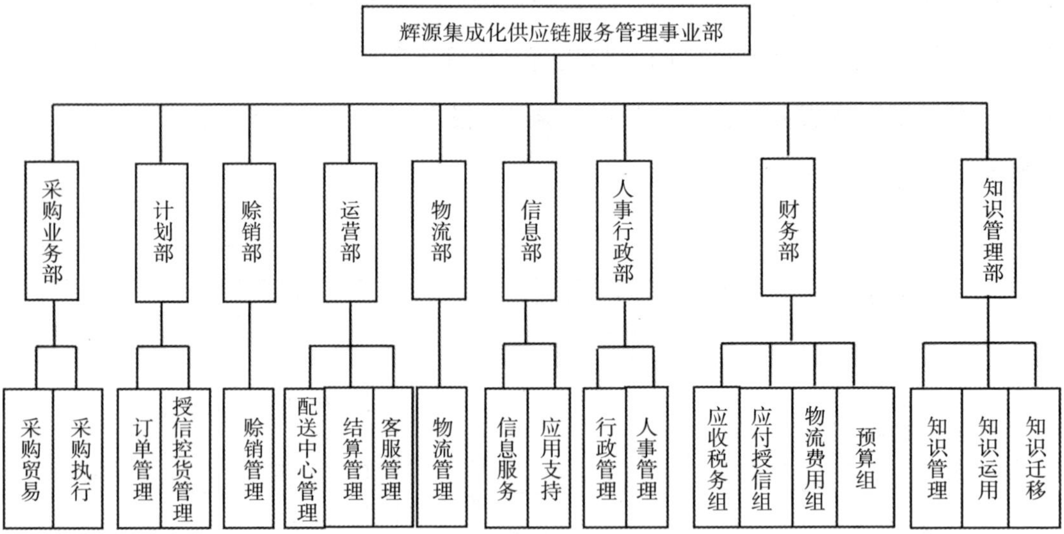

图 18–2　辉源集成化供应链服务管理事业部组织结构

二、采购管理：以原材料准时采购实现零库存

（一）在采购过程中实行产品的质量控制

家电行业的原材料及零部件采购决定了产业链流程顺利推进及产品质量。为了

降低物流费用，专注于发展核心业务，许多家电企业更偏向选择专业化的第三方物流公司，将物流外包。国内物流公司多聚焦于物料流通过程，仅以渠道联结的方式在原材料市场与产品市场的流通过程中参与其中，但是限于物流企业并未嵌入产品质量管理过程中，不同批次的产品通常会有明显波动，这就导致最终产品质量的大幅波动。同时，家电制造企业对原材料及零部件的质量控制多以交付后或制造中的时候控制，因此，在原料交付后的质量控制虽然避免了进一步的产品质量缺陷带来的损失，但造成了原材料采购的流通成本。而当产品送到客户手中才能发现，造成了产品的损失，也影响了企业声誉。

针对这一问题，辉源协助制造商进行供应商评价与筛选，监督供应商生产过程，跟催供应商生产进度，检验原材料质量，并将信息反馈给制造商供其进行新一轮评估。企业主动嵌入制造商的质量控制管理过程中，在采购阶段对产品质量实行前馈控制管理，有效避免了缺陷原材料或问题零部件对产品质量造成的影响，将供应商管理划入采购业务范畴中，为制造商提供了“一站式”采购服务，以前馈的质量控制提升了产品质量的稳定性。

（二）提供直达生产线的准时采购服务

辉源为下游企业提供准时采购服务，按照“优化选址”的仓库建设思路，实行“三不”原则，提供“订单跟催”服务，实现“生产线直达”交付模式，并且以“库存实施共享”保障采购过程信息透明，如图 18–3 所示。

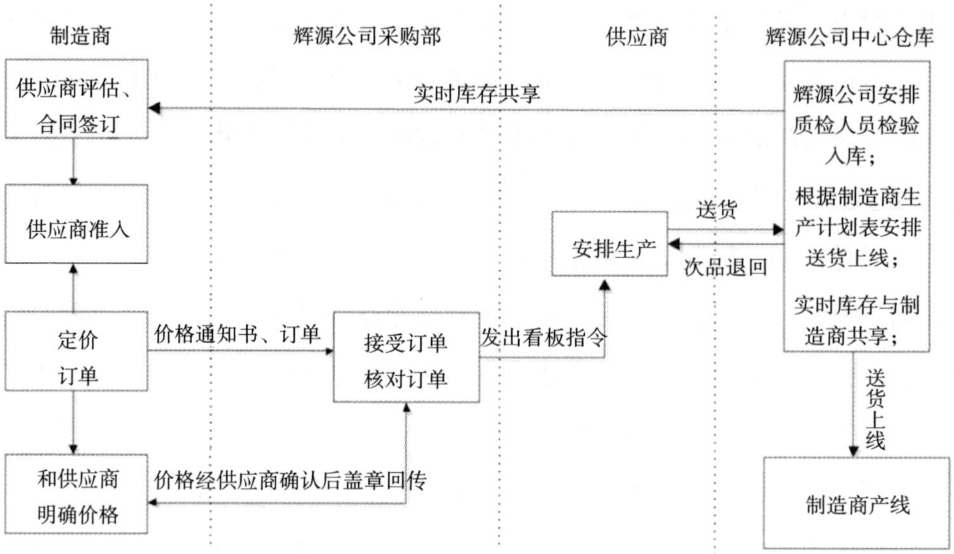

图 18–3　辉源准时制采购服务

仓储交付方面，采取“优化选址”原则，辉源选择在距离供应商较近的地理位置上建立原材料中心仓库，为准时送达提供了边界条件，同时，距离更近的仓库选址也为小批量供应提供了方便，便于和生产线需求同步。实施“三不”原则——不打破制造商的供应商管理制度、不介入制造商的原材料采购价格体系、不影响原材料供应品质和供应商既得利益。为制造商提供专业化协助。采取“生产线直达”交付模式，根据制造商的生产计划安排表直接将符合要求的原材料送到制造商生产线上，实现零库存生产。同时，以“订单跟催”服务保障稳定供应，避免意外情况发生。以信息化平台建设“库存实时共享”机制，与制造商实行同步生产，按照制造商生产线的节拍进行生产和送货，减少双方信息损失，实现信息透明化。

三、物流管理：提供“集、配、送”一体化的全物流服务

（一）以统一化仓储降低运营成本

辉源联合上下游企业进行统一仓储管理，通过建立中心仓数据中心，对中心仓

所有存货进行标准化建模；通过配套 WMS 系统、TMS 系统、条码系统等管理软件对中心仓进行业务指令的统一调配；通过制订标准作业模式，提高员工工作效率，降低员工犯错概率；通过根据业务需求制订标准配置比例，减少不必要的浪费，全面降低运营成本。

（二）以标准化配送提升周转效率

辉源提供标准化的配送服务，以相同材质的标准化托盘为基础，在供应商之间采取交换制方式促进循环共用，调节企业间因生产销售淡旺季变化而形成的托盘用量谷值和峰值余缺，降低企业物流成本；通过在 A.O. Smith、皮姆西、欣速宁等供应链上下游合作伙伴之间进行交换式带板运输，实现托盘循环共用，降低装卸成本，提高车辆周转率，降低货物差错率。

（三）以集成化全链物流保障采购准时化

辉源为供应商、制造商、代理商提供集成化全链物流服务，将仓储集散与配送运输集合于其物流管理系统中，通过建立 3PL-HUB 全链物流管理模式，实现了从原材料分类、挑选、组装、排序、缓存进而直接对接生产部门的相应工位。同时，在集成了库存控制、送料上线的物流运作外，辉源可以作为上游集成管理服务商与制造商和供应商签订一揽子协议，为制造商提供采购、送料上线、订单管理、质量控制等服务。以执行供应链管理的角色强化了其作为采购商的商务功能。此外，全链物流系统还具有逆向物流功能，形成了循环式闭环物流管理模式。

四、资本管理：以“资金支持、金融授信”协调合作关系

（一）为供应商提供资金支持，发挥供应链金融主体作用

作为供应链集成管理系统的金融主体，辉源为供应链上下游企业提供金融服务。

首先，依据制造企业的生产计划进行提前采购和预付款业务，提前垫付了下游企业的采购资金，对保障货品准时交付提供了仓储条件，也为下游企业节约了部分机会成本。其次，可为具有融资需求的供应商提供直接资金支持，保障货源的质量和供应稳定。最后，作为分销平台，由辉源负责产品的分销，承担一定的风险。在采购分销环节，辉源公司通过签订三方合同、为下游垫付货款、向供货商收取货款、充分发挥金融主体作用，以强大的金融信用协调供应链上下游关系，保障供应链资金高效循环，货品交付及时。在分销环节，辉源公司通过签订下游三方合同，向制造商订货，向代理商发货。通过作为上下游企业的金融与货物的流通渠道，为供应链各方关系及运行协调起到了重要的作用，作为供应链系统的金融主体，也为企业创造了更高的价值。

(二)为供应商提供金融授信，保障各方利益

辉源通过授信业务调查和授信业务方案制订，为供应链上下游的节点企业提供金融支持，优化了供应链全过程的资金配置，以完善的授信工作机制和流程有效降低了供应链资金风险。授信业务调查方面，辉源根据尽职与独立性、真实与有效性、高效与标准化、保密与回避原则，对客户的财务和非财务因素进行授信业务调查。通过非财务因素与财务因素的交叉验证，来核实经营实体真实的经营情况和资产、负债、收入、现金流等信息，以及非财务信息与财务信息的匹配程度。授信业务方案制订方面，业务部门初步确定业务方案后，应会同公司财务部门制订资金配套方案、会同物流部门制订物流方案及可行性，以确保业务的可操作性。通过对方案是否具有针对性、方案是否具有可量化的具体目标、是否分析了影响目标实现的关键问题、实现目标的具体措施及建议，评估该业务综合回报是否与本公司承担风险相匹配。进而分析制订的物流方案、供应链平台业务收益是否合理。

针对代理商、家电连锁商和电商三种不同类型的客户企业，辉源提供了三种定制化销售模式。辉源公司为代理商有效规避了库存短缺的问题、为连锁商减轻了库存压力、为电商客户承担了资金风险。在供应商、制造商和代理商之间，辉源公司

充分发挥了供应链集成管理服务体系的金融主体作用。以高速交易和付款、标准化流程管理及金融服务融合化协调了各方关系，为保障供应链资本安全和准时交付提供了可靠的资本力量，如图 18–4 所示。

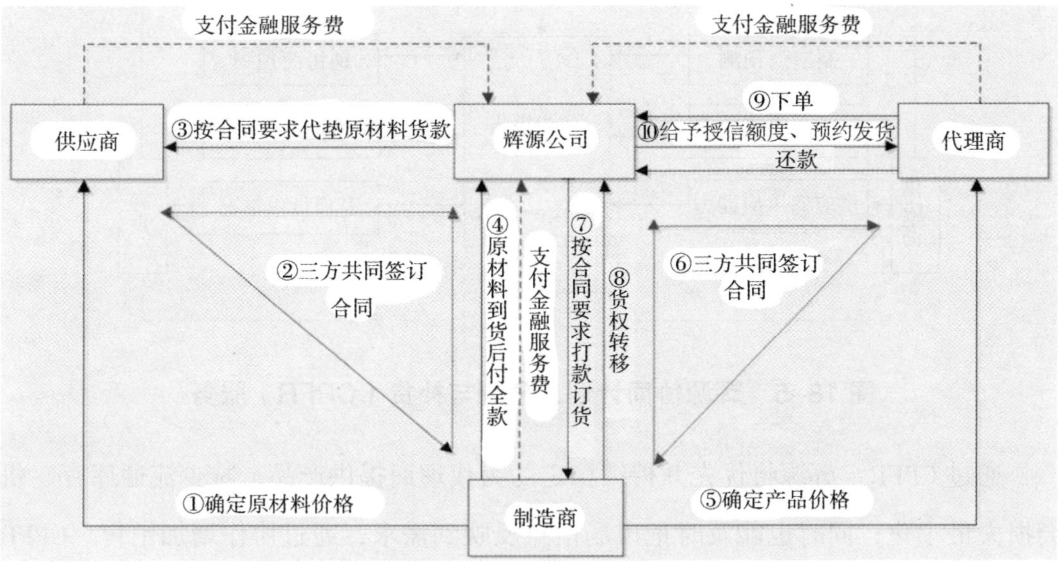

图 18–4　辉源供应链金融服务运作流程

五、信息管理：以信息平台建设推进“协同规划、预测与补货”项目实施

（一）建立协同计划、预测与补货服务平台

辉源公司积极探索中国家电零售供应链管理模式，全面推进涵盖彩电、冰箱、洗衣机等全品类、全地域的协同规划、预测与补货（Collaborative Planning Forecasting and Replenishment, CPFR）项目建设，打造中国家电市场规模巨大的CPFR 平台项目，实现更高效、更紧密的家电供应链服务管理，如图 18–5 所示。

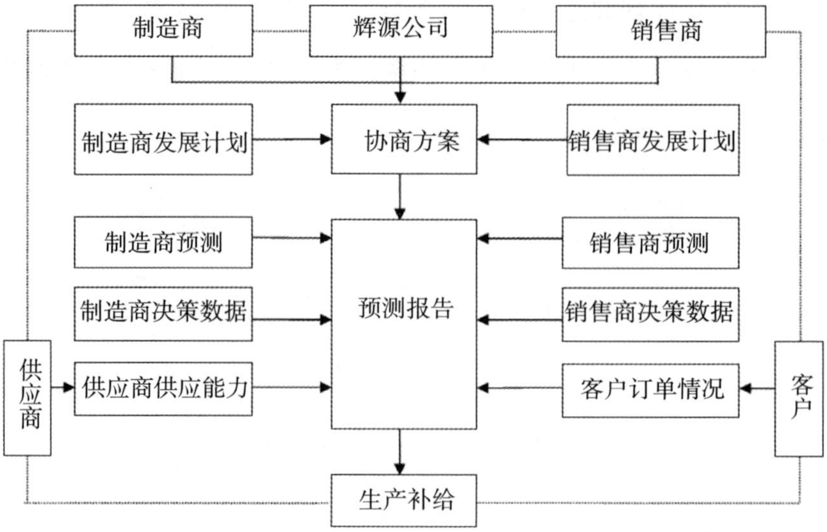

图 18-5　辉源协同计划、预测与补货（CPFR）服务

通过 CPFR，辉源将优先并持续稳定的为代理商提供产品，减少流通库存、机会损失最小化；同时也能及时把市场信息反映到需求，通过协作增加销售。CPFR 可实现对消费需求—销售预测—生产计划—库存管理的供应链全流程管理，消除“牛鞭效应”，节约社会资源，提高顾客满意度，最终驱使以消费者需求为主导的供应链体系建立。此外，辉源还制定了基于 CPFR 平台的 KPI 考核机制，如销售预测正确率、订单满足率、供货周期等，完善 CPFR 的运行机制，提升精细化运营能力。

（二）加强信息服务平台建设

辉源建立了供应商管理数据库、客户网络数据库、物流储备数据库、金融服务数据库、信用评估系统、风险评估系统等管理信息系统，利用互联网技术打造了一个产业生态系统。显著提升了供应链信息服务能力，使其成为供应链信息系统的信息枢纽，为高效化、透明化、实时化和动态化的供应链数据管理提供了技术条件。所构建的信息平台将“采购、物流、仓储、分销”四个信息平台统一接口、统一标准，通过从信息发布，到订单匹配、追踪（定位）、结算、金融扶持、保险理赔等增值服务，共同构建可持续高效的智慧物流平台。

辉源供应链信息平台全面覆盖核心客户的原材料、生产、销售、终端四个环节，为客户企业提供信息系统服务、全程物流服务。利用 TMS、WMS、OMS、BMS 搭建供应链服务平台，提供实时数据反馈。以服务的众多客户及网络资源，形成仓储、运输的一体化管理，提供仓储运作效率，实现共配、对流。

六、案例启示

（一）以供应链集成管理模式实现规模经济效益

通过实施以采购管理、物流管理、资本管理和信息管理构成的供应链集成管理模式，辉源公司在业务规模方面已经取得了迅速发展，经济效益显著提升。2017 年销售收入同比增长 27.14%，利润总额同比增长 101.03%。2018 年 1~12 月累计收入 571816.74 万元，同比累计增加 11163.74 万元，同比增长率 1.99%。同时，创新的管理方式进一步提升了公司的管理效益。

（二）以管理模式创新提升公司和客户价值

辉源通过不断创新供应链管理模式，实现平均库存周转率同比提高 10% 以上，订单服务满意度达到 95% 以上，供应链综合成本同比降低 20% 以上，托盘、周转箱等物流单元标准化率达到 80% 以上，供应链重点用户系统数据对接畅通率达到 100%，供应链管理水平得到显著提高。最重要的是，全新的管理创新模式显著提升了公司和客户的价值。对供应商而言，缓解了其资金、库存和物流的压力；对制造商而言，在加快库存周转率的基础上降低了物流成本；对代理商和客户而言，缩短了订货周期，提升了资金周转率；对辉源公司自身而言，在管理创新的过程中初步探索了家电行业集成化供应链服务的新模式，为公司创造了新的价值。

（三）以技术和方法的融合实现管理模式创新

辉源公司在供应链管理过程中探索出一条具有高度包容性的管理模式，集合了精益化库存管理、准时交付管理 JIT、科学流程再造及全供应链金融服务的集成化方法，对物流行业的中小企业发展壮大提供了全方位的借鉴。创造了一种以技术为先导、以信息为资源、以物流为主体、以金融服务为支撑的集合库存管理、物流管理、资本管理及信息管理为一体的管理创新模式。

教育部　财政部职业院校教师素质提高计划职教师资培养资源开发项目
通信工程专业职教师资培养资源开发（VTNE027）（负责人：曾翎）

YIDONG YINGYONG ANDROID JISHU

移动应用Android技术

主　编　曾　翎　李文远
副主编　张庆林　文思群

电子科技大学出版社
University of Electronic Science and Technology of China Press
·成都·

图书在版编目（CIP）数据

移动应用Android技术 / 曾翎，李文远主编. -- 成都：电子科技大学出版社，2018.8
（教育部财政部职业院校教师素质提高计划成果系列丛书）
ISBN 978-7-5647-5529-4

Ⅰ. ①移… Ⅱ. ①曾… ②李… Ⅲ. ①移动终端 – 应用程序 – 程序设计 – 高等职业教育 – 教材 Ⅳ. ①TN929.53

中国版本图书馆CIP数据核字（2018）第005062号

内 容 提 要

本书为教育部、财政部职业院校教师素质提高计划成果系列丛书之一。教材以工作过程系统化的行动导向教学理念为指导思想，将职教师资培养的“专业性、职业性、师范性”三性融合。本书以开发基于Android技术的移动应用App为主要内容，采用了项目驱动方式的编写体例，告诉读者如果想成为移动应用开发人员，应具备什么样的技能，以及作为职业教师，在面对相关教学任务时，如何合理应用教学策略等。本书适合在通信工程专业职教师资本科教学中使用，中职学校专业教师及企业技术人员也可以作为学习的参考用书。

移动应用Android技术

曾　翎　李文远　主编

策划编辑　郭蜀燕　杨仪玮
责任编辑　卢　莉

出版发行　电子科技大学出版社
　　　　　成都市一环路东一段159号电子信息产业大厦九楼　邮编：610051
主　　页　www.uestcp.com.cn
服务电话　028-83203399
邮购电话　028-83201495

印　　刷　四川煤田地质制图印刷厂
成品尺寸　185mm×260mm
印　　张　27.5
字　　数　580千字
版　　次　2018年8月第一版
印　　次　2018年8月第一次印刷
书　　号　ISBN 978-7-5647-5529-4
定　　价　108.00元